KB069607

문제를 골칫거리에서 도전거리로 변화시키기

문제해결

이 저서는 2014년도 서울대학교 미래 기초학문 분야 기반조성 사업의 지원을
받아 수행된 연구 결과물임

심리학 입문 시리즈
인지 및 생물심리

문제해결

| 박주용 저 |

문제를 골칫거리에서 도전거리로 변화시키기

학지사

인지 심리학 시리즈를 내며 <<<

정보화 사회, 지식 사회, 지구촌 시대라는 표현만큼 21세기를 특징 짓는 말도 없을 것이다. 이런 변화는 우리 삶을 편리하게 해 주지만, 이미 있던 문제의 심각성을 증폭시키기도 하고 새로운 문제를 발생시 키기도 한다. 인터넷을 통해 언제, 어디서나 원하는 정보를 탐색할 수 있고, 필요한 물건을 구입하고, 여러 업무를 처리하게 된 생활 방식의 변화는 정보의 홍수 속에서 생각하지 않는 사람을 만들어 내는 부작 용을 드러낸다.

지구촌 시대가 되면서 이제는 문화 간의 충돌이 국가 간의 문제가 아니라 일상인들의 생활 속에서 문제가 되었다. 사람들 간의 문제, 조 직의 문제도 이전보다 더욱 중요하게 되었다. 정보화 기기를 비롯한 다양한 기계가 매일매일 삶에 유입되면서 사람들 간의 문제뿐만 아니 라 사람과 기계 간의 문제도 중요한 적응의 문제로 등장하였다.

이러한 급속한 변화 속에 적응해서 살아가야 하는 우리에게 인간의 행동과 마음의 작동 원리를 밝히는 심리학에 대한 이해는 그 어느 때보다 절실해지고 있다. 하지만 일반인들이 부담을 느끼지 않고 쉽게 이해할 수 있는 심리학 서적은 아직 많지 않다. 대학교 교재로 사용하는 심리학 개론서는 그 양이 방대하고 용어와 서술 방식이 학문적이어서 일반인들이 읽기에 부담스럽다. 반면, 일반인을 위한 대중서는 깊이가 없는 경우가 많다.

이에 일반인들이 부담 없이 쉽게 읽고 이해할 수 있으면서 심리학에 대해서도 체계적으로 이해할 수 있는, 즉 두 마리 토끼를 잡을 수 있는 심리학 시리즈를 기획하게 되었다. 부담을 적게 하기 위해 심리학의 기본 주제별로 소책자 형식으로 만들기로 했으며, 체계적인 이해를 얻게 하기 위해 시리즈 형식으로 구성하기로 하였다. 각 권은 해당 주제의 기본 이론과 기본 과정을 쉽고 재미있게 집필하기로 하였고, 전체 구성이 일관되고 짜임새가 있도록 인지심리, 사회심리, 발달심리별로 책임 기획자를 선정하여 집필진을 구성하고 발간 작업을 진행하기로 하였다.

인지 심리학은 우리가 어떻게 환경과 자신에 대해 아는지, 그리고 일상생활에서 직면하는 과제들을 수행하는 동안 이런 지식을 어떻게 활용하는지의 문제를 다루는 심리학의 한 분야다. 예를 들어, 인지 심리학은 다음 사분기 경제 전망이 어둡다는 인터넷 기사를 보고 얼마 전부터 눈여겨보았던 새 옷 구입 계획을 취소하는 결정을 내리는 것처럼, 외부에서 일어나는 사건 자극이 감각기관에 입력되는 과정에서부터 행동으로 출력되기까지 과정의 처리 방식과 특징을 알아보려고 한다. 이를 알아보기 위해 심리학 시리즈에서는 인지 심리학 관련 주제로 아홉 권의 소책자를 기획하였다. 먼저, '뇌와 마음'에서는 사람의 인지 과정을 뇌의 활동 수준에서 설명하려는 연구들에 대해 알아본다. 나머지 여덟 권('주의' '지각' '학습' '기억' '개념과 범주' '언어' '문제해결' '사고')에서는 인지 과정의 대표적인 세부 과정별로 각 처리 과정의 특징과 실생활에서의 응용 방안 등에 대해 알아본다. 인지 심리학 시리즈가 사람의 인지과정에 대한 이해를 향상시키고, 이를 일상생활에 적용하려고 시도하는 데 기여하기를 바란다.

2011년

도경수

머리말 ‹‹‹

　인지 심리학에서 사람들의 실제 삶에 도움을 줄 수 있는 분야 중 하나가 문제해결이라는 생각으로 책을 집필하기 시작하였다. 원고를 쓰면서 그 믿음이 더 강해지기는 했지만, 이 책이 그 가능성을 충분히 보여 주기에 부족하다는 것을 고백하지 않을 수 없다. 좀 더 솔직하게 말하자면, 야심차게 원고 집필을 시작했다가 더 이상 미룰 수 없어 마무리를 지었다. 처음 하는 일이라 그렇다고 스스로를 위로하면서, 더 열심히 연구해야겠다고 다짐해 본다.

　삶이 문제해결의 연속이라는 데에 이의를 제기할 사람은 많지 않을 것이다. 학창시절에는 시험 문제와, 그 이후에는 삶의 여러 측면에서 발생하는 온갖 문제와 씨름한다. 그리고 이러한 문제를 잘 해결할수록 삶의 질은 높아질 것이라 쉽게 짐작해 볼 수 있다. 이 책에서는 우리의 삶을 축구 경기처럼 하나의 승부로 보면서 우리가 싸워야 할 대상을 특정한 사람이 아닌 '문제'라 보고 논의를 전개하였다. 그리고 이러한 논의는 심리학적 연구를 중심으로 전개하였다. 심리학자들은 '만족스럽지 않은 현 상황을 바꾸고 싶은데, 아직 무엇을 어떻게 해야 할지 모르는 상태'를 '문제'로 정의하고, 그 상태에서 사람들이 어떤 식으로 생각하고 행동하는지를 탐색해 왔다. 탐색하는 과정을 살펴보는 것은 그 자체로 흥미로운 지적 여정으로, 이를 통해 인간의 사고 능력에 대한 통찰을 얻을 수 있다. 이와 더불어 많은 자료가 축적되면 우리가 문제와 씨름하다 막힐 때 무엇을 해야 할지에 대한 실용적 지침을 얻을 수 있다. 이 책이 그런 많은 자료를 축적하는 작업에 서 독자의 참여를 독려하는 데 작은 도움이 되었으면 하고 바랄 뿐이다.

이 책은 총 7개의 장으로 이루어져 있다. 1장인 서론에서는 문제해결을 위한 노력이 삶의 한 방법이 될 수 있다는 믿음에서 시작하여, 교육의 최종 목표와 도구로서 문제해결의 중요성을 강조하였다. 아울러 평가를 가운데 두고, 이해, 발상, 실행의 하위 과정이 둘러싸고 있는 바퀴로 문제해결 과정을 개념화하였다. 이들 하위 과정은 서로 역동적으로 상호작용하는데, 이후 2, 3, 4, 5장에서는 이해, 발상, 평가 그리고 실행의 각 과정에 관련된 심리학적 연구를 정리하였다. 6장에서는 그동안 저자가 해 온 연구를 중심으로 문제해결의 실제 과정을 소개하고자 하였다. 마지막 7장에서는 간략한 정리와 함께 후속 연구에 대한 소망을 담았다.

이 책은 많은 사람의 도움 덕분에 세상에 나올 수 있었다. 가장 먼저, 수업을 듣거나 랩미팅을 통해 비판과 수정을 해 준 여러 학생에게 감사하지 않을 수 없다. 원고 전체를 읽고 많은 비판과 제안을 해 준 대학원생 같았던 학부 졸업생 서혜림 양, 장별로 꼼꼼히 읽고 여러 제안을 해 준 박사과정생 류민식 군과 석사 졸업생 이준호 군, 학부생 김수진 양 그리고 자료 정리를 도와준 석사과정생 이현정 양에게 특별히 고마움을 표하고 싶다. 이 모든 도움에도 서울대학교 사회과학대학 기초연구 저서 지원 사업이 없었다면, 이 책은 여전히 진행 중이었을 가능성이 높다. 편집을 해 주신 오수영 선생님과 오래 기다려 주신 학지사 김진환 사장님께도 감사드린다.

토요일에도 연구실 사용을 허락해 주고 나의 약점을 알게 되었음에도 한결같이 곁에 있어 주는 너그러운 아내와, 이제는 나보다 키가 커졌지만 여전히 사랑스럽고 귀여운 두 아들 인우와 준우에게 고마움을 표한다. 그리고 언제나 기다려 주시고 믿어 주시고 먹여 주시고 편히 쉬게 해 주시려는 두 분, 나의 어머니 최연옥 님과 사랑하는 아내의 어머니이신 정원식 님께 이 책을 바친다.

2016년
박주용

차 례 <<<

INTRODUCTION
TO
PSYCHOLOGY

01_

서론

어떤 문제가 생겼을 때, 그 문제가 잘 해결되고 그 후로 행복하게 살았다는 마무리는 동화책의 이야기일 뿐이다. 실제 삶은 끝없이 생겨나는 문제와의 씨름이다. 이 씨름에 임하는 한 방법은 수비에 치중하는 대신 공격적인 자세를 취하는 것이다. 즉, 자신이 해결하고 싶은 문제를 적극적으로 찾아서 그 문제의 해결을 위해 정진하는 것이다. 서론에서는 심리학에서 다루는 문제의 유형과 문제해결에 관여하는 인지 과정을 대략적으로 살펴볼 예정이다.

1. 시작하며

승부를 내야 하는 경기나 게임이 끝나면, 규칙에 따라 승자와 패자로 나뉜다. 축구에서는 더 많은 골을 넣은 팀이, 바둑에서는 더 많은 집을 가진 사람이 이긴다. 승자에게는 승리의 기쁨과 더불어 패자에 비해 더 비중 있는 상금이나 상패가 주어지기도 한다. 이를 위해 경기나 게임에 참여하는 사람들은 이기기 위해 최선을 다한다. 물론 그들은 처음부터 모두가 승자가 될 수는 없다는 것을 알고 시작한다. 그럼에도 이들이 많은 시간과 고통을 감내하며 훈련을 한 다음 경기나 게임에 임하는 것은, 그렇게 하는 것이 재미있고 좋기 때문이다. 그리고 모두 승자가 될 수는 없지만, 누구나 명승부의 주역이 될 수 있다는 것을 알기 때문이다. 2002년 한 · 일 월드컵에서 대한민국과 독일 간에 벌어진 4강전을 한 번 떠올려 보라. 이 경기는 누가 이기고 졌는지를 따지는 것이 얼마나 작은 부분인지를 보여 준다. 대한민국이 승리했으면 더 좋았겠다는 생각을 할 수 있겠지만, 0 대 1로 졌기 때문에 부끄럽다고 생각하는 한국인은 많지 않았을 것이다. 오히려 대한민국 팀을 자랑스럽고 대견해 했을 것이다. 월드컵 우승을 차지한 세계 최강 독일을 상대로 우리 선수들이 최선을 다해 싸웠기 때문이다. 이처럼 경기에 참여한 선수들이 보여 주는 놀라운 기량과 영웅적인 투지는 승부를 떠나 우리에게 감동을 주며, 우리로 하여금 그 경기나 게임에 더 빠져들게 한다.

이처럼 우리의 삶도 하나의 승부로 볼 수 있을까? 있다면 우리가 싸워야 할 대상은 누구(혹은 무엇)이고 승부는 어떻게 결정될까? 삶에서도 모두가 명승부의 주역이 될 수 있을까? 저자는 이 책에서 우리의 삶도 하나의 승부로 볼 수 있고, 우리가 싸워야 할 대상이 특정한 사람이 아닌 '문제'라는 전제로 논의를 전개하려고 한다. 이 논의는 심리학적 연구를 중심으로 전개될 것이다. 심리학자들은 '만족스럽지 않은 현 상황을 바꾸고 싶은데 아직 무엇을 어떻게 해야 할지 모르는 상태'를 '문제'로 정의하고, 그때 사람들이 어떤 식으로 생각하고 행동하는지를 탐색해 왔다. 이 탐색의 과정을 살펴보는 것은 그 자체로 흥미로운 지적 여정이며, 이를 통해 인간의 사고 능력에 대한 통찰을 얻을 수 있다. 또한 탐색은 우리가 실제 삶에서 끊임없이 부딪치게 되는 문제들을 해결할 수 있는 실용적인 지침이라는 면에서도 유용성이 있다. 이 지침들이 독자가 당면한 문제를 해결하는 데 도움이 되길 바라지만, 우리가 삶에서 부딪치는 문제가 워낙 다양하고 복잡하다는 점을 미리 지적하지 않을 수 없다. 다른 많은 사회과학적 탐구에서와 마찬가지로, 심리학적 문제해결의 지침들은 확률적이고 개략적이다. 즉, 더 나은 가능성을 제공하지만 반드시 좋은 결과를 보장하지는 못한다. 그리고 세부적인 부분은 문제상황과 그 상황에 처한 개인의 독특성이 복잡하게 상호작용하는 과정 속에서 얼마든지 달라질 수 있다.

그럼에도 문제해결에 대한 일반적 지침들은, 마치 다양한 상황에서 적절하게 활용될 수 있는 스위스 군용 칼처럼 문제를 해결하기 위한 방법을 찾는 데 도움을 주는 범용 도구가 될 수 있다. 그리고 이것은 다른 도구와 마찬가지로 배우고 익히면 더 잘 사용할 수 있다.

2. 문제해결 연구의 필요성

일상 언어에서 문제라는 표현은 심각성의 정도에서 차이가 있을 뿐, 대부분의 경우 부정적인 뉘앙스를 갖고 있다. 삶에서 부족한 것이 없거나 어려움이 없을 때 '아무 문제가 없다'고 말하고, 어떤 과제를 별로 힘들이지 않고 해낼 수 있을 때 '문제없다'고 말한다. 그렇지만 우리의 삶은 우리를 편하게 놔두지 않는 문제들로 가득 차 있다. 웬만한 명사 뒤에 '문제'라는 말을 한번 붙여 보라. 건강 문제, 돈 문제, 육아 문제, 교육 문제, 환경 문제, 취직 문제, 진학 문제, 학업 문제, 양심 문제, 정치 문제, 경제 문제, 안보 문제, 이성 문제, 현재 문제, 과거 문제, 미래 문제 등 안 되는 말이 없어 보인다. 게다가 문제아, 문제부모, 문제가정, 문제은행 등처럼 문제가 앞에 붙은 합성어도 있다. 물론 이처럼 다양하게 쓰이는 문제라는 말이 모두 동일한 의미를 갖고 있지는 않다. 그렇지만 문제라는 말이 붙어 있으면 대개는 심리적 긴장감이나 불편함을 불러일으킨다는 공통점이 있다. 이처럼 긴장되거나 불편한 상황에서 사람들이 나타내는 일반적인 반응은 회피하는 것이다.

그러나 어떤 이들은 위기를 기회로 보는 것처럼 문제도 기회로 본다. 이들은 대부분의 사람들이 불편함을 느끼는 문제에 직면했을 때 그것을 골칫거리가 아니라 도전거리로 받아들인다. 이들은 한판 승부를 예상하면서 불편함을 설렘과 기대로 대체시킨다. 그리고 각고의 노력 끝에 그 문제를 해결하는 성공을 맛보게 되면, 이제는 비슷한 수준이 아니라 좀 더 어려운 도전거리를 찾아 나선다. 이 과정이 반복되어 이들의 도전이 성공을 거두게 되면 그 분야의 발전이 이루어지고 문제를 풀어낸 사람이 소속된 집단이나 사회가 그 수혜자가 된다. 오늘날 우리가 누리는 기술적·문화적 혜택은 이처럼 문제에 도전하는 사람들의 성취에 기반하고 있다. 따라서 문제를 골칫거리가 아니라 도전거리로 보는 사람들을 키워 내고, 이들이 성공하도록 지원하는 사회일수록 지속적인 발전이 이루어질 가능성이 높다고 짐작해 볼 수 있다. 그렇다면 문제를 어떻게 골칫거리가 아니라 도전거리로 보게 할 수 있을까? 한 방법은 해결의 즐거움을 맛보게 하는 것이다. 원래 배설을 의미하던 그리스어에서 비롯된 카타르시스라는 말은, 비극을 보며 눈물을 흘리는 것을 통해 마음이 깨끗해지고 안정되는 현상을 가리킨다. 소설이나 영화에서 인위적으로 긴장감을 증가시킨 다음 이를 해소시켰을 때 독자·관객이 느끼는 즐거움이 높은 것을 본다면, 실제 상황에서의 문제를 해소했을 때 기쁨이 얼마나 클지를 가늠해 보는 것은 어려운 일이 아니다.

　이처럼 문제해결은 우리 삶의 질을 높이는 통로가 될 수 있는데, 왜 대부분의 사람들은 문제에 열광하지 않는 것일까? 열광하기는커녕 왜 눈살을 찌푸리거나 피하는 사람이 더 많을까? 많은 사람이 문제에 대해 귀찮아하고 불편하게 느끼면서도 회피하거나 적극적인 해결을 시도하지 않고 불편함을 감수하는 반응을 보이는 이유는 간단하다. 문제해결의 과정이 쉽지 않기 때문이다. 실제로 우리가 일상적으로 부딪치는 문제들이 언제 발생하는지를 살펴보면 이를 바로 알 수 있다. 가장 흔히 발생하는 문제는 고장이나 사고와 관련이 있다. 조금 전까지 잘 작동하던 컴퓨터가 보고서를 출력하기만 하면 되는 순간에 갑자기 제대로 작동하지 않고, 밤새 내린 비로 도로가 침수되거나 지하철이 운행을 할 수 없게 되는 상황을 생각해 보라. 자동차 사고나 그 밖의 이유로 다리를 다쳐 잘 걸을 수 없게 되는 상황은 또 어떤가? 모두 문제상황이다.

이보다는 덜 극적이기는 하지만 이 다음으로 우리가 흔히 부딪치는 문제는 질문과 관련이 있다. 일상적인 대화에서조차 바로 답할 수 없는 질문들에 쉽게 봉착한다. 게다가 다음 예시에서처럼 단순한 질문이라도 "왜?"라는 질문을 두어 번만 더 하면, 쉽게 답할 수 없는 문제가 된다.

인우: "아빠, 가을에는 왜 낙엽이 떨어져?"

아빠: "온도가 낮아지면 나뭇잎과 가지 사이에 막이 생기고, 따라서 수분이 공급되지 않기 때문이지."

인우: "왜 그런 막이 생기는데?"

아빠: "그래야지 나뭇잎은 죽더라도 나무가 겨울을 날 수 있기 때문이지."

인우: "나무는 왜 그렇게 자기만 살려고 하지?"

아빠: "모든 생명체가 보이는 특성으로, 그렇게 만들어졌다고 할 수밖에 없지."

2. 문제해결 연구의 필요성   23

인우: "왜 그렇게 만들어졌을까?"
아빠: "글쎄?"

특별히 골치 아픈 또 다른 문제는 다름 아닌 시험문제다. 한글을 배우며 시작되는 받아쓰기에서부터 시작하여 중간시험, 기말시험, 게다가 수시로 보는 쪽지시험까지 학생들은 시험이라는 골칫거리와 더불어 산다. 오죽하면 어떤 아이는 다음과 같은 시를 썼을까?

"시험은 왜 있을까? 우리에게 고통만 주는 시험은 시험은 왜 있을까?
우리를 놀지도 못하게 만드는 시험은 시험은 왜 있을까?
시험이 없어도 공부 열심히 해 훌륭한 사람이 될 수 있을 텐데
시험은 왜 있을까? 시험이 없어도 밝고 명랑한 사회를 만들 수 있을 텐데"[1]

그러나 이 아이가 느낀 것처럼 시험이 고통만 주는 것은 아니다. 시험은 고통을 수반하기도 하지만, 학습을 촉진한다. 학습과 기억 연구에 따르면, 시험을 보는 것이 다른 어떤 방법 못지않게 학습을 향상시킨다는 결과가 많다. 그럼에도 시험이 부담스러운 것은 사실이다. 학업을 마치고 취직을 하면 끝날 줄 알았는데, 웬만한 회사의 경우 승진을 하려면 또 시험을 봐야 한다. 그래서 어떤 교육학자는 인생을 위한 시험이 아닌 시험을 위한 인생이라고 한탄할 정도다.

이 밖에도 일상적인 삶에서 정서적으로 가장 큰 부담을 주는 갈등을 생각해 보라. 가족이나 또래 집단, 직장, 지역사회, 심지어 국가 간에도 이해관계가 얽히는 데서 오는 갈등 문제가 허다하다. 시험이라

면 차라리 포기라도 할 수 있을 텐데, 갈등 문제로 인한 고통은 그럴 수 없을 때가 많기 때문에 더 심각할 수 있다. 그래서 어떤 시인은 죽어서 차라리 아무것도 느끼지 않는 바위가 되고 싶다고 노래했는지도 모른다.

우리 삶에 왜 이렇게 많은 문제가 있는지에 대해서는 만족스러운 설명이 없다. 그럼에도 삶이 힘들어지면 누구나 한 번쯤은 던지는 질문이기에 이에 답하려는 시도는 많았고, 그 흔적은 신화나 종교적 가르침에서 쉽게 찾아볼 수 있다. 그리스 신화에 따르면 판도라가 열지 말라는 상자를 열었기 때문이라고 이야기한다. 구약성경에서는 아담이 이브의 말을 듣고 하나님이 금하신 선악과를 먹었기 때문에 그 벌로 힘든 삶을 영위하게 되었다고 가르친다. 불교에서는 삶에서의 모든 변화, 즉 생로병사를 모두 골칫거리, 그것도 심오한 골칫거리로 보는데 그 원인은 자신에 대한 집착에서 오는 번뇌라고 본다. 이런 설명들은 삶이 문제와 결코 분리될 수 없음을 깨닫게 하는 지혜를 제공해 준다.

보다 과학적인 자료에 근거한 몇몇 이론이나 발견도 우리가 힘들어하는 문제들이 우리의 삶에서 불가피한 것임을 보여 준다. 한 인류학자에 의해 제안된 부모-자녀 갈등이론이 그 좋은 예다.[2] 그는 부모-자녀 간에는 유전학적인 요인 때문에 갈등이 일어날 수밖에 없다고 주장한다. 이 갈등의 시작은 부모가 가진 자원 혹은 기회비용의 한계가 있다는 것이다. 대기업의 2세들 간에 재산권 다툼이 일어나는 것을 보면, 부모가 가진 자원의 한계는 절대량과 무관해 보인다. 이

제한된 자원을 어떻게 배분하는 것이 이상적인지에 대한 부모와 자녀의 관점은 유전학적 입장에서 볼 때 확연히 달라진다. 유전적으로 한 자녀가 가진 유전자는 아버지와 어머니의 유전자와 50% 공유된다. 같은 부모의 형제자매 간에도 서로 50%의 유전자가 공유된다. 여기서 자기 자신은 자기와 100% 공유하기 때문에, 부모는 물론 형제자매가 남보다는 중요하지만 그들의 중요성은 유전자가 공유되는 만큼인 50%, 즉 자신에 비하면 절반 정도만 중요하다. 그런데 부모의 입장에서 보면, 같은 자원을 분배할 때 한계효용의 체감 때문에 자녀들에게 골고루 나누어 줄수록 효용을 높일 수 있다. 하지만 자녀 한 명 한 명이 볼 때는 자기 자신이 다른 형제보다 두 배나 더 소중하기 때문에, 자신이 다른 형제보다 더 많이 받아야 공정하다고 생각한다. 이런 차이 때문에 부모-자녀 갈등은 필연적이라는 것이다.

또 다른 예는 잠이다. 잠은 우리 인생의 대략 1/3을 차지함에도 많은 사람은 충분히 자고 있다고 느끼기보다는 더 자고 싶어 한다. 왜 그럴까? 수면과 관련된 다음의 실험은 왜 그런지에 대해서까지는 아니더라도 사람들이 왜 늘 피곤하게 느끼는지에 대한 중요한 정보를 제공한다.[3] 실험 참여자들은 필요한 모든 시설이 갖추어진 널찍한 지하실 방에서 시간을 알지 못하는 상태로 자유롭게 한 달을 지냈다. 이런 상황에서도 각성-수면 주기가 비교적 규칙적으로 나타났는데, 놀라운 점은 대부분의 실험 참여자들의 그 주기가 대략 25시간이라는 것이다. 이 결과는 우리의 몸과 마음이 편안하게 느끼는 주기가 25시간임을 시사한다. 그런데 우리가 사는 지구라는 환경은 우리로 하여금 24시간을 주기로 생활을 하도록 한다. 우리의 몸과 마음이 가장 편안해 하는 것보다 짧은 주기로 살려면 어떤 부분이든 줄어들어야 하는데, 그렇게 하는 것이 쉬울 리가 없다. 이를 고려하면 더 이상 삶이 왜 피곤한지 물을 필요가 없게 된다. 뭘 해도 어차피 피곤한 환경에서 살기 때문이다. 이런 지식은 우리로 하여금 어떻게 하면 더 편한 삶을 살 수 있을까라는 허황된 생각을 하는 대신, 흥미와 함께 보람을 느낄 수 있는 일과 삶을 추구하도록 하는 데 도움을 줄 수 있다.

삶에 왜 이렇게 많은 문제가 있는지, 왜 모든 생명체는 생존과 번식을 위해 애쓰는지, 도대체 우주는 어떻게 만들어졌고 과연 신은 존재하는지와 같은 질문에서처럼, 문제인 것만은 틀림이 없지만 과연 해결할 수 있을지 가늠해 보기 어려운 문제도 있다. 촘스키(Chomsky)가 우리의 무지를 문제와 신비로 나눈 것도 같은 맥락에서다. 그에 따르면, 문제의 경우 비록 지금 당장은 해답을 알지 못해도 무엇을 찾고 있는지를 어렴풋이나마 알지만, 신비의 경우 우리는 설명할 엄두조차 내지 못하고 경탄과 의혹의 눈으로 바라볼 수 있을 뿐이라고 한다. 이 두 가지 무지의 경계가 정확히 어디인지는 알 수 없다. 분명한 것은 모든 문제가 다 해결될 수는 없으며, 해결가능성이 높은 문제와 그렇지 않은 문제가 있다는 것이다. 금을 만드는 비법을 찾으려는 연금술사나 공중부양을 위해 수련하는 사람들을 생각해 보라. 해결이 불가능한 문제이기에 그 어떤 노력을 기울이더라도 풀 수 없었고, 앞으로도 풀 수 없을 것이다. 따라서 거짓말로 진전이 있다고 속이지 않는 한 그런 삶을 사는 사람들은 물론 그들의 가족이 그 일과 관련된 성취에서 오는 기쁨을 맛보기는 어려울 것이다.

　살아가기 위해 해결해야 하는 문제 중에는 의식주 문제, 건강과 개인위생 문제 등처럼 생존과 직결되어 있어 반드시, 그것도 시급히 해결해야 하는 문제들이 있다. 하지만 그게 전부인 삶은 단조롭고 답답하고 암울해 보인다. 누가 시키지 않아도 내가 원해서 한번 도전해 보고 싶은 문제가 없다면, 죽음을 맞이할 때까지 힘들게 연장하는 삶이 될 수밖에 없기 때문이다. 그래도 여전히 생존을 위한 문제가 산적해 있는데, 일부러 문제를 찾아다니라는 것은 배부른 소리라고 핀잔을 주는 사람이 있을 수 있다. 그런 사람일수록 주도적으로 해결하고 싶은 문제를 하나 더 추가할 필요가 있다. 어차피 많은 문제가 있기에 하나 더 추가한다고 해서 개수 면에서는 크게 달라질 것이 없지만, 그 대신 그 문제를 통해 지금과는 다른 삶이 있다는 것을 경험할 수 있기 때문이다. 이때 주의할 것은, 처음에는 해결가능성이 높은 문제와 씨름하여 성취감을 맛볼 가능성을 높여야 한다는 점이다. 이렇게 시작하다 보면, 살아가기 위해 어쩔 수 없이 해결해야 하는 문제들도 보다 능동적으로 해결할 수 있는 문제로 변화될 수 있다. 천식이라는 병을 치료하는 한 방법으로 시작한 수영에서 재미와 능력을 발견하고, 올림픽의 영웅이 된 수영 선수의 이야기는 알려진 몇몇 예에 불과하다. 자신이 하는 일을 '손님의 얼굴에 미소를 짓게 하는 일'로 규정하고 자신은 물론 최저 임금을 받는 점원들로 하여금 자부심을 느끼며 일하도록 한 패스트푸드점의 지점장 이야기도 빼놓을 수 없다. 많은 사람이 다른 사람들은 어쩔 수 없이 해야 할 일로 받아들인 일을 즐길 수 있고 더 의미 있는 일로 바꾸었다. 요컨대, 삶의 질을 높일 수 있는 문제를 찾으려고만 하면 도처에서 찾을 수 있다.

문제해결이 우리 삶에서 갖는 의미는 거기에서 끝나지 않는다. 한 개인의 삶 전체를 통한 문제해결 시도가 바로 그 개인의 삶에서의 궁극적 목적 추구와 다를 바가 없기 때문이다. 심리학자 윌리엄 데이먼(William Damon)은 인생의 목적이 무엇인지에 대한 답이 얼마나 중요한지를 강변한다.[4] 목적이 있어야 힘들고 어려운 일을 이겨 낼 수 있고, 삶의 무의미함을 느끼며 방황하지 않게 된다는 것이다. 목적이 전 생애의 틀을 세우는 데 결정적으로 중요하기 때문이다. 목적이 있는 사람은 그 목적을 이루기 위해 다양한 시도를 하게 되는데, 이 시도는 결국 어떤 방식으로든 문제해결의 형식을 띨 수밖에 없다. 목적을 구체화하는 과정에는 많은 장애가 있기 마련이고, 이 장애를 극복하는 과정이 바로 문제해결이기 때문이다. 따라서 청소년을 포함하여 각자의 삶에 대한 중간 평가를 해 본다면, 어떤 목적을 위해 구체적으로 어떤 문제와 씨름해 왔는지를 살펴보면 된다.

사람마다 추상적인 목표는 물론 그 목표를 달성하기 위해 해결하고자 하는 구체적인 문제가 다르다. 어떤 사람은 사회 정의, 다른 사람은 개인적인 행복 추구를 목표로 하며, 각각의 목표와 관련된 문제를 해결하고자 노력한다. 사람마다 왜 이런 차이를 보이는지 그 자체로도 흥미로운 연구 주제가 될 수 있다. 하지만 문제해결 연구의 일차적 관심사는 사람들이 문제를 어떻게 이해하며, 해결책을 찾아내기 위해 어떤 시도를 하며, 어떤 해결책의 성공 가능성을 어떻게 평가하

는지를 알아내는 것이다. 그리고 이를 바탕으로 어떻게 하면 해결가
능성이 높은 문제를 찾아내고, 그 문제의 해결책을 찾아내도록 도움
을 줄 수 있는지를 밝혀내는 것이다.

3. 문제해결 연구의 중요성

사고를 제외하고는 인간을 특징짓기란 불가능해 보인다. 감성이나
욕구 등은 다른 동물에게서도 쉽게 관찰된다. 자기 영역을 침범한 다
른 수컷에 대해 공격성을 보이는 성향, 통증이나 위험으로부터 회피
하거나 도피하는 성향 등은 우리 인간과 별반 차이가 없어 보인다. 물
론 다른 동물도 사고하는 것처럼 보이는 증거는 있지만, 그 깊이나 범
위는 인간의 사고와는 비교하기 어렵다. 존재하지도 않는 무한한 상
상의 세계를 이야기로 엮어 내고, 자연을 이해하기 위해 추상적인 이
론을 제시하고 이를 검증하기 위한 방법을 고안하는 활동은 우리 인
간만의 전유물이다. 이 때문에 "생각하는 갈대"라는 파스칼(Pascal)의
표현은 인간에 대한 다른 어떤 규정보다도 설득력이 있어 보인다.

사고는 인간에게 고유한 특징이자 다른 심적 활동과 긴밀히 연결
되어 있다. 감정이나 욕구는 불가불 우리의 사고를 촉발시킨다. 미래
에 대한 불안이나 생리적 욕구나 심리적 요구가 촉발되면 이들을 해
소하거나 목표를 이룰 수 있도록 방법을 강구하도록 한다. 흔히 "아
무런 생각도 하지 않았다."고 할 때조차 특별한 목표가 없었을 뿐이

지, 무엇인가에 대해 생각하고 있었을 때가 대부분이다. 이는 마치 우리가 거의 매일 밤 꿈을 꾸지만 아침이면 잊어버리는 것과 같다. 이처럼 사고는 우리의 심적 활동의 거의 대부분을 차지하는데, '나'라는 주체가 존재하는 한 지속되는 것 같다. 이 사고활동을 계산, 계획, 추리, 개념화 등 여러 하위 과정으로 나누어 볼 수 있겠지만, 이런 구분은 이론가들의 관심사이고 실제 사고하는 '나'의 관심사는 문제해결에 있다. 문제를 없앨 수 있으면 우리의 마음은 그만큼 자유로워질 뿐만 아니라 자신감도 생긴다. 일단 인식된 문제가 해결되지 않으면 우리 마음의 어디엔가 도사리면서 우리 마음을 갉아먹는 것 같다. 이런 문제가 많아질수록 마치 컴퓨터의 바탕 화면에 수많은 파일이 깔려 있는 것처럼 혼란스럽고, 그만큼 어느 하나에 몰두하기 어렵게 된다. 경우에 따라서는 낙심하여 우울해지기도 한다. 이에 반해 많은 문제가 해결될수록 지식과 함께 성취감도 늘어 가고, 자신감을 갖고 보다 도전적인 문제에 부딪치려는 의욕이 넘치게 된다. 골칫거리가 어느 틈엔가 도전거리로 변화하게 되는 것이다. 그렇기에 프랑스 속담인 "성공보다 좋은 것은 없다."에서 성공을 정의하는 한 방법은 문제해결이라 할 수 있다.

문제해결은 인간이해의 중요한 통로다. 카네기멜론 대학교의 뉴웰과 사이먼(Newell & Simon)은 무려 900페이지가 넘는 방대한 책을 쓴 목적이 "인간이 어떻게 사고하는지에 대한 이해를 증진시키기 위해서"라고 밝히고 있다.[5] 특정한 분야의 문제에 대한 이해와 해결 방법은 해당 세부 학문 분야를 통해 연구된다. 예를 들면, 병의 원인과 치

료 문제를 다루는 의학, 교육 문제를 다루는 교육학, 그 밖에 인간의
행동과 마음을 탐구하는 심리학 등은 각 영역에서 제기되는 문제들
을 해결하고자 한다. 그렇지만 문제해결 연구는 다양한 문제들의 해
결 과정에서 나타나는 일반적 특징을 다룬다. 특정한 분야의 세부 학
문 분야와 별도로 문제와 문제해결의 일반적 특징을 연구할 필요성이
무엇인지 의문을 제기할 수 있다. 문제해결 연구의 흐름이 일반 문제
해결자(General Problem Solver)[6]에서 보듯 일반성을 전제로 시작했지
만, 여기서 발견된 방법들이 실제 문제를 해결하는 데 크게 도움이 되
지 않자 특정 영역에서의 문제해결의 특징을 밝히는 방향으로 선회하
였고 그 방향성은 아직도 크게 변화될 기미가 없다.[7]

　그렇지만 이런 흐름 속에서도 문제해결의 일반성을 탐구하려는
시도가 다수는 아니더라도 지속되어 왔다.[8] 다국적 기업인 시스코
(Cisco), 인텔(Intel), 마이크로소프트(Microsoft)와 호주, 핀란드, 포
르투갈, 싱가포르, 영국과 미국이 함께 연구 중인 21세기 평가와 교
수(Assessment and Teaching of Twenty-First Century Skills Projects:
ATC21S)에서는 협동적 문제해결과 디지털 네트워크를 통한 학습 기
술을 각각 측정하고자 한다.[9] 또 다른 일군의 연구자들도 21세기에
요구되는 능력으로 영역 일반적 문제해결 능력을 강조하고, 이를 위
한 교육을 촉구하고 있다.[10] 이처럼 일반적 문제해결 능력을 새롭게
강조하는 이유는, 문제해결 전반에서 나타나는 일반적 특징과 특정적
영역에서만 나타나는 특징이 상호의존적으로 존재하기 때문이다. 따
라서 각각의 영역에서 나타나는 개별적인 특징들을 서술하다 보면 자

연스럽게 그들의 공통점과 차이점을 알 수 있다. 이런 개념적 의존 관계 외에도 우리가 부딪치는 문제 중에는 돌발적으로 일어나 어느 분야에 속하는지를 따질 시간도 없고, 또 따져 보더라도 어떤 영역에 포함시킬지가 분명하지 않은 경우가 있으며, 해결을 위해서는 여러 영역이 협력을 해야 할 수도 있다. 이런 상황에서는 보다 보편적인 용어와 접근법이 필요하다. 요컨대, 개별 영역에서의 문제해결 과정을 더 잘 이해하기 위해서는 다른 영역에서의 발전을 참고할 필요가 있다. 이 과정에서 문제해결에 대한 일반화 가능성이 대두된다.

 문제해결 연구의 또 다른 중요성은 교육에서 찾을 수 있다. 교육은 그간 축적된 지식과 기술은 물론 가치관 등을 후속 세대에 전달하는 모든 활동을 가리킨다. 이렇게 하는 이유는 기성 세대가 갈수록 경쟁적이고 불확실해져 가는 우리 사회에서 다음 세대가 안정된 삶을 누릴 수 있도록 그들을 준비시키기 위해서다. 이 때문에 경제 문제와 함께 교육 문제는 가장 중요한 국가적 관심사다. 그런데 우리는 교육이 제대로 이루어지고 있는지 그렇지 않은지를 어떻게 알 수 있을까? 왜 모든 나라에서 정권이 바뀌거나 새로운 변화를 추구할 때 교육개혁이 언급될까? 이에 대한 대답은 다시 문제해결에서 찾을 수 있다. 한 사회나 국가가 어떤 문제에 직면하였을 때, 다는 아니어도 어느 정도를 해결하면 사회나 국가가 지속적으로 발전해 갈 수 있지만 그렇지 않으면 정체되어 불만이 커지고 위기에 처하게 될 가능성이 높다. 이때 일반적으로 많이 아는 것이 도움이 되지만, 아는 것과 실제 문제해결 능력 간에는 차이가 있을 수 있다. 화이트헤드(Whitehead, 1929)는 이를 구분하기 위해 산 지식과 죽은 지식을 구분하였다. 요컨대, 문제해결, 특히 실제 삶에서의 문제해결은 교육의 궁극적 목표 중 하나다.

문제해결은 교육의 목표인 동시에 수단이기도 한데, 교육장면에서의 평가는 그 좋은 예다. 평가는 흔히 학습이 얼마만큼 잘 이루어졌는지를 가늠해 보기 위해 실시된다. 평가를 통해 무엇을 알고 무엇을 모르는지 확인하게 되면, 서열을 매길 수 있을 뿐만 아니라 보다 완전한 학습을 이루기 위해 무엇을 해야 할지 방향을 잡을 수 있다. 그런데 오늘날의 교육은 문제해결보다는 학습에 치중되어 있다. 그 결과, 가르쳐지는 지식의 양은 이전보다 많아진 것처럼 보인다. 하지만 문제해결 능력이 그만큼 향상되었는지는 여전히 의문이다. 그렇기 때문에 어느 나라건 상관없이 교육개혁을 언급할 때 사고력, 문제해결 능력 혹은 창의적 문제해결력을 향상시키겠다는 내용이 빠지지 않는다. 그러나 이 일을 제대로 하려면 문제해결에 대한 이해가 절대적으로 필요하다. 이를 생략한 채 교육의 질을 높이겠다는 약속은 막연한 구호에 불과할 뿐이다.

음료수를 마시려고 자동판매기에 동전을 넣었는데 동전만 삼키고 음료수가 나오지 않는 경우에서처럼 문제는 일차적으로 구체적인 상황에서 발생한다. 그런데 상황은 너무 많은 변인을 포함하고 있을 뿐만 아니라 그 상황에 처한 사람의 특성에 따라 다른 문제로 인식되거나 아예 문제 자체가 되지 않을 수도 있다. 많은 계단이 있는 건물 입구에 별도의 경사로가 없는 경우, 대부분의 사람에게는 큰 문제가 없지만, 이제 막 걷기 시작한 아이나 휠체어를 탄 사람은 그 건물에 들어갈 수 없다. 이처럼 상황은 그 상황에 처한 사람의 특성에 따라 문제가 되기도 하고 문제의 심각성이 달라질 수 있다. 따라서 상황 인지주의자들은 모든 문제에는 공통된 추상적 속성이 존재할 수 없으며, 문제해결에 대한 이론적 탐구가 가능하지 않다고 본다.[11] 4장에 후술되겠지만, 이들의 이론을 지지하는 증거들은 방법론적 문제가 많아 그 주장을 액면 그대로 받아들이기 어렵다.[12] 그렇지만 문제해결 연구에서 환경, 맥락 혹은 상황의 중요성을 부각시킨 이들의 공로는 인정되어야 한다.

초기의 문제해결 연구는 상황적 요인을 배제하거나 최소화한 상태에서 연구가 이루어졌다. 주로 수학 문제나 수수께끼와 같은 비교적 단순한 문제를 대상으로 하여, 다양한 문제에 두루 적용될 수 있는 일반적 문제해결 전략을 탐색하였다. 이를 통해 밝혀진 방법에는 관련변수 중 하나를 반복적이고 체계적으로 변화시켜 가장 좋은 결과를 찾아내는 언덕 오르기(hill climbing), 목표와의 차이를 찾아내고 그 차이를 줄이는 방법을 찾아가는 수단-목표 분석, 하나의 과제를 몇 개의 하위 과제로 나누어 해결하는 하위 목표로 분해하기 등이 있다. 이들은 일반성이 있기는 하지만 실제장면에서 문제를 해결하는 데 큰 도움이 되지 않는다는 비판을 받았다. 게다가 이 방법들은 대개 최적화를 추구하는데, 사람들은 일상적으로 부딪치는 실제 문제를 해결할 때에는 최적의 해법 대신 임시방편이나 다른 손쉬운 해결책으로 만족하는 경우가 대부분이다. 부모가 아이의 잘못을 못 본 척하거나 설득하는 것이 더 좋다는 것을 알면서도 호통과 체벌을 사용하는 것이 그

한 예다. 이렇게 최적의 해법 대신 일단 더 큰 목적을 이루는 데 방해
가 되지 않는 정도의 해결책에 만족하는 것 외에도, 사람들은 문제해
결을 위해 머릿속에서만 이 생각 저 생각을 궁리하지 않는다. 그 대신
가용할 수 있는 자원을 적절하게 변형하여 사용하는 것은 물론, 그림
을 그려 보거나 간단한 모형을 만들어 보기도 하며, 관련된 자료를 찾
아보거나 혹은 다른 사람의 도움을 받는 등 환경과의 상호작용이 활
발하다. 다음 절에서 보듯 문제해결 연구는 개인의 머릿속에서 이루
어지는 사고활동에서 시작하였지만, 개인이 처한 문화나 물리적 · 사
회적 환경과 그 환경에서 제공되는 여러 물리적 · 상징적 도구를 사용
하여 이루어지는 과정으로 확장되고 있다.

4. 문제의 유형과 문제해결에 관여하는 인지 과정

이 절에서는 문제해결 연구에서 다루는 문제를 세 가지 유형으로 나
누고, 각 유형의 특징을 간략히 정리하고자 한다. 이와 함께 문제해결
에 관여하는 인지 과정을 간략히 소개할 예정이다. 후속 장에서는, 이
절에서 논의된 인지 과정을 중심으로 관련된 연구를 개관할 것이다.

문제란 도전거리라는 공통점을 갖지만 그 형식과 내용에 따라 몇
가지 방식으로 나누어 볼 수 있다. 역사적으로 가장 널리 받아들여지
는 구분은 '잘 정의된 문제(welll-defined problem)'와 '잘 정의되지 않
은 문제(ill-defined problem)'로 나누는 것이다. 잘 정의된 문제란 문제

가 무엇인지 명확하고, 이를 제약 혹은 반드시 지켜야 하는 규칙이 명확하며, 성공적 문제해결 상태가 명확하다. 초기 정보처리 연구자들이 사용한 퀴즈, 서양장기, 수학이나 물리학 문제들이 여기 속한다. 이 문제들은 문제해결의 초기 상태, 해결을 위해 허용되는 방법 그리고 문제해결의 목표가 명확하다. 그러나 이 중 어느 하나라도 명확하지 않으면 잘 정의되지 않은 문제가 된다. 예를 들어, 역사적으로 문제해결에 대한 심리학적 탐구의 깃발을 세운 형태주의 심리학자들이 사용한 통찰 문제는 잘 정의되지 않은 문제다. 이들이 사용한 통찰 문제 중 하나는, 서로 같은 거리만큼 떨어져 있는 3개씩 3줄로 늘어선 9개의 점을 연필을 떼지 않고 한 번에 연결하는 문제다. 이는 초기 상태와 목표는 명확하지만, 가능한 조작이 무엇인지가 명확하지 않기 때문에 잘 정의되지 않은 문제다. 그나마 통찰 문제는 정답이 있다는 점에서 해결에 성공했는지를 쉽게 판단할 수 있어 후속 연구에서 자주 사용되었다.

보다 세분화된 문제 유형은 교수방법론을 연구하는 조나센(Jonassen, 2004, 2011)에서 볼 수 있다. 그는 가능한 모든 문제를 망라한 것이 아님을 전제한 다음, 다음과 같이 11가지의 유형으로 나누었다. 논리 문제, 알고리즘 문제, 문장제 문제(story problems), 규칙사용/규칙유도 문제, 의사결정 문제, 고장 문제, 진단과 해결 문제, 전략적 수행 문제, 사례 문제(사례 분석, 시스템 분석 혹은 정책 분석 문제), 설계 문제, 딜레마가 그것이다. 여기서 전략적 수행이란, 대개는 짧은 시간 내에 특정한 목표를 이루기 위한 고도의 전략을 완수하는 복잡한 활동구조

를 가리키는데, 예를 들면 미식축구에서 쿼터백이 공격을 하거나 전
투 비행사가 비행기를 조종하는 상황에서의 수행이다. 조나센이 문
제를 이렇게 다양하게 구분한 이유는, 각 유형의 문제마다 해결 방법
이 다르고 따라서 그에 맞는 교수 방법이 제공되어야 한다고 생각하
기 때문이다. 그는 문장제 문제, 고장 문제 그리고 수도권 쓰레기 매
립지를 어디에 만들지나 대학 내에서 학생의 인권을 어떻게 하면 현
재보다 높일 수 있을지와 같은 사례 문제를 중심으로 문제해결의 각
국면에서 나타나는 차이를 대비하였다. 문제해결의 국면은 문제제기
(problem posing), 문제표상(problem representation), 문제와 해결 간의
연합(association between problem and solution) 그리고 해결책에 대한
평가 등으로 세분된다. 이 가운데 문제와 해결 간의 연합 국면과 평가
를 문장제 문제, 고장 문제 그리고 사례 및 시스템 분석 문제를 중심
으로 비교하면 〈표 1-1〉과 같다.

〈표 1-1〉 조나센(Jonassen)이 구분한 문제 유형에 따른 문제해결 국면에서의 차이

문제해결의 국면		
문제 유형	해결안과 연합하기	평가
문장제 문제	실습예제	수행평가, 추론기술, 논증
고장 문제	실습예제, 사례집	수행평가, 추론기술, 논증
사례 및 시스템 분석 문제	사례집, 웹 기반 문서	논증

이는 문장제 문제의 경우 풀이된 실습예제가, 고장 문제의 경우에
는 풀이된 실습예제와 함께 비슷한 사례를 모아 놓은 사례집 제공이,

그리고 사례 및 시스템 분석 문제의 경우 비슷한 사례를 모아 놓은 사
례집과 원하는 자료를 필요할 때 바로 찾아볼 수 있는 웹 기반 문서를
제공하는 것이 각각 효과적이라는 것이다. 해결책에 대한 평가 국면
에 초점을 둘 경우, 문장제 문제와 고장 문제에서는 수행평가, 추론기
술 그리고 논증이 사용될 수 있지만, 사례 및 시스템 분석 문제에서는
논증이 사용된다는 것이다. 조나센의 연구는 문제해결의 과정을 단
계적으로 세분해 볼 수 있게 하는 동시에 각 과정에서 교수적 개입이
어떤 식으로 이루어져야 할지에 대한 방안을 제시해 준 점에서 의의
가 있다. 하지만 문제 유형에 맞춘 교수 방법이 실제로 얼마만큼 효과
가 있는지는 경험적인 연구를 통해 밝혀져야 할 과제로 남아 있고, 또
그 자신도 세 가지 유형만 다룬 것에서 볼 수 있듯이 11가지로 세분할
필요가 있을지 의문이다.

문제 유형에 대한 논의에서 빼놓을 수 없는 것은, 리텔과 웨버(Rittel &
Weber, 1973)가 '고약한' 문제로 명명한 일군의 문제들이다. 주로 사회 정
책 입안과 관련된 이 문제들은 과학에서 주로 다루는 '길들여진(tamed)'
문제와 달리, 다음과 같은 10가지 특징을 갖고 있다고 주장한다.

① 고약한 문제에 대한 하나의 명료한 서술은 불가능하다. 길들여
진 문제의 경우 문제해결에 앞서 문제이해가 요구되지만, 고약
한 문제의 경우 문제를 제대로 서술하려면 가능한 문제해결 방
안들이 미리 강구되어야 한다. 예를 들어, 빈곤 문제의 경우 낮
은 수입, 신체적 · 심리적 건강, 문화적 박탈 등이 원인일 수 있

는데, 각각에 대해서도 또다시 가능한 여러 원인을 생각해 낼
수 있다. 그리고 그런 원인들이 확인될 때 비로소 문제를 정의
할 수 있게 되는데, 그 원인들을 제거하는 것이 해결책이라는
점에서 문제를 규정하는 것과 문제해결이 동일한 과정이 된다.
요컨대, 문제서술 자체가 문제해결에 의존하는 점에서 길들여
진 문제에 대비된다.

② 고약한 문제는 언제 문제해결을 종료해야 하는지를 알려 주는
규칙(stopping rule)이 없다. 그 이유는 ①에서 확인된 것처럼 문
제에 대한 이해가 얼마든지 달라질 수 있기 때문이다.

③ 고약한 문제에 대한 해결책은 '참, 거짓'으로가 아니라 '좋다,
나쁘다'로 평가되는데 이 평가는 이해관계에 따라 달라질 수
있다.

④ 해결안에 대한 즉각적이고 최종적인 검증이 불가능하다.

⑤ 시행착오를 통해 배울 기회가 없고 모든 시도가 중요하기 때문
에 해결안은 '한 번만 이루어지는 일'이다.

⑥ 가능한 모든 해결책을 망라할 수 없고 허용될 수 있는 조작이
무엇인지조차 알 수 없다.

⑦ 모든 고약한 문제는 기본적으로 유일무이하다.

⑧ 모든 고약한 문제는 또 다른 문제의 증상이 될 수 있다.

⑨ 계획이 예상과 차이가 있을 경우에 그 원인이 여러 가지 다른
방식으로 설명될 수 있다.

⑩ 계획을 수립하는 사람은 그 계획의 결과에 대해 책임을 져야 한다.

문제에 따라서는 이상의 특징 중 일부만이 적용될 수 있는데, 어쨌든 이런 특성이 많으면 많을수록 관련 분야로부터의 기존 지식을 사용하기 어려워져 결과적으로 문제해결이 힘들어진다.

문제 유형과 관련된 이상의 논의를 기반으로 이 책에서는 논의의 편의상 문제 유형을 다음과 같은 세 유형으로 나누고자 한다. 이들은 정답이 있는 문제, 정답이 없지만 비교를 통해 우열을 가릴 수 있는 문제 그리고 고약한 문제다. 먼저, 정답이 있는 문제는 교육이나 훈련을 위해 만들어진 문제나 초기 문제해결 연구에서 사용된 통찰 문제 그리고 고장 문제가 포함될 수 있다. 정답이 있기 때문에 성공 여부를 바로 확인할 수 있고, 대개는 풀이 과정을 통해 기저의 사고 과정을 어느 정도 추적해 볼 수 있다.

다음으로, 정답이 없지만 비교를 통해 우열을 가릴 수 있는 문제는 일부 면접시험에서 사용된 문제인 "사람의 머리카락은 몇 개인가?" "서울시에 있는 맨홀의 수는 몇 개인가?"와 같은 문제들이다. 이 밖에 옥스퍼드 대학교의 입학시험 문제인 "자신이 똑똑하다고 생각하는가?" "내가 개미 한 마리를 떨어뜨리면 어떤 일이 일어날까?" 등도 여기에 포함시킬 수 있겠다. 이런 문제들은 그리 많은 배경지식이 필요하지 않은 상태에서 사람들이 문제해결을 위해 어떻게 접근하는지를 알아내고자 사용된다. 이를 통해 문제를 해결하기 위해 어떤 전략을 사용하고 어떤 과정을 통해 결론에 도달하는지를 알아보고, 이를 바탕으로 서열을 매기기도 한다. 이상의 문제들은 주로 지적 능력을 훈련하거나 평가하기 위해 만들어지고 사용된다. 정답이 없지만 비교

4. 문제의 유형과 문제해결에 관여하는 인지 과정

를 통해 우열을 가릴 수 있는 또 다른 문제는 어떤 상태의 개선과 관련된다. 새로운 발명품이 신규성과 진보성에서 두드러질 때 주어지는 특허가 그 좋은 예다. 이와 비슷하게 전문 학술지에 실리기 위해 통과해야 하는 논문 심사에서 중요시하는 독창성의 측면도, 결국은 기존의 주장이나 발견과 비교하여 결정된다.

마지막으로 고약한 문제다. 앞서 설명한 것처럼, 이는 문제를 어떻게 서술하는지에 따라 혹은 어떤 전제나 지향점을 받아들이는지에 따라 문제에 대한 이해는 물론 해결 방향도 달라질 수 있는 문제 유형이다. 우리가 실제로 삶에서 부딪치는 많은 문제는 비교를 통해 우열을 가릴 수 있는 문제이거나 혹은 고약한 문제다. 그 예를 확인할 수 있는 좋은 방법 중의 하나는, 공개적으로 현상금을 걸고 사람들에게서 필요한 해결책을 얻으려는 사이트인 이노센티브(InnoCentive)[13]에 올라와 있는 문제를 살펴보는 것이다. 여기에 올라온 것 중 하나는 '디지털 카메라의 미래(Beyond the digital Camera Era)'라는 문제다. 이는 이 책의 원고를 쓸 당시 공모 마감이 끝난 상태였는데, 513명이 그 문제에 도전하였다. 문제의 핵심은 짧은 비디오 촬영이나 사진을 스마트폰으로 할 수 있는 상황에서 별도의 카메라를 따로 가지고 다녀야 할 이유를 찾기 어렵다는 것이다. 그렇다면 디지털 카메라는 어떤 형태가 되어야 하고, 그것으로 무엇을 할 수 있을까? 이 문제에는 상금 1만 달러가 책정되어 있었다. 만일 당신이 디지털 카메라를 생산하는 회사에서 일한다면 살아남기 위해 당연히 이런 문제에 대해 고민을 할 수 밖에 없을 것이다. 또 다른 1만 달러짜리 문제는 기업과 고

등교육 간의 간극을 메울 수 있는 방안이다. 문제의 출발은 고용주
와 고등교육기관 간의 이해관계가 다른 데서 비롯된다. 고용주는 자
신의 사업장에서 활용할 수 있는 기술과 전문성을 가지고 있어 만족
스러운 동시에 오랫동안 함께 일할 수 있는 사람을 고용하고 싶어 한
다. 반면에 대학에서는 학생을 개인적인 성장이라는 목표와 함께, 성
공적인 삶과 직장 생활을 할 수 있도록 준비시키고자 한다. 이러한 차
이 때문에 대학에서의 학점과 실제 회사에서의 수행이 일치하지 않
을 때가 많다. 요즘같이 대학에서의 학점 인플레이션이 있는 상황에
서는 더욱 그렇다. 그래서 구글(Google) 같은 회사에서는 채용 시 학
점을 고려하지 않는다고 한다. 이런 상황에서 『이코노미스트(The
Economist)』지와 루미나(Lumina) 재단이 공동으로 1만 달러의 현상금
을 걸고 찾고 싶어 하는 해결책은, 사업장과 대학 간의 커뮤니케이션
을 촉진할 수 있는 서비스다. 이를 통해 고용주와 대학이 협력하여 학
생들과 피고용인들이 그들의 직업에서 성공하도록 준비시키자는 것
이다. 이 밖에도 톰슨로이터(Thomsonreuters)사에서 현상 공모한 문
제는 효과적인 검색이 일어나도록 문서에 꼬리표를 붙이는 방법을 찾
아내는 것이다. 블로그나 내부 보고서 등을 통해 얻을 수 있는 정보의
양은 엄청나다. 이 가운데 기업이나 투자자들이 필요로 하는 정보를
쉽게 찾아낼 수 있는 방법을 개발해 내라는 것이다. 더불어 이들은 추
상적인 방안이 아니라 알고리즘과 함께 그 알고리즘을 구현하는 프로
그램과 사용법까지를 요구한다.

이처럼 실생활에서의 문제는 뭔가 대비책이 필요하다는 것만큼은

명확하지만 이를 어떻게 정의하고 해결책을 찾아야 할지는 분명하지
가 않거나, 무엇이 필요한지는 알지만 그 필요를 어떻게 충족시켜야
할지를 모른다. 고약한 문제는 법정 판결, 특정한 제품에 대한 사례분
석, 건축 설계 혹은 앞에서 강조된 한 개인의 삶의 목적 설정 등에서
처럼 독특성이 고려될 수밖에 없는 사례들을 탐구한다. 또한 해결하
고자 하는 문제가 정해져 있는 것이 아니라 문제 자체가 가변적일 수
있고 따라서 해결 방법도 그에 영향을 받는 특징을 갖는다. 물론 이
런 고약한 문제에 대한 사례들이 축적되면 제한된 범위에서 그들 간
의 공통점을 찾아볼 수 있다. 클라인(Klein, 2013)의 최근 연구가 그 좋
은 예다. 그는 실제장면에서 일어났던 문제 중 다른 사람들이 찾지 못
한 것을 찾아내거나 생각하지 못한 것을 생각해 낸, 120개의 사례를
분석하였다. 이 사례 가운데는 우연히 동일한 증세를 보이는 환자를
여러 명 관찰한 데서 시작하여 후천성 면역 결핍증을 발견하고 이를
치료할 수 있는 약물 중 하나인 AZT를 개발한 고틀리프(Gottlieb), 산
불 진화 작업 중 마른 풀로 뒤덮인 산비탈을 타고 올라오는 불을 피하
려고 달려가다가 도저히 안 될 것 같아 포기하고 그 대신 주변에 맞불
을 일으켜 살아남은 소방관 도지(Dodge), 자신의 연구와 큰 상관이 없
는 발표를 듣던 중 해파리에서 발견된 발광 단백질에 빛을 비추면 색
이 변한다는 내용에서 힌트를 얻고는 이 발광 단백질을 이용하여 세
포를 관찰할 수 있는 방법을 개발하여 2008년 노벨 화학상을 받은 챌
피(Chalfie), 다단계투자 사기죄로 2008년 체포된 매도프(Madoff)에
대해 10년 전부터 그가 사기행각을 벌인다고 주장한 마르코폴로스

(Markopolos)라는 증권분석가의 안목 등이 포함된다. 이런 사례를 바탕으로 클라인은 새로운 생각을 하게 되는 '세 경로 모형(triple path model)'을 제안하였다. 가장 흔한 경로는 연결을 통해 새로운 기반을 찾아내는 것이다. 호기심과 우연도 결국 새로운 기반을 만드는 데 일조한다. 두 번째 경로는 모순이 감지되었을 때 이를 해소하기 위해 이전에는 별로 선호되지 않던 기반을 사용하는 것이다. 마지막으로는 구사일생의 경로다. 절대적 위기의 순간, 피할 방법이 없어 보이는 상황에서 혹시나 하는 실낱 같은 기대를 없애고 전혀 새로운 해결책을 찾아내는 것이다. 여기에는 앞서 언급한 소방관 도지, 그리고 바위틈에 팔이 끼어 127시간이나 매달려 있다가 그 바위와 마비되어 더 이상 통증을 느끼지 못하는 팔을 지렛대처럼 활용하여 살아난 아론 래스턴(Aron Raston)을 그 예로 들고 있다. 그러나 클라인의 연구는 그 자신이 인정하듯 성공적으로 해결된 문제들을 사후적으로 확인하였다는 한계가 있다. 그런 한계에도 그의 연구는 고약한 문제도 어느 정도 충분히 사례가 축적되면 그들로부터 어떤 패턴을 찾아낼 수 있음을 보여 준다. 더 많은 사례가 축적되어 영역별로 혹은 문제 유형별로 더 세분할 수 있으면, 우리가 다루어야만 하는 많은 고약한 문제를 길들이는 데 도움을 줄 수 있을 것으로 기대된다.

통상적으로 교육장면에서는 주로 정답이 있는 문제에서 시작하여 정답이 없지만 비교를 통해 우열을 가릴 수 있는 문제 그리고 고약한 문제를 다룬다. 하지만 심지어 대학에서조차 가장 많이 다루는 것은 정답이 있는 문제일 때가 많다. 그 결과, 학생들이 다른 두 유형의 문제에 대한 충분한 경험과 훈련을 받지 못한 상태에서 학교를 떠나게 된다. 따라서 문제해결의 연구 과제 중 하나는 정답이 없지만 비교를 통해 우열을 가릴 수 있는 문제들에 대한 경험과 훈련을 강화할 수 있는 방법을 제공하는 것이라고 할 수 있겠다.

문제가 어떤 유형이든 상관없이 이들을 해결할 때 개입되는 하위 심리 과정을 몇 개로 나누어 볼 수 있다. 이 책에서는 문제해결을 이해, 발상, 평가 그리고 실행의 네 하위 과정으로 나누고자 한다. 이 네 하위 과정은 항상 순차적으로 직동하기보다는 끊임없이 서로 영향을 주며 복잡하게 작동할 뿐만 아니라 경우에 따라 그 경계가 모호할 수도 있다. 이 하위 과정을 그림으로 나타내자면 [그림 1-1]과 같이 그려 볼 수 있겠다.

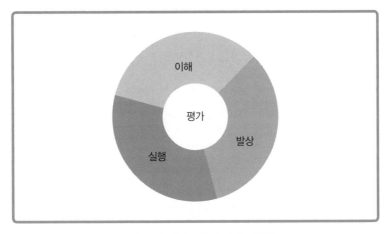

[그림 1-1] 문제해결의 하위 과정들

이 도형은 문제해결의 모형이기보다는 가능한 한 많은 유형의 문제를 해결하는 데 논리적으로 필요한 사고 과정을 일상 언어로 포착하기 위한 스케치 정도로 보아도 무방하겠다. [그림 1-1]에서처럼 모든 하위 과정은 평가와 긴밀하게 상호작용을 하는 동시에 순환적으로 작동한다. 이해는 문제가 무엇인지와 어떤 조건 혹은 제약을 만족시키면서 풀어야 하는지를 파악하는 활동이다. 발상은 일단 이해된 문제를 풀기 위해 가능한 자원을 활용하여 해결 방안을 만들어 내는 활동이다. 문제해결의 모든 하위 과정에서 각각 풀어야 할 어려움이 있지만, 발상이 아마도 가장 어려운 단계라 할 수 있다. 평가와 이해는 당연히 발상된 방안이 성공할 수 있을지를 판단한다. 실행은 아이디어를 제품이나 작품 혹은 검증 가능한 모형으로 만드는 과정으로 대부분의 경우 구체적인 행동을 통해 가시적인 결과를 산출한다. 물론 이 실행의 결과는 다시금 평가의 대상이 되어 더 깊은 이해나 또 다른 발상을 촉발시킨다.

　앞서 구분한 문제의 유형과 문제해결의 하위 과정을 동시에 고려하면, 각 문제 유형에 따라 하위 과정에서 처리되어야 할 내용이나 비중이 달라질 수 있다. 잘 정의된 문제나 통찰 혹은 고장 문제에서처럼, 정답이 있는 경우 평가 과정이 상대적으로 중요하지 않다. 그 대신 충분한 이해를 기반으로 대개는 학습이나 반복적 훈련에 의해 습득한 방법이나 원리 혹은 스키마를 발상 후 적용하여 출제자가 의도한 답을 찾아내는 것이 관건이다.

　정답이 없지만 비교를 통해 우열을 가릴 수 있는 문제에서 이해는 기본이라 할 수 있다. 제대로 된 이해가 전제되지 않고는 다른 해결책과 비교조차 될 수 없기 때문이다. 문제해결을 시도하는 사람은 이해를 바탕으로 이루어진 자신의 발상이 다른 발상보다 상대적으로 더 뛰어나거나 새롭다고 평가를 스스로 내릴 수 있어야 한다. 하지만 최종 평가는 대개 그 영역에 대한 전문가에 의해 이루어지는데, 이들은 해당 분야의 경험과 지식을 바탕으로 절차와 논의 전개를 고려하는 동시에 동일한 과제에 대한 여러 사람의 수행을 상대적으로 비교하여 평가를 내린다. 이처럼 이런 유형의 문제에서는 발상과 함께 평가가 중요하다. 그렇지만 역사적으로 뛰어난 발상이 당대의 잘못된 평가로 뒤늦게 인정받는 사례에서 보듯, 좋은 발상에 대한 제대로 된 평가는 쉬운 일이 아니다.

마지막으로 고약한 문제다. 이 문제들은 문제를 풀기 위해 무엇이 문제인지, 그것이 왜 문제인지를 먼저 명료히 해야 하는 문제이며, 결과를 통해 어떤 해결책의 성공 여부를 판단할 수 있는 경우도 있지만 그렇지 않은 경우도 많다. 고약한 문제의 경우, 문제가 있다는 것은 확실하지만 그 문제를 해결하기 위해 고려해야 할 제약이 명확하지 않은 상태에서 이해, 발상, 평가가 이루어진다. 문제에 대한 이해 자체가 특정 관점을 전제할 수밖에 없고, 따라서 이후의 발상이나 평가도 그 관점을 전제로 하여 이루어진다. 특정한 관점을 취하는 방법 중의 하나는 적절한 비유나 벤치마킹할 사례를 이용하는 것이다. 그렇지만 적절한 비유나 유사 사례를 찾아내는 일이 쉽지 않을 뿐만 아니라 어렵게 찾아낸 비유나 유사 사례가 과연 적절한 것인지를 판단하는 일조차 쉽지 않다. 게다가 많은 경우 서로 직접적으로 비교하기 어려운 가치가 개입되어 있다. 예를 들어, 인간 사회에서도 적자생존의 원리에 따라 강자가 살아남게 하는 것이 좋은지, 아니면 강자든 약자든 최소한의 기본권을 보장해 주어야 하는지에 대한 논쟁에서 각 주장이 서로 평행선을 달리는 것은 기본적인 가치에서의 차이 때문이다. 따라서 이런 문제에 대한 해결책의 평가는 직접적 · 간접적 파급효과에 대한 충분한 자료가 축적된 다음에야 이루어질 수 있기에, 관련 분야의 역사가에게 미루어지는 경우가 많다. 그렇지만 지구온난화에 대한 환경학자들 간의 갑론을박에서 볼 수 있듯이 전문가들끼리도 다른 의견으로 대립될 경우 그에 대한 판단을 또다시 유보할 수밖에 없게 되는 경우가 많다. 요컨대, 고약한 문제들에 대한 논의는 여러 가지 이유에서 논쟁의 소지가 있다.

이상의 논의를 배경으로 다음 4개의 장에서는 문제해결의 각 하위 과정을 중심으로 관련된 연구들을 정리하고자 한다. 특히 6장에서는 실제 문제해결의 사례를 심층적으로 살펴볼 예정이다. 여러 하위 과정들이 순차적으로가 아니라 상당히 복잡하게 상호작용을 할 수밖에 없다는 것을 보게 될 것이다.

02_

이해

문제해결의 출발점은 문제에 대한 이해다. 그런데 우리의 몇몇 사고 성향으로 인해 문제에 대한 이해가 잘 이루어지지 않을 때가 많다. 이 장에서는 이해를 저해하는 요인들과 이를 극복할 수 있는 방안을 살펴볼 것이다. 특히, 문제에 대한 정확한 이해가 어떻게 즉각적으로 해결로 이어지는지를 몇몇 사례를 통해 예시하였다.

1. 문제이해의 중요성

문제를 해결하려면 문제가 무엇인지를 명확히 파악해야 하는 것은 너무도 당연해 보인다. 그런데도 이해가 빠진 상태에서 문제를 해결하려는 일화를 찾아보기 어렵지 않다. 『이상한 나라의 앨리스』에 나오는 다음의 대화는 그 좋은 사례다.

> 앨리스: 내가 어디로 가야 할까요?
> 체셔 고양이: 그거야 네가 가고 싶은 곳에 달렸지.
> 앨리스: 난 어디든 상관없어요.
> 체셔 고양이: 그렇다면 어느 길로 가든 괜찮아.

또한 길에 열쇠를 떨어뜨린 사람이 그곳과는 멀리 떨어진 밝은 가로등 밑에서 열심히 열쇠를 찾는 행동도 그 사례라 할 수 있다. 이 일화들은 문제의 핵심을 놓치고도 무엇인가를 열심히 할 수 있다는 것을 보여 주는 동시에, 아무리 열심히 노력하더라도 그 결과가 좋지 않을 수밖에 없음을 보여 준다. 안타깝게도 이런 현상은 단순히 일화로서만 존재하지 않는다. 수학 교육장면에서 관찰되는 놀라운 사건 중 하나는 문제해결은 곧잘 하는데도 자신이 해결하는 그 문제의 가치를 인식하지 못하는 사람이 많다는 점이다. 어떤 학생들은 삼각형을 작도할 수 있는 조건이 무엇인지를 물으면 배운 적이 없어서 모른다고 말한다. 그렇지만 삼각형의 합동 조건은 배웠다고 이야기한다. 삼각형의 작도 조건과 합동 문제는 사실상 같은 문제임에도 이 둘을 다르게 보는 것이다. 이는 문제에 대한 깊은 이해가 없기 때문에 일어나는 일이다.

이해란 상대방의 말을 알아듣는 것, 글을 읽고 그 내용을 파악하는 독해력 그리고 어떤 사건이 어떤 맥락이나 상황에서 일어났는지를 파악하는 것 등을 포함한다. 제품을 만들어 파는 기업에서는 좋은 물건을 만드는 동시에 그 물건을 누구에게 어떤 방식으로 팔지를 명확히 하는 것도 이해에 포함시킬 수 있겠다. 예를 들어, 부모님께 생신 선물을 사드릴 때처럼 반복되는 사건이나 이전에 경험한 적이 있는 사건 그리고 구체적인 상황 속에서 일어나는 사건은 이해가 쉽다. 하지만 기업에서 그 누구도 시도하지 않았던 새로운 제품을 만들려고 할 때처럼, 새롭거나 보다 구체적인 상황 정보가 빠져 있는 사건들에 대한 이해는 결코 쉽지 않고 이해에 도달하려면 엄청난 노력이 필요하다.

문제에 대한 이해는 막연히 무엇인가 잘못되고 있다는 느낌 이상으로, 무엇이 문제이고 그 문제를 해결하는 데 관련된 정보와 자원이 무엇인지를 파악하는 것이다. 그런데 커쉬(Kirsh, 2009)는 문제를 어떻게 표상하는지, 즉 어떤 틀로 어떻게 입력(framing and registration)하는지가 문제해결의 여러 과정 중 가장 어려운 부분이라고 주장한다. 실제 상황에서의 문제는 구체적인 맥락 속에서 발생하는데, 이 맥락은 가능한 해석 방식은 물론 그에 따른 해결 방법까지도 이미 상당 부분 제공한다. 예를 들어, 비슷한 산수 문제라도 학교에서 시험 문제로 풀 때와 슈퍼마켓에서 더 싼 물건을 사기 위해 활용하는 방식은 다를 수밖에 없다는 것이다. 상황이 문제이해를 어느 정도로 규정하는지에 대해서는 현재 연구자들 간에 차이를 보이고 있기에 이에 대한 논의는 후속 연구를 지켜볼 필요가 있다.

상황에 대해 얼마만큼 심각하게 고려하든지 상관없이, 문제를 해결하려면 이해를 건너뛸 수는 없다. 문제 표상이 그 해결가능성과 밀접히 연결되어 있기 때문이다. 초등 수학에 나오는 문장제 문제를 이용한 다음의 연구는 이를 잘 보여 준다.[1] '준우는 5개의 공깃돌을 가지고 있고, 인우는 준우보다 3개 더 많다. 기현이는 인우보다 4개 더 적다고 할 때 세 명이 갖고 있는 공깃돌은 모두 몇 개인가?'와 같은 문제를 3, 4, 5, 6, 7학년 학생들에게 풀게 하였다. 연구자들은 학생들이 문제를 이해하는 정도를 파악하기 위해 독해, 문제 표상, 문제 범주화, 결과 예측, 해결계획, 실행, 절차에 대한 평가, 자기-평가를 알아보는 선다형 문항을 풀도록 하였다. 통계적 분석 결과 독해, 문제 표상, 문제 범주화, 해결계획, 자기-평가의 5개 능력이 최종 수행에서의 성공을 유의미하게 예측해 줌을 확인하였다. 이는 곧 위 다섯 가지 능력의 수준을 알면, 한 학생의 최종 수행 성공 수준이 얼마일지를 대략적으로 예상할 수 있다는 뜻이다. 또한 각 능력들이 서로 간에 어떤 영향을 주고받는지 알아보기 위해 경로 분석을 실시한 결과, 독해 능력이 나머지 4개 능력에 직접 영향을 준다는 것을 확인할 수 있었는데, 이는 이해가 얼마나 중요한지를 보여 준다.

초등 수학보다 훨씬 복잡한 상황이라 할 수 있는 기업의 새로운 제품 개발 상황에서 제일 중요하게 여겨지는 것 중의 하나는 잠재적인 소비자들의 구매 행동을 정확히 파악하는 것이다. 이를 위해 대개는 많은 잠재적 고객을 대상으로 설문조사를 하지만, 경우에 따라서는 소수의 잠재 고객에 대한 심층면접은 물론, 심지어 인류학적 연구 방법인 참여관찰 혹은 현장연구까지 동원된다. 클라인(2013)은 한 연구에서 빠듯한 생활비로 사는 사람들이 세제와 같은 생활필수품을 살 때 무조건 싼 것을 고르는 것이 아니라, 몇 가지 상표를 염두에 두고 있다가 할인권을 이용하거나 아니면 할인 판매를 할 때 구매한다는 것을 확인하였다. 따라서 이런 고객을 확보하려면 무조건 싼 제품을 만드는 대신, 어느 정도 품질을 유지하되 여러 가지 방식으로 할인을 받을 수 있는 제품을 만드는 전략이 더 유리하다는 판단을 내릴 수 있다.

제품 개발에서뿐만 아니라 서비스 제공 방식에서도 최종 사용자의 심리 상태에 대한 감정이입을 통해 혁신을 이룰 수 있는데 어떤 사람들은 이런 방식을 '디자인 사고(design thinking)'라 부른다. 통상적으로 디자인은 제품을 만든 다음 마지막 포장 단계에 개입한다. 하지만 디자인 사고에서는 마지막이 아니라 처음부터 최종 사용자를 염두에 두고 제품이나 서비스의 구상 단계부터 시작하여 마지막 포장까지 디자인을 진행한다. 이데오(IDEO)사의 CEO인 팀 브라운(Tim Brown)이 소개하는 한 예는, 미국의 아메리카은행이 이데오사와 협력하여 개발한 현금카드를 이용한 저축 증진 방법인 '잔돈을 저축해 주세요'다.[2] 이 방법은 사람들이 물건을 현금으로 사고 거스름돈을 받으면 동전 저금통에 넣어 두었다가 은행에 가져가서 저축을 하는 행동을 활용한다. 현금카드로 물건을 살 때, 예를 들어 15달러 55센트이면 16달러를 내고 나머지 45센트를 저축하도록 하는 것이다. 이 방식으로 사람들은 어렵지 않게 적은 돈이지만 저축을 했다는 만족감을 느끼는데,

그 결과 250만 명의 고객이 생겼고 70만 개의 새로운 계좌가 만들어졌다. 사람들의 행동 패턴에 대한 이해를 바탕으로 이를 저축 활동으로 연결함으로써 혁신을 만들어 내고 큰 수확을 거둔 것이다.

고약한 문제의 특성에 대한 리텔과 웨버(Rittel & Webber, 1973)의 지적에서처럼, 이들에 대한 서술은 여러 가지 다양한 방식으로 이루어질 수 있고 서술 자체에 이미 어느 정도의 해결 방향을 내포하고 있다. 예를 들어, 정책 입안자들이 인간을 어떻게 바라보는지에 따라 사회 정책의 방향이 달라질 수 있다. 역사적인 한 예로 만일 한비자나 홉스(Hobbes)처럼 인간의 마음이 근본적으로 악하다고 보면, 사회 질서를 유지하기 위해 강력한 규제가 강조된다. 하지만 만일 맹자나 루소(Rousseau)처럼 인간을 선하게 보면 자유방임적 경쟁을 통해 사회를 발전시키는 정책이 고려될 수 있다. 물론 인간에게는 어떤 실질적이고 자연적인 본성이 없다고 보는 견해도 있다. 문예부흥기의 인문학자인 미란돌라(Pico Del Mirandola, 1487)는, 우리는 스스로 결정하고 스스로 규정해 가는 존재임을 강조했다.[3] 이 경우 사회적 합의점을 찾고 이를 함께 추구해 갈 수 있는 또 다른 제도나 정책을 만들어 갈 수 있다. 그 방법은 때로는 점진적인 개선을 통해, 아니면 드물게 일어나기는 하지만 획기적인 혁명을 통해 발전해 갈 수 있다. 요컨대, 우리가 해결하려는 문제는 물론 그 문제와 관련된 핵심적인 요소에 대한 이해 방식에 따라 해결 방법의 대략적인 틀이 크게 영향을 받는다.

주목할 점은 이런 특징이 단지 고약한 문제들에서뿐만 아니라 어쩌면 모든 문제에서 나타날 특성일 수 있다는 점이다. 수학과 더불어 가장 잘 정의된 영역이라 할 수 있는 학문 분야인 물리학에서의 최근 발달은 그 좋은 예다. 물리학자들은 물리 현상을 설명하기 위한 하나의 궁극적인 법칙이나 체계를 찾고자 노력해 왔다. 뉴턴(Newton)의 고전물리학 체계는 그 중요한 성취 중의 하나다. 하지만 양자역학의 등장 이후 물리계에서조차 하나의 궁극적인 이론을 찾아내지 못하고 있을 뿐만 아니라, 호킹과 믈로디노프(Hawking & Mlodinow, 2010)와 같은 이론 물리학자들은 그 일이 불가능하다고 주장한다. 이들은 아인슈타인의 중력장이론과 양자역학을 통합하려는 시도 중 가장 성공적인 초끈이론(string theory)이 하나의 이론이 아니라 서로 다른 상황에 적용할 수 있는 서로 연관된 5개의 수학적 형식으로 되어 있음을 지적한다. 연구자들은 서로 연결된 이 5개의 수식을 하나로 통합하려는 시도를 하고 있지만, 이들을 하나로 통합하는 것은 각 모델이 서로 다른 기본 요소와 개념에 근거하고 있기 때문에 사실상 불가능한 일이라고 주장한다. 이 때문에 모델에 의존하여 만들어진 실재가 둘 이상일 경우 이들이 관찰과 일치하기만 하면, 그중 어느 것이 더 실재에 가까운지를 묻는 것은 의미가 없고, 필요에 따라 선택될 뿐이라고 주장한다. 이 주장에 따르면 천동설에 입각한 프톨레마이오스(Ptolemaios)의 천체 모형과 코페르니쿠스(Copernicus)의 모형 중 코페르니쿠스의 모형이 맞고 프톨레마이오스의 모형이 틀린 것이 아니라, 코페르니쿠스의 모형이 천체의 움직임을 더 간단한 공식으로 나타낼 수 있기 때문에 선호되었을 뿐이라는 것이다.

모델에 의존하여 실재를 파악하는 것은 물리학에서뿐만이 아니다. 의식적 혹은 무의식적으로 이루어지는 우리의 지각과 인지 과정 또한 모델에 근거하여 이루어진다. 이 모델은 물리학에서 사용되는 수학적 모델에 비해 훨씬 다양하고 모호해 보인다. 우선, 음식점에서 식사를 하기 위해 해야 하는 일련의 행동과 같은 스키마나 병원 진찰실의 구조나 가구 배치 등과 같이 구조화된 지식을 가리키는 스크립트처럼 자주 일어나는 경험으로부터 추상화된 모델이 있다. 또한 2차원 이미지가 제시될 경우 이를 3차원적으로 지각하려는 경향에서처럼, 진화를 통해 신경계 수준에서 내장되어 있는 모델도 있다. 동일한 그림이 제시되었을 때 동양인과 서양인이 지각하는 부분이 다르다는 연구에서처럼 우리의 지각과 인지 과정 또한 문화에 의해서도 영향을 받는다. 동일한 정치적 사건에 대해서도 전혀 상반된 해석과 반응을 보이는 경우와 같이 기본적 신념이나 이해관계도 우리의 지각과 인지에 영향을 준다. 요컨대, 이해는 다양한 모델들을 통해 이루어진다. 앞서 살펴본 천체 물리학에서의 예처럼 구체적인 상황이 주어질 경우에는, 이들 간의 우열을 비교할 수 있을 때가 있지만 항상 그런 것은 아니다. 같은 현상에 대해 서로 다른 방식으로 설명하는 여러 이론은, 특정 현상에 대해 한 이론이 다른 이론들보다 우수하지만 다른 현상에 대해서는 그렇지 않은 경우가 많다. 이럴 경우 더 많은 후속 연구가 필요하다. 하지만 결정적 실험을 통해 어느 한 모형을 지지하고 다른 모형은 폐기하는 일은 그리 흔하지 않다. 지금까지의 논의는 어떤 현상에 대한 이해는 단편적일 수밖에 없지만, 이해하는 방식은 무궁

무진하다는 점을 일깨워 준다.

2. 문제이해가 쉽지 않은 몇 가지 이유

1) 이해에 대한 착각

이해가 어려운 이유는 우리가 자신의 이해 수준을 과대평가하기 때문이다. 대부분의 사람이 갖고 있는 과학적 혹은 일상적 지식은 단편적이고 개략적이며 피상적이다. 과학적 탐구를 통해 얻은 자료가 어떤 절차를 통해 얻어졌는지, 그 자료로부터 해석을 이끌어 내는 과정이 제대로 되었는지 따져 보는 일은 복잡하고 어렵기 때문이다. 이 때문에 사람들은 과학처럼 포장한 사이비 과학도 과학적 주장처럼 쉽게 받아들인다. 여기서 심리학과 관련된 두 가지 사이비 주장만 살펴보자. 먼저, 인간은 자신이 가진 잠재력의 극히 일부분만을 쓰고 있기 때문에 특정한 도구나 수련을 통해 이 잠재력을 개발해야 한다는 주장이다. 이 주장에서 종종 인용되는 것이 아인슈타인도 우리 뇌의 잠재력의 10% 정도밖에 사용하지 않았다는 것이다. 그렇지만 뇌 영상을 찍어 보면 인간의 뇌가 전체로서 작동하고 특정 영역이 더 활성화되거나 그렇지 않을 뿐이지 일부분만 사용된다는 증거가 없다. 사실 아인슈타인이 뇌의 10% 정도만 사용하였다는 주장의 출처는 학술지가 아니라 흥미 위주의 기사를 싣는 주간지였다. 요컨대, 이 주장을 지지하는 과학적 증거가 존재하지 않는다는 것이다. 그런데 아직도 이런 주장을 심심치 않게 찾아볼 수 있는데, 뤽 베송이 감독하고 스칼렛 요한슨이 주연으로 나오는 영화 〈루시〉가 그 예다. 다음으로, 공중부양이 대표적인 초능력 개발은 또 어떤가? 현재는 상금 액수가 달라지기는 했지만 자신이 진짜 초능력자임을 입증하면 100만 달러의 상금을 받을 수 있는데, 1964년부터 시작되었고 천 명 이상이 도전했지만, 아직도 이 상금을 받아 간 사람은 한 명도 없다.[4] 과연 그럴까 하는 의문이 드는 주장을 지지하는 심리학적 연구가 있다고 하면, 한 번쯤 물어보라. 도대체 어떤 전문 학술지에 나온 주장이냐고.

이처럼 일상적 지식이 단편적이고 피상적임에도 대부분의 사람은 자신의 지식이 체계적이고 상세하며 깊이가 있다고 착각한다. '이해하고 있다는 착각(illusion of understanding)'은 이를 단적으로 보여 준다. 로젠블리츠와 케일(Rozenblitz & Keil, 2002)은 사람들에게 헬리콥터가 어떻게 나는지, 깡통따개 혹은 지퍼가 어떻게 작동하는지 등의 각각에 대해 스스로의 이해 수준을 총 다섯 번 평가하도록 하였다. 먼저, 평가(R1)하고, 설명을 하게 한 다음(R2), 진단적인 질문에 답을 하게 한 후(R3), 전문가의 설명을 읽게 하고 그 설명에 비추어 보았을 때 처음 자신의 설명이 어느 정도 잘 되었는지 생각하게 한 다음(R4), 마지막으로 전문가의 설명을 읽고 난 뒤 현재의 지식 수준을 평가하게 하였다(R5). 7점 척도상에서 이루어진 평균 평정 값은, 각각 4, 3.2, 2.8, 2.8 그리고 4.6이었다. 처음에 사람들은 자신의 지식 수준을 4점으로 평정했지만, 실제로 설명을 시도하거나 전문가의 설명과 비교해 보고 나서야 비로소 자신의 지식 수준을 하향 조정함을 보여 주었다.

이해가 얼마나 어려운지에 대한 또 다른 예는 실제 연구자들의 연구 활동을 통해서도 확인할 수 있다. 심리학 연구자들에 국한해 볼 때 관찰할 수 있는 특징은 한 연구자가 여러 영역에 걸쳐 연구 활동을 하기보다는 특정 영역에 집중한다는 것이다. 그 가장 큰 이유는 아마도 한 사람이 여러 영역에 걸쳐 독창적인 주장을 펼칠 수 있을 정도로 여러 영역을 이해하기 어렵기 때문일 것이다. 미야케와 노먼(Miyake & Norman, 1979)이 오래전에 주장한 바처럼 질문을 던지려면 무엇을 모르는지 알 정도의 지식이 필요한데, 분야에 따라 이러한 지식을 쌓는 데 걸리는 시간이 적지 않다. 예를 들어, 실험 심리학의 경우 박사학위 논문을 쓸 경우 기본적인 수업을 듣는 데 2~3년이 걸리고 그 후에 연구 주제를 찾는 데 적어도 1~2년이 걸린다. 연구 문제가 명확해진 후에도 자료를 얻고 초고를 쓰고 다른 전문가의 심사 후 수정을 하여 논문을 완성하는 데에도 또다시 적어도 1~3년이 걸린다. 연구 분야나 연구자의 역량에 따라서도 큰 차이가 있을 수 있지만, 박사학위를 마치고 독자적인 연구 활동을 하는 사람들이 독창적인 논문 하나를 완성하는 데는 적어도 1년 정도의 시간이 필요하다. 요컨대, 현재 상태보다 한발 앞서게 하려면 오랜 준비가 필요하다. 한 연구자가 특정 영역에 집중을 하게 되는 또 다른 이유는, 한 문제를 해결하려고 시도하다 보면 그 문제와 연관된 수많은 문제가 꼬리에 꼬리를 물고 이어지기 때문이다. 결과적으로 연구자들은 이것저것 다 잘하는 팔방미인이기보다는 한 우물을 깊이 팔 수밖에 없게 된다. 요컨대, 깊이 있는 이해는 쉬운 일이 아니다.

2) 성급함

앞서 특징지은 것처럼 문제를 도전거리로 보는 대신 골칫거리로 보는 사람들이 적지 않다. 이런 사람들에게는 문제가 생기면, 피할 수 있으면 피하는 것이 최선이고, 피할 수 없을 때의 차선은 빨리 끝내 버리는 것이다. 실제로 사람들의 판단은 대개 빠르게 일어난다는 연구 결과들이 있다. 내과 의사의 경우 환자와의 상담 후 50초 정도면 잠정적인 진단을 내린다고 한다.[5] 강사의 비언어적 행동을 30초 혹은 심지어 16초만 보고 난 후 평정한 점수와 최종 강의평가 점수 간 상관이 유의미하게 높다는 결과도 있다.[6] 이처럼 사람들의 이해와 평가는 일반적으로 빠르고 정확하다. 하지만 어떤 상황에서는 오해를 낳기도 한다.

문제이해 단계에서 나타나는 성급함은 다음의 질문에 대한 반응을 통해 알 수 있다. '모세가 방주에 동물을 넣을 때 몇 마리씩 넣었는가?' 이 질문에 대해 많은 실험 참여자가 2마리씩이라고 대답한다. 그렇지만 그 대답은 틀렸는데, 방주에 동물을 넣은 성경의 인물은 모세가 아니라 노아였기 때문이다. 문제이해 단계에서 성급함을 보여 주는 검사 중 하나는 인지적 반성 검사다.[7] 이 검사는 다음과 같은 세 문항으로 구성되었다.

① 야구방망이와 야구공을 함께 사면 11,000원이다. 방망이가 공보다 10,000원 더 비싸다. 공은 얼마인가? _____원
② 5개의 부품을 만들려면 5대의 기계를 5분 동안 가동해야 한다. 100대의 기계로 100개의 부품을 만들려면 얼마나 걸릴까? _____분

③ 어떤 호수 위에서 수련이 자란다. 이 수련은 매일 두 배로 넓어진다. 만일 수련이 호수 면을 전부 덮는 데 48일이 걸린다면, 호수의 반을 덮는 데는 며칠이 걸릴까? _____ 일

첫 번째 문항에 대한 많은 사람의 반응은 1,000원인데 실제로 정답은 500원이다. 두 번째 문항에 대해서도 상당수가 100분이라고 대답하는데 정답은 5분이며, 마지막 문제의 정답은 47일이다. 각 문제를 1점이리 했을 때 몇몇 대학의 평균 점수와 참여자 수는 다음과 같았다. 매사추세츠 공과대학교(56명) 2.18, 카네기멜론 대학교(746명) 1.51, 하버드 대학교(61명) 1.48, 미시간 대학교(525명) 1.18, 미시간 주립대학교(118명) 0.79점이다. 요컨대, 이렇게 간단한 문제를 대학생들이 반 정도밖에 못 맞춘다는 것이다. 그 이유는 직관적이고 즉각적으로 떠오르는 틀린 생각을 제대로 억제하지 못하고 성급하게 반응을 했기 때문이다.

성급함의 또 다른 예는 특정 영역에 대한 전문가들과 초심자들이 문제가 주어졌을 때 시간을 어떻게 분배하는지를 통해서도 볼 수 있다. 문제해결에 걸리는 시간은 일반적으로 전문가가 초심자에 비해 짧은데, 예를 들어 각각 25분, 40분 걸렸다고 가정해 보자. 초심자의 경우는 이 중 12분을 문제이해에 쓴다면 전문가들은 10분 정도로, 문제이해에 쓰는 시간의 비율은 각각 30%, 40%에 해당한다는 것이다.[8] 아인슈타인은 문제를 푸는 데 100분이 주어졌다면, 99분은 문제이해에 할당하고 나머지 1분을 다른 활동에 할당하겠다는 말로 문제이해

의 중요성을 강조하였다. 그러나 이러한 시간 배분은 그가 해결하고
자 한 물리학 문제에서는 적절할 수 있지만, 이해가 되더라도 바로 해
결이 되지 않는 경우도 많기 때문에 모든 상황에 적용되지는 않는다.
그렇지만 같은 문제를 풀 때, 전문가들은 문제이해 과정에 상대적으
로 긴 시간을 투자하는 데 반해, 초심자들은 문제가 제시되면 상대적
으로 빨리 해결에 착수하는 경향을 보이는 것만큼은 분명하다.

 이런 경향은 심지어 창의적인 예술 활동에서도 관찰된다. 미술대
학의 학생들에게 정물을 제시한 다음 그림을 그리도록 하면, 상당수
의 학생들은 곧바로 그림을 그리기 시작한다고 한다. 하지만 일부 학
생들은 제시된 정물을 그리는 대신 이들을 자신의 생각대로 재배치한
다음 비로소 그리기 시작한다. 흥미로운 점은 이렇게 그림을 그린 학
생들이 나중에 더 유명한 화가가 되었다는 것이다. 이 연구는 창의적
인 사람들은 어떤 일을 할 때, 주어진 대로 수행하는 대신 가능한 경
우 자신의 의도를 반영하려고 한다는 것을 보여 준다. 이를 다른 각도
에서 보면, 창의적인 사람들은 어떤 과제를 끝내는 것 이상으로 그 일
을 잘 해내고자 한다. 그리고 어떤 일이든 잘 해내려면 그 일에 대한
깊은 이해가 필요하다.

3) 본질보다는 표면에 민감하게 반응함

 문제를 언어로 서술하면 언어에 내재한 모호성이 있을 수밖에 없
다. 따라서 관련된 용어들이나 개념을 명료하게 할 때, 그만큼 해결가
능성 혹은 해결불가능성을 쉽게 이해할 수 있다. 그런데 아무리 명료

하게 하려고 노력하더라도, 언어의 한계를 극복하는 것은 거의 불가능해 보인다. 실제로 '하나의 대상을 가리키는 서로 다른 표현은 같은가 다른가'와 같은 문제는 오랫동안 철학자들의 골머리를 앓게 했지만 아직도 만족스러운 해결책이 없다. 예를 들어, 저자의 둘째 아이인 준우는 '빽빽이'라는 별명을 갖고 있다. 어린 시절 울음소리가 커서 붙여진 애칭이다. 우리 가족에게는 준우는 '빽빽이'이고 그 시절의 여러 기억을 떠올리게 해 준다. 그런데 준우를 '빽빽이'라 부르면 다른 사람들은 '빽빽이'가 누군지 알 수 없을 뿐만 아니라, 우리는 애칭으로 사용하는 표현을 부정적으로 해석할 수 있다.

철학에서는 동치 혹은 치환으로 알려진 이 골치 아픈 문제는 지금도 여러 장면에서 발견된다. 트버스키와 카네만(Tversky & Kahneman, 1981)의 프레이밍 연구는 그중 하나다. 이들은 다음과 같은 연구를 수행하였다.

미국에서 600명의 사망자가 예상되는 희귀 전염병이 돌 것에 대해 대비하고 있다고 가정하자. 전염병의 확산을 막기 위해 두 가지 다른 프로그램이 수립되었다. 각각의 프로그램이 실시되었을 때의 예상결과에 대한 과학적 추론은 다음과 같다고 가정하자.

만일 프로그램 A가 채택되면 200명이 살 수 있다.
만일 프로그램 B가 채택되면 600명이 살 가능성은 1/3이고, 한 명도 살지 못할 가능성은 2/3다.

당신은 이 두 프로그램 중 어느 것을 선택하겠는가?

또 다른 집단에게는 다음과 같은 프로그램을 제시하고 선택하도록 하였다.

만일 프로그램 C가 채택되면 400명이 죽는다.
만일 프로그램 D가 채택되면 한 명도 죽지 않을 가능성은 1/3이고, 600명
이 죽을 가능성은 2/3다.

그 결과 152명 중 72%가 A를 선택하였지만, 또 다른 155명은 C, D 중 D를 선택한 비율이 78%였다. 이 결과는 '산다/죽지 않는다' '죽는다/살지 못한다'가 어느 수준에서는 동일하다고 할 수 있지만 항상 똑같지 않다는 것을 보여 준다. 요컨대, 우리는 조금 더 따져 보면 결국 같은 말이라도 그 표현에 따라 다르게 영향을 받는다.

문제해결에서도 이와 유사한 사례를 찾아보기 어렵지 않다. 같은 문제라도 표현을 다르게 하면 문제해결은 물론 무엇이 문제인지조차 이해하지 못하게 할 수도 있다. 다음 문제를 읽고 해결을 시도해 보라.

5개의 팔을 가진 우주괴물 세 마리가 3개의 수정구를 들고 있다. 이웃에 대한 양자역학적 특이성 때문에 이 괴물과 수정구의 크기가 작은 것, 중간 것, 큰 것으로 동일해야 하고 이들이 서로 달라져서는 안 된다. 그런데 지금 현재 작은 괴물이 큰 수정구를, 중간 괴물이 작은 수정구를, 그리고 큰 괴물이 중간 수정구를 들고 있다. 이 상황은 애당초의 상응 원리를 위배하고 있기 때문에 괴물들은 각자의 크기에 맞게 수정구를 확장하거나 줄이기로 하였다. 이 문제를 해결할 때 우주괴물들끼리 서로 지켜야 할 다음과 같은 규칙이 준수되어야 한다. ① 한 번에 한 수정구만 변화시킬 수 있다. ② 두 개의 수정구의 크기가 같으면 그중 큰 괴물의 수정구만 변화될 수 있다. ③ 자신보다 큰 괴물이 갖고 있는 수정구는 변화시킬 수 없다.
괴물들이 수정구를 어떤 순서로 변화시켜야 이 문제를 풀 수 있을까?

　대학생 참여자에게 이 문제를 풀게 하면, 거의 30분 정도나 걸린다. 그런데 사실 이 문제는 하노이탑 문제로 알려진 문제의 표현을 바꾼 것이다. 하노이탑 문제는 한 줄로 늘어선 세 개의 막대기와 가운데에 구멍이 뚫려 있어 이 막대기에 끼울 수 있는 크기가 다른 세 개의 동전을 한쪽 끝에서 다른 쪽 끝으로 옮기는 것이 목표다. 이 목표를 수행할 때 지켜야 하는 규칙은 큰 동전이 작은 동전 위에 놓일 수 없다는 것이다. 이 문제를 푸는 데 걸리는 평균 시간은 2분을 넘지 않는다. 이를 변형시킨 앞의 문제는 하노이탑 문제를 풀나 보면 생기는, 첫 번째 막대기에 큰 동전이, 두 번째 막대기에 작은 동전이, 세 번째 막대기에 중간 크기의 동전이 있는 상황과 같다. 따라서 다음과 같은 5단계를 거치면 풀 수 있다. 우선, 큰 괴물의 수정구를 작게 바꾼 다음, 작은 괴물의 수정구를 작게 바꾼다. 다시 큰 괴물의 수정구를 작게 바꾼 다음 중간 괴물의 수정구를 중간 크기로 바꾸고, 마지막으로 큰 괴물의 수정구를 큰 것으로 바꾼다. 이 문제는 세 기둥에 차례로 작은 동전, 큰 동전 그리고 중간 동전이 놓인 상태에서 시작하는 것과 같다. 첫 번째 기둥에서 세 번째 기둥으로 작은 동전을 옮기고, 큰 동전을 첫 번째 기둥으로 옮긴 다음, 작은 동전을 첫 번째 기둥으로 옮기고, 중간 동전을 가운데로 옮긴 다음, 작은 동전을 세 번째 동전으로 옮기는 절차와 사실상 동일하다.

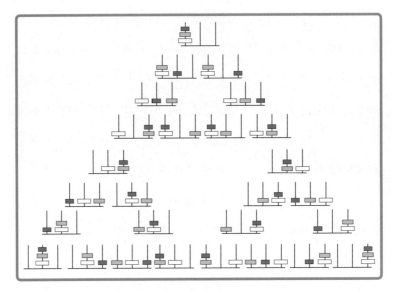

[그림 2-1] 하노이탑 문제

    이처럼 추상적 수준에서는 동일한 문제인데 어떻게 표현되었는지에 따라 난이도가 전혀 다른 문제가 될 수 있다. 이런 특징은 논리학 문제에서도 나타난다. 웨이슨(Wason)의 선택과제에서는 실험 참여자들에게, 예를 들어 앞면에는 영어의 알파벳이, 뒷면에는 숫자가 있다고 말해 준 다음, 2, 7, A, K와 같은 네 장의 카드를 제시하였다. 그리고 만일 앞면이 짝수이면 뒷면이 모음이라는 규칙이 맞는지 확인하기 위해 어떤 카드(혹은 카드들)를 뒤집어 보아야 하는지 말하도록 하였다. 대부분의 사람들은 2를 고르거나 아니면 2와 A를 고른다. 하지만 이 문제의 정답은 2, K인데, p → q와 논리적으로 동치인 ~q → ~p도 성립하는지를 확인해야 하기 때문이다. 이 문제를 제대로 푼 사람들은 5~10%에 불과하다. 그런데 이런 추상적인 규칙 대신 실생활에

서 그럴 듯한 규칙으로 바꾸면, 예를 들어 '술을 마시려면 18세 이상
이 되어야 한다'와 4장의 카드 '술, 콜라, 16세, 20세'를 제시하면 술과
16세 카드를 제대로 고르는 사람의 수가 확연히 증가된다. 이 결과는
인간이 경험을 통해 배운 내용을 활용하면 복잡하고 체계적인 사고를
하지 않더라도 원하는 결론을 내릴 수 있음을 보여 준다. 일상적인 상
황에서는 내용과 맥락으로부터 많은 정보가 제공되기 때문에 다소 부
정확하더라도 이들을 이용하여 결정을 내릴 수 있다.

  또한 표현 방식에 영향을 받아 이면에 숨겨진 구조적 유사성을 찾
지 못하기 때문에 유추가 잘 일어나지 않는다는 연구도 있다. 예를 들
어, 다음의 문제를 생각해 보자. 몸 안에 생긴 종양을 방사선을 사용
하여 제거하려 할 때 방사선의 강도가 너무 강하면 주변의 조직이 손
상되어 버리는데, 이때 주변 조직을 손상하지 않도록 하는 방법을 찾
는 문제다. 이 문제를 풀기에 앞서, 아무런 말을 하지 않고 견고한 성
벽으로 둘러싸인 성을 함락하기 위해 들키지 않도록 여러 집단으로
나누어 각각의 다른 방향에서 공격하여 성공을 거둔 한 조직의 이야
기를 들려주어도, 사람들은 이로부터 해결의 실마리를 찾지 못한다.
그렇지만 두 상황을 서로 연관지어 보라고 하면 앞의 방사선 문제를
쉽게 푼다. 이 결과는 구조적으로 유사하더라도 사람들은 전쟁 상황과
치료 상황을 연결 짓지 못함을 보여 준다. 요컨대, 본질은 같더라도
겉모양은 얼마든지 달라질 수 있는데, 어느 정도의 전문성을 갖게 되
기 전에는 겉모습 뒤에 숨겨진 본질을 바로 알아보지 못한다. 치와 동
료들(Chi et al., 1981)은 여러 개의 물리학 문제, 예를 들어 비탈에 놓인

68   02 _ 이해

물체와 관련된 문제, 용수철 문제, 도르래 문제 혹은 회전판 문제 등을 제시한 다음 이를 비슷한 범주로 묶도록 하였다. 초심자들은 제시된 문제에서 사용된 그림의 유사성에 따라 문제를 분류하였지만 전문가들은 문제풀이와 관련된 원리, 예를 들면 에너지 보존의 법칙, 뉴턴의 제2법칙 등을 기준으로 분류하였다. 요컨대, 표면에 현혹되지 않으려면 경험을 통해 그 영역에 대한 전문성을 획득하는 것이 필요하다.

4) 암묵적인 전제들

문제는 대개 언어로 표현된다. 그런데 사람들이 흔히 사용하는 일상적인 표현들은 다른 표현들과 외현적으로 혹은 내포적으로 복잡하게 연결되어 있어, 그 자체로는 모호한 경우가 많다. 이 모호성은 대부분의 경우 맥락이나 상황 속에서 간단히 해소된다. 식탁 위에서 "소금 좀 줄래?"라고 말할 때에는 듣는 사람이 들을 수 있고 또 볼 수 있다는 것을 전제한다. 실제 상황에서의 문제는 구체적인 상황이나 맥락 속에서 발생하기 때문에 가능한 해석 방식은 물론 그에 따른 해결 방법까지도 이미 상당 부분 제공된다. 그런데 언어적 표현에서는 상황과 맥락의 구체성의 해상도는 가변적이다. 이 때문에 관련된 지식의 정도에 따라 제시된 문제가 어떤 사람에게는 충분히 상세하더라도 다른 사람에게는 그렇지 않을 가능성이 존재한다.

어떤 제약은 의도적으로 감추어지기도 한다. 그 한 예로는 초등학교 수학에 나오는 3cm, 6cm, 7cm, 9cm로 만들 수 있는 서로 다른 삼각형의 개수를 구하는 문제가 있다. 삼각형은 세 변으로 이루어진 다각형이기 때문에 가능한 조합은 네 가지다. 하지만 그중 하나인 3㎝, 6㎝, 9㎝의 세 선분으로는 삼각형을 만들 수 없다. 가장 긴 변은 다른 두 변의 합보다 커야 한다는 명시되지 않은 조건을 충족시키지 못하기 때문이다. 이런 식으로 어떤 전제를 숨기는 것은 교수나 평가 장면에서 개념을 명확하게 이해하도록 돕거나 확인하는 데 유용하다.

그렇지만 몇몇의 잘 정의된 영역 외에는 전제가 무엇인지를 모두 명세하기 어렵다. 몇몇 통찰 문제는 사람들이 갖고 있는 암묵적인 전제와 다른 전제를 사용해야 비로소 풀린다. 6개의 성냥개비를 이용하여 4개의 삼각형을 만드는 문제가 그 좋은 예다. 이런 문제가 제시되면 통상 사람들은 성냥개비를 바닥에 늘어놓고 몇 가지 시도를 한다. 하지만 이 문제는 3차원상에서 삼각뿔을 만들어야 비로소 풀 수 있다. 또 다른 예는 연필을 떼지 않고 서로 같은 간격으로 3개씩 3줄로 배열된 9개의 점을 직선만을 이용하여 한 번에 연결하는 문제다. 이 문제는 전에 한 번도 풀어 본 경험이 없는 사람이 풀기는 어렵다. 이는 [그림 2-2]에서처럼 풀 수 있는데, 사람들은 점들을 이은 선분을 더 확장할 가능성은 잘 생각해 내지 못한다.

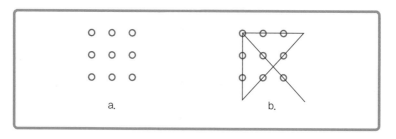

[그림 2-2]

이처럼 어떤 문제를 풀려면 명시적 제약을 따르면서도 굳이 지켜야 할 필요가 없는 암묵적 제약으로부터 자유로워져야만 한다. 실제로 통념을 깨는 새로운 발상은 이런 암묵적 제약을 거부하는 결과로 나타난다. 저자는 신문 기사를 보던 중, 농산물의 가격이 집중적으로 수확되는 시기와 다른 시기 간에 큰 차이가 있는데, 그런 차이를 일종의 제약으로 받아들이는 통념을 거부하고 새로운 유통 구조를 만들어 낸 사례를 읽은 적이 있다. 이처럼 당연시되는, 그래서 어길 수 없어 보이는 제약을 거부할 때 새로운 혹은 창의적인 해결책이 나올 수 있다.

이상의 사례들은 우리가 문제를 이해할 때 명시적으로 제시된 조건들이나 정보 외에도 암묵적으로 어떤 제약이나 가정을 두고 있는지를 검토할 필요성을 시사한다. 이들 암묵적 제약과 가정은 그 속에서 몸담고 있는 사람들에게는 잘 보이지 않는다. 그곳을 벗어났을 때, 그래서 조금은 다른 조망을 가질 수 있을 때 발견할 가능성이 높아진다. 여행이나 다른 영역의 사람들과의 소통은 새로운 조망을 갖는 데 도움을 줄 수 있다.

5) 관련된 정보나 지식의 부족

문제이해가 쉽지 않은 또 다른 경우는 관련된 정보들이 단편적이거나 모호하여 명료하게 조직화하기 어려울 때 생긴다. 이런 경우는 제시된 정보나 상황을 이해하는 것 자체가 문제가 되어 버린다. 예를 들어, 다음 글을 읽고 이 것이 무엇에 관해 이야기하고 있는지 추측해 보라.

이 절차는 사실 매우 간단하다. 먼저 물건들을 비슷한 것끼리 모은다. 물론 그렇게 모을 정도로 많지 않으면 한 번에 처리할 수도 있다. 시설이 충분하지 않을 경우에는 다른 곳으로 가야 하지만, 그렇지 않으면 준비가 거의 다 된 셈이다. 한꺼번에 너무 많이 하지 않는 것이 중요하다. 그보다는 차라리 좀 적다 싶을 정도로 하는 것이 좋다. 단기적으로 보면 이렇게 하는 것이 그리 중요해 보이지 않는다. 그렇지만 이렇게 하지 않으면 복잡한 문제가 쉽게 발생하고 일단 문제가 발생하면 상당한 비용이 든다. 처음에는 이 모든 절차가 꽤 복잡해 보이지만 금방 일상생활의 한 부분이 된다. 이 일을 하지 않아도 되는 날이 곧 오지는 않을 것 같고, 언젠가 그렇게 될 수 있을지도 현재로서는 알 수 없다. 이 절차가 끝나면 이 물건들은 다시 비슷한 것들로 나뉜 다음, 적절한 장소에 보관된다. 보관된 것들은 언젠가 다시 사용되는데 사용 후에는 이 모든 절차가 다시 반복된다. 이들은 모두 삶의 일부분이다.

이 문단에 제시된 표현은 어려운 것이 없음에도 실제로 이 절차가 무엇을 설명하는지를 파악하기가 쉽지 않다. 그런데 처음부터 이 문단이 세탁기 사용법에 대한 글인지를 알고 읽으면 바로 이해가 되고 기억도 잘된다. 이처럼 아무리 상세히 서술되더라도 명료하게 조직화되기 어려우면 이해가 어렵다. 이와 마찬가지로 배경지식이나 관련된 정보가 충분하지 않으면 문제해결을 위해 무엇을 해야 하는지 알 수 없고 따라서 문제해결에 성공하기 어렵다.

관련된 정보나 지식이 부족한 상황에서 문제해결을 하기는 어렵기 때문에 과학자들은 자신이 탐구하는 문제를 해결하기 위해 더 많은 증거를 수집한다. 진화론을 주장한 다윈(Darwin)이 그 좋은 예다. 다윈은 자신의 생각이 맞는지 확인하기 위해 수십 년간에 걸쳐 자료를 수집하였고, 더 수집하기를 원했지만 비슷한 이론을 다른 사람이 발표했기 때문에 할 수 없이 서둘러 자신의 이론을 발표하게 되었다. 이 예에서처럼 관련된 정보나 지식이 부족함에도 일정한 시간 내에 어떤 결정을 내려야 하는 경우가 많다. 제한된 증거를 가지고 판결을 내려야 하는 판사, 몇 가지 증세와 간단한 검사를 바탕으로 진단을 내려야 하는 의사의 상황은 그중 몇몇 사례에 불과하다. 이런 상황에서의 결정은 이해가 충분하지 않은 가운데 이루어지기 때문에 불완전할 수밖에 없다.

6) 문제를 여러 각도에서 조망하지 못함

고약한 문제의 특징 중 하나는 문제를 여러 각도에서 볼 수 있다는 것이다. 이것은 하나의 해결책을 원하는 경우에는 고약한 특징이지만, 새로운 가능성을 찾는 사람들에게는 항상 열려 있는 기회의 창이다. 수천, 수백 년 전에 쓰인 고전을 새롭게 해석하여 나타내는 영화들은 그 좋은 예다. 〈백설공주: 또 다른 이야기〉라는 제목으로 2012년에 개봉된 영화는 동화 『백설공주』의 등장인물과 함께 다른 인물들이 나오는데, 어떤 부분은 동화의 내용과 비슷하지만 전반적으로 전혀 다른 이야기가 전개된다. 리오르단(Riordan)의 소설과 이를 바탕으로 한 영화는 그리스 로마 신화에 나오는 이야기를 현대판 등장인물로 바꾸어서 만들었다. 요컨대, 같은 사건이나 텍스트를 다른 각도에서 바라보면 다른 해석이 나올 수 있고 이는 새로운 이해로 이어질 수 있다는 것이다. 문제에 대한 이해도 마찬가지다. 골칫거리로 보면 피하고 싶지만, 기회로 변화시킬 수 있으면 도전거리가 된다.

우리의 목적, 관점, 이해는 같은 사건을 당사자로서 경험하는 것과 관찰자로서 경험하는 것이 다를 수 있는 것처럼 입장 혹은 관점에 따라 달라질 수 있다. 예를 들어, '러시아 농업 생산성 제고' 문제라면 농업 생산성 문제를 정치체제 문제의 관점에서 볼 수도 있고, 산업구조의 관점, 자연환경의 관점, 기술적 관점, 인적자원의 관점, 국제무역의 관점 등의 다양한 관점에서 생각해 볼 수 있다. 어떤 관점에서 보는지에 따라 기본적으로 전제하는 부분이 달라질 수 있고 또 고려해아 할 측면이 달라질 수 있다. 구체적으로 드 보노(De Bono)가 제안한 '여섯색깔모자 기법'은 모자의 색을 이용하여 인위적으로 서로 다른 역할을 유도하는 방법인데, 전문가에게는 어떤 효과가 있을지 모르지만 문제해결을 연습하는 상황에서 여러 관점을 취하는 데 도움을 줄 수 있는 방법으로 보인다.

지금까지 다양한 해석 가능성이 왜 기회인지를 살펴보았다. 하지만 실제로 사람들은 문제상황에서 다양성보다는 수렴성을 추구하는 것처럼 행동하는데, 확증편향성이 그 한 증거다. 확증편향성은 사람이 자신이 가진 생각과 일치하는 증거만 수집하고, 그와 반대되는 증거는 무시하거나 비중을 크게 두지 않는 성향을 말한다. 이에 대한 고전적인 연구는 웨이슨의 '2-4-6 과제'에서 볼 수 있다. 이 연구에서 웨이슨은 실험 참여자들에게 2-4-6이라는 세 숫자를 보여 준 다음, 이는 실험자가 어떤 규칙을 염두에 두고 만든 것이라 말하며 그들에게 그 규칙이 무엇인지를 찾아내도록 지시하였다. 그리고 실험 참여자들이 스무고개 놀이에서처럼 세 숫자를 만들고 왜 그 숫자를 만들어

냈는지를 쓰게 한 다음, 그 숫자 열이 규칙에 맞는지 맞지 않는지에 대한 피드백을 제공했다. 이런 시행을 어느 정도 반복한 다음 실험 참여자가 규칙을 찾아냈다고 확신하면 그 규칙을 말하도록 하였다. 실험자가 염두에 둔 규칙은 '증가하는 세 수'였는데, 실제로 많은 실험 참여자는 '연속하는 세 짝수' 혹은 '2씩 증가하는 수'와 같은 규칙을 먼저 생각해 냈다. 이 실험에서 관찰된 중요한 특징은, '연속하는 세 짝수'를 염두에 둔 실험 참여자들이 생성한 세 숫자 열이, 8-10-12 혹은 12-14-16과 같이 자신의 생각을 확증하는 사례가 많았다는 것이다. 이렇게 확증을 하게 되면 자신이 생각하는 규칙이 맞다는 (이 경우는 잘못된) 확신을 강화시키지만 틀렸을 가능성을 점검해 볼 기회가 상실된다. 이를 점검해 보려면 자신의 가설과 다른 숫자 열, 예를 들어 6-4-2, 1-2-3, 1-3-4 등을 생성해서 그 타당성을 확인해 보아야 한다. 그런데 많은 실험 참여자는 이런 시도를 거의 하지 않았다. 이 실험의 목적은 우리가 생각해 낸 가설이 맞는지를 확인하는 두 방법을 비교하기 위해서였다. 한 방법은 우리의 가설에 맞는 사례를 만들어 내어 우리의 가설을 확증하는 방법이고, 다른 방법은 우리의 가설이 틀릴 가능성을 점검해 보는 반증이다. 웨이슨의 연구는 수많은 후속 연구를 촉발시켰는데, 이들을 통해 사람들은 확증편향성, 즉 자신의 생각에 부합하는 정보를 찾고 자신의 신념과 모순되는 정보를 무시하는 경향이 있음을 확인하였다. 후속 연구에서는 드물게 일어나는 사건들에 대해서는 확증 전략이 더 적응적이라는 것이 밝혀졌지만, 사람들이 자신이 가지고 있는 생각이 틀렸을 가능성을 충분히 고려하기보다는 맞다는 것을 확인하는 데 더 많은 노력을 기울인다는 사실은 여러 영역에서 반복적으로 확인되었다.

형사재판에서의 관견 혹은 터널비전은 그 한 예다. 형사재판에서의 오심에 대한 실태를 분석하고 그 개선책을 제시하려는 연구가 국내외에서 활발히 이루어지고 있다. 이 분석에서 밝혀진 사실은 수사 단계에서는 물론 재판 과정에서 일단 어떤 피의자가 범인으로 의심되면 다른 해석을 거의 도외시하고 그 피의자를 범인으로 보는 방식으로 증거를 수렴한다는 것이다. 실험 심리학 연구에서도 통계에 근거한 것은 아니지만 상당수의 논문이 어떤 주장에 대한 대안적 해석을 바탕으로 한 비판임을 쉽게 찾아볼 수 있다. 이상의 예들은 대안적 해석을 찾아내는 것이 얼마나 어렵고 중요한 일인지를 보여 준다.

3. 더 깊은 이해를 위한 방법들

1) 이해 점검

한 문제에 대한 이해는 항상 더 깊어질 여지가 있기 때문에 어떤 부분은 지속적으로, 또 다른 부분은 간헐적으로나마 점검해야 한다. 이해의 점검을 위한 방법 중 몇 가지를 살펴보면 다음과 같다. 우선, 문제가 주어진 상황이나 맥락을 분석하는 것이다. 같은 수학 문제를 풀더라도 연습을 할 때와 실제 시험을 볼 때에 따라 시간 배분, 사용할 수 있는 자원 그리고 난관에 부딪쳤을 때의 대처 방식 등에서 차이가 있다. 상황 인지주의자들의 주장처럼 문제해결은 특정한 상황 속에서 이루어지는데, 같은 문제라도 상황에 따라 문제해결의 결과는 물론 그 풀이 과정도 달라질 수밖에 없다. 상황에 대한 분석을 통해 어떤 제약이 있고 사용 가능한 자원은 무엇인지를 확인하며 경우에 따라서는 문제의 변형 가능성도 고려해 보아야 한다. 상황에 대한 분석에서 가장 중요한 것은 주어진 상황 혹은 맥락에서 이루고자 하는 목표를 확인하는 것이다. 어떤 위험에 처했을 때 그 상황으로부터 도피하는 경우처럼, 현 상태로부터 벗어나는 것도 목표가 될 수 있다. 그렇지만 이보다 주도적으로 도달하고 싶은 목표가 있을 경우, 그 목표는 구체적이고 측정이 가능해야 한다. 물건을 파는 사람들은 판매 목표량을 정하고 실제로 그 목표량만큼 판매가 되었는지만을 확인하면 된다. 그렇지만 창의력이나 자기주도성을 향상시키려 할 때는 각각을 어떻게 측정할지에 대한 구체적인 방법이 필요하다. 측정이 없이는 목표 달성의 여부를 평가할 수 없기 때문이다. 요컨대, 이해 단계에서부터 최종 문제해결에 대한 대략적인 평가 방식이 고려되어야 하며 이들을 조정하는 가운데 발상의 방향이 어느 정도 설정된다. 이 과정에서 주의할 점은 지나치게 명료함을 요구하여 더 이상 진전이 없게 되는 상황에 처하지 않게 하는 것이다. 흔히 연구자들은 가능한 한 명료함을 추구하되 개선의 여지를 남겨 두면서 다음 단계로 나아갈 수 있는 정도를 유지하는 전략을 사용한다.

목표설정과 함께 주어진 자원 혹은 가용 자원을 점검하는 것이 필요하다. 주어진 시간, 쓸 수 있는 돈과 인력 등이 설정된 목표를 달성하는 데 충분한지를 검토해 보아야 한다. 실제 시험에서 각 문제당 풀 수 있는 시간을 정해 놓고 그 시간을 넘기면 일단 다른 문제를 푼 다음 남은 시간을 이용해 푸는 것도 이와 같은 맥락이다. 복잡한 문제로 느껴지면 간단한 부분으로 나누어 보고, 다시 각 부분에서 가능한 한 명료하게 주어진 자원과 충족시켜야 하는 조건들을 명세할 필요가 있다. 이렇게 하다 보면 풀 수 있는 문제인지, 도대체 어느 부분이 가장 어려운지 대략 예측해 볼 수 있다.

선발을 위한 평가장면에서 주어지는 문제는 많은 경우 풀 수 있는 문제다. 하지만 실제장면에서는 안 풀리는 문제가 더 많다. 사람들에게 모두 풀리는 문제이지만 안 풀리는 문제가 있을 수 있다는 지시를 주면, 조금 어려운 문제들을 풀기 위해 최선을 다하는 대신 빨리 포기한다. 이 결과는 풀 수 있다는 확신이 문제해결에 진전이 없는 상황에서도 포기하지 않고 버틸 수 있는 힘을 준다는 것을 시사한다. 따라서 풀 수 있는 문제라는 확신이 들기 전에 그 문제에 전념하는 것은 신중해야 한다. 물론 무조건 다 풀 수 있다고 확신하고 달려드는 것은 무모하다. 성공적인 문제해결자가 되려면 풀 수 없는 문제는 빨리 벗어나고, 풀 수 있는 문제에 집중해야 한다. 이럴 수 있는 능력이 타고나는 것인지 아니면 수많은 실패를 동반하는 경험 때문인지는 후속 연구를 통해 밝혀져야 할 것이다.

2) 이해를 향상시킬 수 있는 방안

이해는 언제나 더 심화될 수 있는데 그 방법도 다양하다. 이를 논의의 편의상 크게 두 가지로 나누어 볼 수 있다. 그 하나는 이해를 심화시킬 수 있는 구체적인 활동을 하는 것이고, 다른 하나는 문제를 다양하게 볼 수 있게 하는 상황을 만드는 것이다. 이해의 착각을 벗어나는데 도움을 주는 방법 중의 하나는 느낌에 따르는 대신 우리가 다루려는 현상에 대한 우리의 이해를 말과 글로 표현해 보는 것이다. 자기설명은 새로운 내용을 이해하기 위해 제시된 혹은 배운 정보를 스스로에게 설명하는 활동을 가리킨다. 설명을 듣는 것보다 스스로에게 설명을 하게 되면 그렇지 않을 때보다 학습이 더 잘 이루어진다. 이런 자기설명 효과는 유치원 아이부터 어른에게서까지 두루 관찰된다.[9]

문제를 풀 때 스스로에게 설명을 하게 하면 학습이 향상되는 이유는 크게 두 가지다. 하나는 풀이 과정의 한 단계에서 다음 단계로 넘어가는 근거나 원리를 명료하게 하는 데 도움을 줄 수 있도록 추론이 일어나게 하기 때문이다.[10] 다른 하나는 설명을 하는 동안 기존에 갖고 있는 지식과 일치하지 않는 부분이 발견되면, 기존의 지식 혹은 모형을 수정하는 활동이 일어나기 때문이다.[11] 설명을 요구하지 않는 상태에서 문제를 풀도록 하면, 이전에 비슷한 문제를 풀 때 사용한 방법을 사용하여 풀 수도 있다. 즉, 문제를 제대로 이해하지 못해도 어떤 기법을 사용하여 풀 수 있다. 설명을 하도록 하면 기법만으로는 안 되고 기저의 원리를 참조할 가능성이 높아지는데, 이로 인해 학습이 향상되는 것으로 보인다. 예외적인 경우가 없진 않지만,[12] 자기설명이 효과적인 학습 전략이라는 사실은 널리 받아들여지고 있다.

자기설명이 만족스럽다면 그다음 단계는 다른 사람들을 대상으로 설명하는 것이다. 문제를 우리가 이해하는 언어로 재진술하게 되면 우리의 이해 수준을 드러낼 뿐만 아니라 다른 사람들이 건설적으로 비판할 수 있는 길을 열 수 있게 된다. 이 설명을 용이하게 하기 위해서 때때로 도표나 그림 혹은 제스처나 다른 비언어적 표상을 사용할 수 있다. 주어진 조건과 자원을 쉽게 알아볼 수 있도록 하기 위해 이들을 조직할 수 있는 방법을 사용하는 것도 유용하다. 도표와 행렬표를 이용하거나 위계적 나무 그림(hirachical tree diagram) 혹은 개념도(concept maps) 등을 사용할 수 있다.

스스로에게나 다른 사람에게 만족스러운 설명을 할 수 있더라도 글로 쓰는 것은 또 다른 도전이다. 이때 가장 중요한 것은 자신의 언어로 표현하는 것이다. 다른 사람의 글을 참조할 수 있고 인용할 수도 있지만 모든 것을 일단 덮고 자신의 언어로 써야 한다. 이렇게 하면 글을 쓰려는 사람들이 바로 경험하게 되는 것처럼, 자신의 이해가 얼마나 부족한지 쉽게 확인할 수 있다. 무엇이 문제인지, 그 문제가 왜 중요한지, 그 문제와 관련해서 무엇이 주어져 있고 알려져 있는지 등이 망라되는 동시에 이를 바탕으로 대략적이나마 해결책의 방향을 제시할 수 있을 때 비로소 깊이 있는 이해가 이루어졌다고 할 수 있다.

복잡한 문제를 다루기 위해 연구자들이 사용하는 방법은 모형을 사용하는 것인데, 이 방법은 특히 과학적 탐구에서 널리 활용된다. 모형은 복잡한 현상을 기술하고 설명하는 데 유용하다. 모형은 흔히 척도 모형, 이상적 모형, 유추 모형 등으로 구분된다. 척도 모형은 우주의 변화 과정에서처럼 거대한 규모로 일어나거나 아니면 원자나

DNA의 구조에서처럼 아주 미세한 구조를 다루기 위해 사용된다. 이 상적 모형은 다루고자 하는 현상을 쉽게 이해하기 위해 실제로는 불가능하지만 극단적으로 단순화한 모형이다. 온도와 압력에만 영향을 받는 이상기체, 마찰이 없는 평면 등은 그 좋은 예다. 경제학자가 많이 사용하는 '다른 조건이 동일하다면'이라는 전제를 사용한 다음, 가장 중요하다고 생각되는 2~3가지의 변수에서 시작하는 것도 이상적 모형의 예라 할 수 있다. 유추 모형을 이용하는 방법은 해당 문제와 유사한 다른 사례를 생각해 내서 추론을 발전시키는 것인데, 전문가는 물론 초심자들도 유추 모형을 사용한다는 연구가 있다.[13] 이 연구에서는 새로운 물리학 문제를 전문가들과 학생들에게 제시한 후 이들이 직접 설명하면서 문제 푸는 과정을 비디오로 찍어 분석하였다. 여기서 사용된 문제 중의 하나는 다음과 같다. "천장에 매달린 용수철의 끝에 추가 달려 있다. 이제 이 용수철을 원래와 재질이 같고 감긴 수도 같지만, 용수철의 지름이 원래 용수철보다 2배 늘어난 용수철로 바꾸었을 때, 용수철 전체의 길이는 원래 용수철의 길이에 비해 늘어날까, 변화가 없을까, 아니면 줄어들까? 왜 그렇게 생각하는가?"[14] 이 문제를 물리학 박사 과정생과 물리학과 교수 총 10명에게 제시하고 그 풀이 과정을 분석하였다. 실험 참여자들은 이 문제를 푸는 데 평균 30분 정도 걸렸으며, 다양한 방식으로 유추를 사용한다는 것이 관찰되었다. 다이빙 보드, 머리핀, 막대기나 톱과 같은 총 38개의 유추가 만들어졌고, 이 중 31개가 정답에 이르는 데 도움을 줄 수 있는 중요한 유추 모형이었다. 실험 참여자별로 보면, 10명 중 8명이 자발적으로 하나 이상의 유추를 만들어 냈으며, 그중 7명의 모형이 중요한 유추 모형이었다. 이렇게 생성된 유추 모형이 어느 정도 타당하다고 판단되면 이 유추를 원래 문제해결에 적용한다고 주장하였다.

유추 모형은 둘 이상의 영역이나 대상이 공유하는 유사성을 활용한다. 유추는 오랫동안 중요한 교수적 개입 수단으로 활용되어 왔다. 진동으로 인한 운동에너지인 소리가 어떻게 전달되는지를 이해하기 위한 한 유추는 잔잔한 물 위에 돌을 던졌을 때 생기는 물결을 이용하는 것이다. 이처럼 유추는 복잡하거나 어려운 개념을 이미 알려져서 상대적으로 친숙한 대상을 이용하여 설명하거나 추론하도록 해 준다. 물론 유추도 잘 쓰면 도움이 되지만 그렇지 않을 경우 많은 오개념을 산출하기도 한다. 이처럼 유추를 사용하는 것은 양날의 칼이지만 이해 단계에서는 특히나 유용하다. 일단 적절한 유추를 찾기만 하면 이해는 물론 그로부터 수많은 아이디어가 쉽게 도출될 수 있다.

그렇다면 우리가 직면한 문제를 이해하기 위해 적절한 유추를 어떻게 하면 잘 찾아낼 수 있을까? 현재로는 이 질문에 대한 만족스러운 답이 없다. 그 대신 누구나 쉽게 활용해 볼 수 있는 한 방법은 관계적 의미가 강조되는 속담, 우화, 농담의 핵심 구절 등을 숙지하고 이들을 활용하는 훈련을 하는 것이다.[15] 이 훈련의 효과는 아직 실증적으로 검증되지 않았다. 그렇지만 적절한 유추를 찾아내게 되면 그 문제를 새로운 각도에서 이해할 수 있게 해 주고 경우에 따라서는 해결책을 쉽게 발견하게 해 주므로, 문제해결을 위해 무엇이든지 해 볼 준비가 된 사람이라면 빼놓을 수 없는 시도다. 물론 유추 사용의 대가도 있는

데, 부적절한 유추는 잘못된 이해와 함께 엉뚱한 발상과 결정에 이르
게 할 수도 있다.

지금까지 이해를 심화시키기 위해 할 수 있는 활동을 자기설명, 글
쓰기, 모형 구축, 유추 사용 등을 통해 살펴보았다. 이해를 향상시킬
수 있는 또 다른 방안은 문제를 다양하게 볼 수 있게 하는 상황을 활
용하는 것이다.

성급함을 피하는 동시에 암묵적 전제를 확인하는 방법은 주어진
정보를 제시된 대로 받아들이는 대신 의심해 보는 것이다. 그런데 의
심하는 것은 생각보다 쉽지 않고 체계적인 훈련이 필요하다. 우리는
제시된 정보가 있으면 그것을 일단 참인 것으로 받아들인다. 사기를
당하는 사람이 왜 아직도 그렇게 많은지 생각해 보라. 의심을 하는 것
은 추가로 노력을 기울여야 비로소 가능하다. 철학자는 물론 모든 분
야의 학자는 다른 사람의 주장을 그냥 받아들이기보다는 의심하거나
다른 식으로 해석할 가능성에 대해 훈련을 받은 사람들이다. 매번은
힘들겠지만, 정말로 중요한 문제일 경우 한 번쯤 프랑스의 철학자 데
카르트(Descartes)가 했던 것처럼 가능한 한 모든 것을 의심해 보아야
한다. 사실 어떤 문제를 풀다가 갖은 노력을 기울여도 풀리지 않으면
누구나 그 문제가 풀릴 수 없는 문제가 아닐까 생각해 보게 된다. 풀
려고 시도하다가 안 되면 의심하는 대신 처음부터 진지하게 의심을
해 보자는 것이다. 이는 우리 자신의 이해를 가늠해 보기 위해 스스로
에 대해 일부러 반대 입장을 취하는 역할(devil's advocate)을 해 보는
것이다. 이 일은 정말로 반대 입장을 취하는 사람들이 있을 때에 비해

상대적으로 그 효과가 작은 것으로 알려져 있다.[16] 그럼에도 이렇게 하지 않는 것보다는 이해를 높이는 데 도움이 된다.

암묵적 전제를 확인하는 또 다른 방법은 친숙한 것을 새로운 각도에서 보기 위해 의도적으로 낯설게 만드는 것이다. 우리가 너무 잘 알고 있다고 생각하는 것을, 마치 외계인이 인간의 행동을 이해하기 위해 관찰하는 것처럼 가능한 한 그 어떤 선입견 없이 겪어 보고, 이를 바탕으로 그 현상을 서술하고 이해하려고 시도해 보는 것이다. 예를 들어, 장애인이 적절한 도움이 없으면 일나나 불편할지를 머리로 생각해 보는 것이 아니라, 직접 하루 혹은 며칠 동안 감각기관을 가리거나 휠체어를 타고 살아 볼 수 있다. 생각하는 것보다 훨씬 새로운 면을 경험할 수 있고, 장애인의 고충을 더 잘 이해하게 될 것이다.

다양한 방법을 통해 표상을 하는 것 외에도 다양한 관점에서 문제를 보는 것도 중요하다. 이를 가능하게 하는 한 방법은 여러 사람이 함께 문제해결을 시도하도록 집단을 구성하는 것이다. 실제 과학자들의 문제해결 과정을 비디오로 분석한 한 연구[17]에 따르면, 생화학 실험실의 구성원이 다양한 배경을 가지는 동시에 구성원 간에 상호작용이 장려될 때, 연구 성과물이 우수함을 확인하였다. 따라서 다른 조건이 동일하다면 집단을 구성할 때 비슷한 사람들이 아니라 이질적인 사람들로 묶어야 한다. 다문화를 경험한 사람이 더 창의적이라는 연구 결과도 관점의 다양성 때문일 가능성이 높다. 이해 단계에서 보다 적극적으로 집단지성을 활용하려는 시도는 상황 파악에 대한 책임을 관련된 사람들이 모두 공유하게 하는 데서 알 수 있다. 그중 하나는 조종석 자원 관리(cockpit resource management) 시스템에서 볼 수 있다. 이 시스템은 조종석에서뿐만 아니라 수술실에도 적용하여 성공적으로 활용되고 있다. 수술 중에 일어날 수 있는 실수를 줄이기 위해 의사의 조치나 결정에 대해 자유롭게 자신의 생각을 개진하도록 할뿐만 아니라 수술 후에도 잘못된 점이나 개선점을 수술팀 전원이 공유하도록 하는 것이다. 집단지성은 이해에서뿐만 아니라, 나중에 보게 될 발상에서도 활용되고 있는데, 예를 들면 자신이 풀고자 하는 문제를 인터넷 게시판에 올린 다음 상금 혹은 사례금을 거는 것이다.

이상에서 언급된 여러 기법을 실제 문제이해에 적용하는 구체적인 방법 중의 하나는 브라운과 월터(Brown & Walter)가 주장하는 문제제기에 활용하는 것이다. 이 방법은 원래 수학 문제에 대한 깊이 있는 이해를 돕기 위해 개발된 방법인데 다른 영역에도 얼마든지 적용 가능하다. 이들은 문제를 그냥 받아들이고 풀려고 하는 대신 관찰하고, 질문하며, 추측하도록 종용하는데, 그 과정을 보다 구체적으로 살펴보면 다음과 같다. 먼저 어떤 출발점이나 제시된 문제를 받아들인 다음, 그 출발점이나 문제를 관찰하여 속성 목록을 가능한 한 상세하게 만든다. 서술된 각 내용에 대해 "만일 ~이 아니라면?"이라는 질문을 던진 다음 변형된 속성을 만들어 보면, 우리가 얼마나 많은 것을 당연하게 받아들이면서 살아가고 있는지를 쉽게 확인할 수 있다. 간단한 예로 학교에 대한 우리의 경험을 바탕으로 학교의 특성을 한번 나열해 보라.

학교는
① 별도의 건물이 있다.
② 교사가 강의 중심의 수업을 진행한다.
③ 학생들이 같은 시간에 모여 있다.
④ 정기적으로 시험을 본다.

⋮

그 목록을 10개, 20개, 그보다 많이 늘릴 수 있는 만큼 늘리도록 시도해 보라. 그리고 이 일을 다른 사람들도 하도록 해 보라. 이렇게 나열된 속성은 생각보다 많은 사람에게 공유되는데, 이것은 어떤 단어에 대한 연상어 산출에서의 결과와 비슷하다. 따라서 숨겨진 전제를 찾아내려면 더 많은 속성을 찾아낼 수 있어야 하는데, 그러려면 많은 생각을 해내야 한다. 문제제기 기술의 활용은 여기서 끝나지 않고 발상에서도 유용한데 이에 대해서는 다음 절에서 살펴보기로 하겠다.

이 모든 과정을 통해 우리가 해결하고자 하는 문제에 대해 더 잘 이해하게 되면 될수록 치와 올슨(Chi & Ohlsson, 2005)이 복잡한 선언적 지식 체계에서 관찰한 다음과 같은 변화가 일어나게 된다. 지식의 양이 더 많아지고, 더 긴밀하게 연결되며, 내적 일관성이 증가하고, 더 세밀한 표상을 하게 하며, 더 복잡하고, 더욱 추상적이며, 더욱 다양한 각도에서 문제를 보게 해 준다. 결과적으로, 복잡하지만 일관적인 지식 체계가 구축되기 때문에 문제를 다각도로 표상할 수 있고 상황이 변화되어도 융통성 있게 지식을 활용할 수 있게 된다.

4. 이해를 통한 성공적 문제해결의 사례

미국의 생활용품 제조회사인 프록터앤갬블(Procter & Gamble)사가 컨티뉴(Continuum)사와의 협력을 통해 신제품을 개발한 일에 대한 사례 연구는 제대로 된 이해에 얼마만큼 오랜 시간이 걸리는지를 잘 보여 준다. 프록터앤갬블사는 연구와 개발을 위한 예산은 물론 인적자원이 풍성한 기업으로 정평이 나 있다. 그럼에도 이들은 신개념의 청소 용품을 개발하기 위한 아이디어를 외주로 다른 업체인 컨티뉴사에 맡겼다. 이 과제를 위탁받은 컨티뉴사의 팀원들은 무려 9개월에 걸쳐 청소 과정에 대한 비디오를 촬영하고 이를 수백 시간 동안 지켜보며 분석하였다. 이렇게 한 이유는 청소에 대한 그 어떤 선입견도 배제하면서, 그 과정을 이해하기 위해서였다. 이 분석을 통해 밝혀진 것은 대걸레를 사용하여 바닥 청소를 할 경우 청소하는 데 걸리는 시간과 걸레를 빠는 데 걸리는 시간이 거의 동일하다는 것이었다. 이들은 걸레를 빠는 시간을 줄일 수 있는 방법을 고민하다가, 바닥에 떨어진 커피 가루를 물에 적신 키친타월로 닦아 내는 것을 보고, 여기서 영감을 받아 스위퍼 웻 젯(Swiffer Wet Jet)을 개발하였다. 우리나라에서는 이 제품이 스위퍼 일회용 막대걸레라는 이름으로 팔리고 있는데, 종이에 물을 적셔 막대에 끼워 바닥을 닦은 다음 더러워진 종이를 버리는 청소용구다. 1999년에 처음 시판된 이 제품은 그해에만 500만 달러의 판매를 기록했다고 한다. 바닥 청소에 대한 새로운 이해가 새로운 발상을 낳고 결과적으로 창의적인 제품을 만들 수 있어, 바닥 청소로 인한 시간과 노력을 경감시키는 문제를 해결할 수 있었다.

문제를 어떻게 이해하는지에 따라 해결책이 달라진 또 다른 사례는 에이브러햄 월드(Abraham Wald)의 통찰에서 볼 수 있다. 통계학자인 월드는 제2차 세계대전 중 미국과 영국의 전투기들이 격추되는 비율을 줄이기 위해 전투기에 방탄재를 어떻게 추가로 씌워야 할지를 연구하였다. 그는 임무를 마치고 무사히 귀환한 전투기들에 나 있는 총탄 자국을 모두 표시하였나. 이를 통해 동체의 주요 부분인 주날개 사이와 꼬리날개 사이에 남아 있는 총탄 자국이 다른 부분보다 훨씬 적다는 것을 발견하였다. 이런 상황에서 여러분이라면, 총탄 자국이 많이 남아 있는 곳과 총탄 자국이 거의 없는 곳 중 어디에 방탄재를 추가로 씌울 것인가? 월드의 결정은 총탄 자국이 거의 없는 곳이었다. 그 이유는 총탄을 맞을 확률은 동체의 모든 부분이 같은데, 총탄 자국이 없는 곳에 맞으면 격추되어서 돌아올 수 없기 때문이다. 이처럼 보이는 것에만 집중하면 엉뚱한 해결책이 나올 수 있다.

마지막 사례는 상황에 따라 문제이해가 어떻게 달라지는지를 보여준다. 이 사례는 저체중아를 위한 인큐베이터 개발 과제다.[18] 저체중아는 지방이 부족하여 자신의 체온을 유지할 수 없는데, 이와 같은 체온 문제를 해결하기 위해서는 따뜻한 온도를 유지해 줄 수 있는 인큐베이터에서 보호되어야 한다. 따라서 인큐베이터 확보가 문제해결의 관건이 될 것으로 예상할 수 있다. 그런데 네팔의 한 병원에서 관찰된 사실은, 설사 인큐베이터가 있어도 산모가 아기를 병원으로 데려올 수 없거나 아기와 신체 접촉을 하고 싶어 인큐베이터를 사용하지 않는 경우가 있다는 것이었다. 이 문제를 해결하기 위해 연구자들은 많은 고민 끝에 파라핀을 주재료로 만든 일종의 손난로를 장착한 작은 침낭을 만들었다. 이같이 좋은 아이디어가 실제로 사용되는 데는 오랜 시간이 걸렸지만, 이 예는 특정한 상황에서의 문제이해가 해결에 얼마만큼 중요한지를 보여 준다. 요컨대, 문제가 어려울수록, 해결이 불가능해 보일수록 더 깊은 이해가 필요하고, 이해가 깊어질수록 새로운 해결책이 떠오를 가능성이 높다.

03_

발상

발상은 흔히 전구에 불이 들어오는 이미지로 표현된다. 전구에 불이 들어오면 어둡던 실내가 갑자기 환해지듯이, 발상은 막다른 골목에서 벗어날 길을 제시해 준다. 발상이 그냥 생겨나는 일은 거의 없다. 발상은 관련 개념이나 자료를 여러 가지 방식의 조합 또는 문제를 바라보는 틀을 바꾸는 재구성의 산물이다. 이 장에서는 이런 활동이 원활하게 일어나도록 하기 위해, 유추와 문제제기 기술을 활용하는 방안 등을 소개한다.

발상은 문제에 대한 이해를 기반으로 시작된다. 대개는 실패를 거듭하다가 "아하!"라는 감탄사가 수반되는 잠정적 해결책이 떠오를 때, 즉 발상이 일어날 때 비로소 해결의 기미가 보인다. 물론 처음에는 "아하!"인 줄 알았지만 "그게 아니네!"로 끝나는 일도 비일비재하다. 해결로 이르는 발상이 문제해결의 화룡점정인데 이런 일은 자주 일어나지 않는다. 발상이 어렵기 때문이다.

1. 발상의 어려움

이 책에서는 문제해결의 과정을 논의의 편의상 이해, 발상, 평가, 실행의 하위 과정으로 나누었다. 문제에 따라 각 하위 과정에서 다루어져야 하는 어려움의 정도가 다르지만, 가장 큰 어려움은 발상의 한계다. 어떤 통찰 문제는 문제를 제대로 이해하기만 하면 해결책이 바로 떠오르기도 한다. 하지만 그것은 의도적으로 그렇게 만들어졌기 때문이다. 대부분의 문제들은 그 문제를 이해하지만 어떻게 풀어야 하는지 모르는 경우가 대부분이다. 대한민국 사회의 문제점 혹은 우리가 속한 지역사회의 문제점을 찾아내는 일은 그리 어렵지 않다. 그렇지만 이해관계가 얽혀 있는 많은 사람을 만족시킬 수 있는 해결책을 찾아내기는 쉽지 않다. 발상은 평가와 비교해 보아도 상대적으로 어렵다. 어떤 음식이 맛있는지, 어떤 노래가 좋은지 그리고 심지어 어떤 생각이 좋은 생각인지를 누구나 어느 정도 판단할 수 있다. 한 사람이 아니라 많은 사람에게 판단을 하게 하면, 때로는 그 결과가 전문가들보다 더 나은 경우도 있다. 그렇지만 평가자나 비평가의 역할에서 벗어나 음식이나 노래를 만들거나, 문제해결을 위한 방안을 제시하게 하면 그 일을 잘 해내는 사람은 많지 않다. 우리의 지식은 발상을 할 때보다는 평가를 할 때 더 잘 활용된다. 그 이유는 발상을 할 때는 필요한 정보를 기억에서 인출하고 통합해야 하지만, 평가를 할 때는 필요한 정보가 이미 주어지기 때문이다.[1]

발상은 우리가 일상적으로 질하지 않을 뿐만 아니라 하려고 해도 잘 되지 않는다. 발상을 잘하지 않는 이유는 일상적 삶의 많은 부분이 습관에 의해 영위되기 때문이다. 또 다른 이유는 굳이 우리가 하지 않아도 누군가 이전에 한 발상, 그것도 좋은 발상을 쉽게 얻을 수 있는 방법이 많기 때문이다. 우리가 길을 잃었을 때 우리의 위치를 확인하려는 노력을 기울일 수 있지만 다른 사람에게 물어보는 것이 더 쉬운 방법이다. 마찬가지로 어떤 문제에 봉착했을 때 그 분야에 대해 경험이 많은 전문가를 찾아가 자문을 구한다. 게다가 일단 발상을 해 보면 그것이 얼마나 어려운지 금방 알게 되기 때문에, 핑계를 댈 때 말고는 필요한 상황에서 발상을 잘 해내지 못한다.

실제로 몇몇 실험 상황에서 사람들에게 발상을 하도록 하였는데, 그 결과를 보면 발상의 수는 물론 질도 그리 높지 않다. 대학생들에게 사회적 사건(예 친구인 A와 B는 영화를 보기로 했는데, A가 그 약속을 취소하였다) 혹은 비사회적 사건(예 11시 뉴스가 11시보다 늦게 방송되었다)을 제시한 다음, 각 사건에 대해 가능한 한 많은 설명을 제시하도록 하

였다.[2] 총 10개의 사건을 5개씩 두 개의 소책자로 제시하였고 각 소
책자마다 15분이 할당되었다. 그 결과, 한 사건당 평균 6.5개의 설명
이 제시되었다. 이 연구에서는 시간을 더 많이 허용했을 때 얼마나
더 많은 설명이 제시되었을지는 확인할 수 없었다. 하지만 시간 제한
을 두지 않은 다른 실험에서의 결과도 이들의 결과와 크게 다르지 않
다. 초보자와 전문가로 하여금 자동차에 시동이 걸리지 않는 상황에
서 가능한 원인을 모두 생각해 보도록 했을 때, 각각의 집단에서 생성
해 낸 가설의 수가 그리 많지 않았다. 총 12명의 실험 참여자가 제안
한 가능한 원인은 모두 18개 정도였는데 각 사람이 찾아낸 원인의 수
는 3.4개에 불과하였다.[3] 개별 실험 참여자들이 찾아낸 가능한 원인
외에 다른 가능한 원인들을 다른 실험 참여자들이 쉽게 찾아낼 수 있
었다. 이상의 연구 결과는 사람들이 가능한 원인을 충분히 많이 생각
해 내지 못한다는 것을 보여 준다.

대학생들에게 학내 주차 문제해결 방안을 제안하게 한 또 다른 연
구에서도 비슷한 결과가 도출되었다.[4] 총 30명에게서 얻은 355개의
아이디어 중 의미적으로 동일한 것들을 묶어 128개의 서로 다른 아이
디어를 추출하였다. 이 연구자들은 128개의 서로 다른 아이디어를 다
시 나무의 구조에 빗댄 큰 가지(limbs), 가지(branches), 잔가지(twigs)의
위계적 나무 구조(hierarchical tree structure)로 재구성하였다. 큰 가지
로는 기존의 주차 공간을 더 효율적으로 사용하기, 주차 공간을 더 확
보하기, 주차를 해야 할 필요성을 줄이기 등 모두 7가지가 있었다. 그
리고 기존의 주차 공간을 더 효율적으로 사용하기 아래에는 주차금

지 구역을 줄이기, 주차선을 더 좁게 하기 등의 가지로, 또 주차금지 구역을 줄이기 가지 아래에는 주차금지 구역을 없애기 등의 잔가지로 세분하였다. 개인차가 컸지만 실험 참여자들은 평균 11.2개의 아이디어를 제안하였다. 이들을 위계적 나무 구조를 이용하여 다시 분석하면 3.3개의 큰 가지와 각 큰 가지에 대해 1.9개의 가지를 만들어 냈다. 대부분의 실험 참여자는 주차 공간 확보를 언급했지만, 다른 큰 가지들을 언급한 실험 참여자는 1/3 정도에 불과하였다. 즉, 2～3개의 큰 가지는 대부분의 실험 참여자가 언급하였지만, 나머지 큰 가지에 대해서는 일부분의 실험 참여자만이 언급하였다는 것이다. 더욱 놀라운 결과는 이런 패턴은 심지어 더 많은 아이디어를 생각해 내면 돈을 주는 상황에서도 크게 변화되지 않았다는 것이다. 이상의 결과는 특정 단어를 제시하고 연상되는 단어를 조사한 결과와도 비슷하다. 즉, 생성해 낸 연상어의 숫자가 많지 않고 사람들이 생성해 낸 연상어는 서로 중복되는 것이 많다. 이런 일이 벌어지는 이유는 발상을 위한 기억인출이 갖고 있는 다음과 같은 특성 때문이다.

심리학자들은 우리의 장기기억에는 거의 무한정한 정보가 저장되어 있다고 보는데, 발상은 기억으로부터 관련된 정보의 인출에서 시작된다. 라지마커스와 쉬프린(Raajimakers & Shiffrin, 1981)은 기억인출에 관한 연합기억 검색(Search of Associative Memory: SAM) 모형을 제안하였다. 이 모형에 따르면 경험은 서로 연관된 정보들이 응집되어 있는 이미지들로 기억된다. 예를 들어, 시골 풍경의 경우 크게 소, 논 그리고 밀짚모자를 쓴 농부 등으로 구성되는데, 소와 관련된 이미지에는 시각적 정보로 색상, 형태 그리고 크기와 같은 정보 등이 결합되어져 있다. 논과 밀짚모자를 쓴 농부 등도 각각 관련된 정보가 밀접히 연결된 하나의 구조를 이루는 이미지를 형성한다. 이런 기억 구조에 특정한 정보가 단서 혹은 단서들로 제시되면, 각 단서와 연결되어 이미지들이 서로 다른 강도로 인출된다고 가정된다. 이 가정을 구현한 모형인 SAM은 기억 연구에서 밝혀진 여러 현상, 예를 들면 부분단서 효과, 학습과 검사 시의 맥락 변화에 따른 수행 차이 등을 재현해 냈다(Raajimakers & Shiffrin, 1992).

니스타드(Nijstad)와 그의 동료들은 SAM 모형을 확장하여 기억으로부터의 발상을 설명하는 연합기억에서 아이디어 검색(Search for Ideas in Associative Memory: SIAM) 모델을 제안하였다.[5] 이 모형에서는 발상은 단서와 연결된 장기기억에서 아이디어를 검색하는 것으로 간주된다. 단서가 주어지면 먼저 장기기억에서 관련된 이미지 혹은 정보가 활성화되고, 이 활성화된 정보로부터 또 다른 이미지들이 연속적으로 활성화되는데 바로 이것이 발상의 기제라는 것이다. 의미적으로 관련된 이미지들은 서로 밀접하게 연결되어 있기 때문에, 연속으로 활성화된 이미지들은 대개 의미적으로 연관되어 있다. 앞서 본 것처럼 사람들의 발상이 비슷한 이유는 기억 구조의 유사성으로 설명될 수 있다.

SIAM 모형은 아이디어 짜내기 혹은 브레인스토밍 연구에 적용되었다. 브레인스토밍은 오스본(Osborn)이 제안한 발상 촉진 기법으로 여러 사람이 판단을 유보하고 자유롭게 아이디어를 내도록 장려한

다. 그런데 브레인스토밍에 대한 실증적 연구 결과, 오스본의 제안과
는 달리 집단으로 아이디어를 내는 것보다 혼자 생각을 하도록 하는
것이 아이디어의 개수에서는 물론 독창성 면에서도 더 우수하다는 것
이 반복적으로 확인되었다. SIAM 이론은 그 이유를 아이디어 산출에
서의 장애 때문이라고 설명한다. 즉, 집단 속에서는 다른 사람이 이야
기할 때 자신의 생각을 말할 시간과 기회가 줄어들기 때문이라는 것
이다. 실제로 후속 연구에서 집단으로 아이디어를 내게 하더라도 말
로 하는 대신 글로 쓰게 하면 그 수행이 개인들과 차이가 없다는 것이
확인되었다.

그렇다면 앞서 2장에서 언급한 집단지성의 이점은 어디에서 오는
것일까? 그것은 비교 방식에서의 차이다. 브레인스토밍에서는 산출
된 전체 아이디어를 산출에 참여한 전체 인원으로 나누어 평균을 구
한 다음 이를 혼자 아이디어를 내도록 한 사람들의 평균 아이디어 수
와 비교하는 데 반해, 집단지성에서는 가장 우수한 개인 대 집단 전체
의 수행을 비교한다. 집단지성에서의 결과는 혼자 하는 것보다는 여
럿이 하는 것이 더 낫다는 것을 보여 주지만, 효율성 면에서는 혼자
하는 것이 더 낫다는 것이다. 그렇다면 발상을 할 때 효율성을 높이기
위해 혼자 생각하도록 해야 할까? 당연히 그렇지 않다. 실제장면에서
의 복잡한 문제를 해결할 때는 다양한 분야의 전문가들의 협력이 절
대적으로 요구된다. 한 사람이 다 감당할 수 없는 방대한 정보를 통합
하고 활용해야 하기 때문이다. 집단지성에서는 서로 간에 긴밀한 협
력, 곧 팀워크가 중요한 역할을 하여, 한 개인이 할 수 없는 발상을 하

도록 하는 데 효과적일 수 있다.

 이상의 논의를 정리해 보자. 일상적인 상황에서 사건에 대한 설명이나 고장 문제에 대한 진단적 평가는 물론 어떤 문제상황의 해결책을 생각해 내는 일은 주로 기억인출에 의존하는데, 이 과정은 다각적이지 않고 깊이 있게 이루어지지도 않는다. 어떤 사건을 설명할 때 하나의 설명을 찾아내면 가능한 다른 설명을 더 이상 찾지 않으려 하는 경향은 여러 장면에서 관찰되었다. 이런 한계를 벗어나려면, 지속적으로 더 의도적이고 집중적인 노력을 기울여 기억으로부터 인출을 시도해야 한다. 이런 의도적이고 집중적인 노력을 기울이지 않으면, 설사 전문가들이라도 초보자의 수행과 크게 다르지 않은 판에 박힌 발상이 일어나기 쉽다. 요컨대, 전문가조차도 새로운 발상을 해내려면 의도적이고 집중적인 노력이 필요하다.

 발상이 인출 과정에 의해 제약된다는 한계는 발상이 절대적으로 필요해 보이는 상상력에서도 마찬가지다. 상상력은 고대에서는 신화로, 현대에서는 공상과학 영화로 그 위력을 보여 주고 있다. 그리스 신화의 경우 특이한 등장인물은 반인반신, 반인반수와 같이 서로 다른 범주의 속성이 결합된 존재들이다. 예를 들면, 상체는 사람이고 하체는 말인 켄타우로스, 사람의 상체와 사자의 하체인 스핑크스, 상체는 여자이고 하체는 뱀인 에드키나, 상체는 황소이고 하체는 사람인 미노타우로스, 상체는 사람이고 하체는 염소인 사티로스 등이다. 또한 인도 신화에 나오는 아수라는 선과 악이 좌우로 반씩 섞인 존재인데, 이에 기반하여 1970년대 만화영화 〈마징가 제트〉의 등장인물인 얼굴의 반은 남자이고 나머지 반은 여자인 아수라 백작이 만들어졌다. 워드(Ward, 1994)는 〈E.T.〉와 같은 공상과학 영화에 나오는 외계 생명체의 외모를 분석하였다. 이들은 우리와 다른 모습이지만 보다 분석적으로 살펴보면 친숙한 부분을 찾아볼 수 있다. 수, 크기, 형태 등은 다르지만 머리와 다리, 눈 등의 기관이 있고 대개는 좌우 동형이다. 〈스타워즈〉에 나오는 등장인물도 마찬가지다. 워드는 대학생들에게 지구와는 전혀 다른 은하계의 어떤 행성으로 가는 것을 상상하게 한 다음, 그 행성에서 동물을 만났다고 가정했을 때 그것의 생김새를 정면과 측면에서 그리도록 하였다. 이렇게 해서 그려진 동물의 특성을 그 세부 특징으로 분석했을 때, 실험 참여자들이 그린 상상의 동물이 아무렇게나 만들어지기보다는 지구상의 동물들이 갖고 있는 구조적인 특성들이 변형 · 조합되어 만들어졌음을 확인하였다.

　이처럼 우리가 새로운 것을 만들어 낼 때는 그것과 관련된 지식을 활용하는 동시에 우리의 경험이나 타고난 성향 등과 같은 요인들이 암묵적으로 가능한 범위를 어느 정도 제약하는 것처럼 보인다. 이런 제약이 영향을 미친다는 또 다른 증거는, 상상력과 밀접한 관련이 있는 반사실적(counterfactual) 사고와 관련된 연구 결과에서도 확인할 수 있다. 연구자들은 사람들에게 예를 들어, '어떤 사람이 평소와 다른 길로 가다가 교통사고가 났다.'와 같이 여러 가능성이 있는 상황에서 결과가 좋지 않은 시나리오를 제시한 다음, 그런 일이 일어나지 않도록 하려면 어떻게 했어야 하는지를 물었다. 이에 대해 가장 흔한 대답은 평소와 다른 예외적인 사건, 즉 평소 다니던 길로 갔어야 하는데

그렇지 않았기 때문에 사고가 났다는 것이다. 이처럼 반사실적 사고
는 예외적인 사건이나, 통제 불가능한 사건보다는 통제할 수 있는 사
건, 행동을 취한 사건 그리고 과거보다는 최근 사건 등에 주목한다.

발달 심리학자인 카밀로프-스미스(Kamiloff-Smith)가 수행한 아이
들의 그림에서 나타나는 발달적 변화에 대한 연구에서도 표현 방식
의 발달에 일정한 패턴이 있음을 보여 준다. 그 패턴이란 특정 연령
이 되기까지는 아이들은 그림에서 팔이나 다리 혹은 입과 같은 일부
신체 구조를 자주 생략하거나 잘못 연결하지만, 어느 정도 연령이 되
어 구조를 습득하게 되면 더 이상 그런 실수를 하지 않게 된다는 것이
다. 이 연구로부터 도출할 수 있는 하나의 시사점은 아이들이 어렸을
때는 창의적이지만 나이가 들면서 그 창의력을 상실하기보다는, 아이
들이 아직 잘 알지 못해서 생략하거나 잘못 연결한 것을 어른들이 창
의적이라고 잘못 해석한 결과일 수 있다는 것이다. 요컨대, 발상은 기
억, 경험 그리고 다양한 사고의 작동 원리 등의 영향을 크게 받는다.
다음 절에서는 보다 세부적인 발상기제와 함께 몇 가지 대표적인 사
례를 살펴보도록 하겠다.

2. 발상의 기제와 사례들

과학철학자들의 논쟁 중의 하나는 과학적 발견에 어떤 규칙성이
있는지에 대한 것이다. 라이헨바흐(Reichenbach)가 발견의 논리와 정

2. 발상의 기제와 사례들

당화의 논리를 구분한 이래로 많은 과학철학자는 발견의 논리를 배제하고 정당화의 논리만을 그들의 탐구 영역으로 간주해 왔다. 이 견해는 포퍼(Popper)의 다음 인용구가 잘 보여 준다. "한 아이디어가 어떤 사람에게 어떻게 떠올랐는지는 경험 심리학자들에게는 대단한 흥밋거리일지 모르나 과학적 지식의 논리적 분석과는 무관하다."(Popper, 1959, p. 31) 물론 이런 흐름에 반대하여 피어스(Pierce)의 귀추법을 중심으로 핸슨(Hanson, 1958), 매그내니(Magnani, 2001) 등은 발견의 논리를 과학철학의 탐구 영역으로 본다.

귀추법은 피어스에 의해 제안된 추론 형식이다. 그는 귀추법을 연역이나 귀납과 다른 제3의 추론 방식으로 제안하였다. 하지만 조지프슨과 조지프슨(Josephson & Josephson, 1994)은 귀추법과 귀납법을 하나로 묶고 이를 연역과 대비하였고, 월튼(Walton, 2005)은 연역·귀납을 하나로 묶고 이와 대비하여 사회적 맥락에서의 추론을 귀추법으로 볼 것을 제안하기도 하였다.

귀추법과 관련하여 철학자들 간 논의의 쟁점은 그 형식이 불분명하다는 것이다. 이 형식은 가설 형성의 단계와 가설 평가의 단계에서 각각 다르게 특징지어진다. 가설 형성 단계에서의 형식은 다음과 같다.

> 놀라운 사실인 C가 발생했다.
> 만일 A가 참이라면 C는 당연한 일이다.
> 따라서 A가 참이라고 추정할 만한 이유가 있다.

가설 평가 단계에서는 귀추법이 소위 최선의 설명을 위한 추론으로 나타난다. 조지프슨과 조지프슨(1994)은 이를 다음과 같은 형식으로 표현하였다.

> 일군의 자료 D가 있다.
> H는 D를 설명한다.
> 다른 가설들은 H만큼 D를 잘 설명하지 못한다.
> 따라서 아마도 H는 참일 것이다.

귀추법에 대한 논의가 인과성과 설명을 중심으로 심리학 내에서 최근 활발히 논의되고 있지만, 발상이 어떻게 일어나고 따라서 어떻게 하면 발상을 향상시킬 수 있는지에 대해서는 구체적인 방향을 얻기 어렵다. 우리의 관심사는 놀라운 사실 C가 발생했을 때 C를 설명할 수 있는 A를 찾아내야 하는데 그 과정이 생략되었기 때문이다. 물론 일단 A가 찾아지면, 이를 다른 설명과 비교하거나 아니면 실험이나 추가 조사를 통해 그 타당성을 검증해 볼 수 있기 때문에 4장에서 보게 될 평가에는 큰 도움이 된다. 하지만 A를 어떻게 찾아내는지에 대해서는 언급이 없다.

발상 그 자체에 대한 실증적 연구는 주로 사례 연구를 통해 이루어져 왔다. 즉, 과학이나 공학 혹은 예술 등과 같은 영역에서 쉽게 공감할 수 있는 좋은 발상을 찾아내고, 이 발상이 어떻게 이루어졌는지를 추적 조사하여 몇 개의 유형으로 나눈다. 그중 하나는 우연에 의한 발상이다. 클라인[6]이 소개하는 챌피의 연구는 그 좋은 예다. 챌피는 어

떤 단백질이 어디에서 어떤 기능을 하는지를 알 수 있게 해 주는 발광
단백질을 개발한 공로로 2008년 노벨 화학상을 받았다. 그가 이 연구
에 착수하게 된 것은, 우연히 참석한 강연회에서 특정 광선을 비추면
이에 반응하여 색이 변화되는 단백질이 있다는 이야기를 들었기 때문
이다. 이후 그는 당시 자신이 다른 목적을 위해 연구하던 투명한 벌레
에 이를 적용하면 생체의 세포를 관찰할 수 있다고 추측하였고, 이 추
측은 대성공을 거두었다.

　다른 의도로 시삭되었지만 실수에 의해 새로운 발견을 하게 된 대
표 사례는 올즈와 밀너(Olds & Milner, 1954)의 발견이다. 이들은 선행
연구에서 관찰된 어떤 사실을 재확인하기 위해 미세 전극을 망상체에
삽입하고자 하였다. 그런데 이 미세 전극을 망상체로부터 4mm 떨어
진 복측 전뇌에 잘못 삽입하였고 그 결과로 쾌락 중추를 발견하게 되
어, 뇌와 행동 간의 관계에 대한 연구의 새로운 장을 열었다. 이런 우
연에 의한 발상이나 발견의 경우는 아무에게나 떠오를 것 같지는 않
고, 관련 영역에 대한 지식과 경험이 있어야만 비로소 실수나 우연에
의한 발상이 가능할 것 같다. 이 주장은 준비된 우연이라는 가설을 통
해 탐색되었다. 이 가설에 따르면 우리가 흔히 우연이라고 부르는 어
떤 발상은 그야말로 우연적으로 일어나는 것이 아니라고 본다. 그 대
신 이미 준비된 사람들은 적절한 외부 대상이나 사건에 접할 때, 준비
되지 않은 사람들이 포착하지 못하는 정보를 포착할 수 있다는 것이
다. 마이어(Meyer)와 그의 동료들은 기회주의적 동화가설(oppotunistic
assmilation hypothesis)을 통해 이런 생각을 검증하였다. 이 가설에 따

르면 막다른 골목에 이른 문제상황은 장기기억에 실패에 대한 표식 (index)을 남기게 된다. 이 표식은 이후의 정보처리에 다양하게 영향을 준다. 그 하나는 더 이상 어떤 시도를 할 수 없는 막다른 골목에 도달할 때까지 가용할 수 있는 정보를 모두 고려하여 관련된 정보를 효율적으로 정리하게 한다. 이보다 더 중요한 것은 부화기간, 즉 문제해결에 실패한 후 더 이상 그 문제의 해결을 위해 노력을 기울이지 않는 기간 중에, 실패의 표식과 관련된 정보에 접하게 되면 이 정보가 활용될 가능성을 높인다는 것이다.

후자의 가능성을 알아보기 위한 실험 중 하나는 다음과 같다. 이 실험은 대학생들을 실험 참여자로 하여, 다음과 같은 3단계로 진행되었다. 첫 번째 단계에서는 자주 사용되지 않는 단어, 예를 들면 세종대왕 때 장영실 등에 의해 만들어진 해시계의 이름을 맞추도록 하였다. 그리고 제시된 문제 중 충분한 시간 동안 생각해도 답할 수 없는 문제에 대해서 '알 수 있을 것 같은 느낌(feeling of knowing)'을 평정하도록 하였다. 두 번째 단계에서 실험 참여자들은 일련의 문자열이 단어인지 혹은 비단어인지를 판단하는 어휘판단 과제를 수행하였다. 그런데 어휘판단 과제에 제시되는 문자열 가운데에는 실험 참여자들이 첫 번째 과제에서 답하지 못한 단어들도 삽입되어 있었다(예 앙부일구). 어휘판단 과제가 끝나면 그날 실험이 종료되었고, 실험 참여자는 그 다음 날 다시 와서 3단계 실험에 임하였다. 3단계에서는 처음 1단계에서와 같은 유형의 문제를 풀었다. 그런데 이 문제 중 일부는 1단계에서 풀지 못한 문제였고 다른 문제는 새로운 문제였다. 이상의 실험 절차와 함께 실패 표식의 활성화 정도를 다르게 하기 위해, 한 집단의 실험 참여자에게는 1단계와 2단계 실험 간에 30분간의 간격을 두었고, 다른 집단의 실험 참여자에게는 이런 간격이 없이 1단계와 2단계를 연속으로 진행하였다. 여기서 관심사는 실패 표식의 활성화 정도에 따라 2단계에서 제시되는 우연적 단서를 활용하여, 이전에 못 푼 문제를 3단계에서 제대로 푸는지를 알아보는 것이었다. 실험 결과는 기회주의적 동화이론에서 예측하는 대로, 30분간의 간격이 있었을 때에 비해 간격이 없었을 때 3단계에서의 수행이 1단계에서의 수행보다 유의미하게 높아졌다.

이 결과는 문제해결을 위한 실행을 하였지만 실패하였을 때, 실패 표시를 명확히 해 두고 이를 잘 잊지 않는 사람일수록 환경이나 상황에서 주어지는 문제해결의 단서를 포착할 가능성이 높음을 시사한다. 아르키메데스(Archimedes)가 유레카를 외쳤을 때나 혹은 종종 3B(Bed, Bus, Bath)로 표현되는 긴장이 풀어지는 순간 이런 단서들이 연결된다는 것은, 과학적 발견이나 그 밖에 창의적인 아이디어의 착상과 관련된 일화에서 자주 등장한다. 이것이 단순한 기억력의 문제인지 아니면 관심사나 사전 지식에 따라 영향을 받는지 등에 대해서 알아보려면 후속 연구가 필요하다. 현재로는 문제의식 혹은 어떤 문제에 대한 지속적 탐구는 그렇지 않을 때보다 우연적으로 제시되는 단서들로부터 문제해결의 실마리를 찾을 가능성을 높인다는 점만 지적하는 것으로 충분하다.

더 이상의 진전이 없는 상황에서 의도적으로 발상을 하는 데 가장 많이 사용되는 방법은 조합이다. 클라인이 찾아낸 좋은 발상의 목록 중에서도 가장 높은 비율을 차지하는 것이 조합이다. 이는 연구자에 따라 이중 연합, 연결, 조합, 심지어 굴절 적응 등 다양한 이름으로 불릴 뿐만 아니라 조합이 일어나는 방식도 여러 가지다. 에디슨이 필라멘트를 찾아낼 때 사용한 것처럼 가능한 한 여러 성분을 수많은 방식으로 조합해 보는 것이다. 이는 요리사가 새로운 음식을 만들 때 수많은 재료를 다양하게 섞어 보는 것과 비슷하다. 또한 조합 방식뿐만 아니라 언제 섞고 또 어느 정도의 불로 조리하는지에 따라 얼마든지 다른 요리가 된다. 음악에서도 멜로디는 물론 박자나 강약을 다르게 함으로써 전혀 다른 음악적 효과를 일으킬 수 있다. 그런데 조합은 어떤 요소 혹은 변인을 어떤 수준으로 다르게 조합할지에 따라 계산론적 폭발이 일어난다는 문제가 있다. 인간의 작업기억 능력을 고려할 때, 두 개의 변인 각각에 대해 3수준 정도는 비교적 쉽게 이해하지만, 3개의 변인 간의 상호작용은 특별한 경우가 아니면 추적하기 어렵다. 따라서 멘델(Mendel)이 우연히 완두콩을 연구 재료로 삼아 유전적 규칙성을 쉽게 발견할 수 있었던 것처럼, 결정적으로 중요한 소수의 변인을 제대로 선정하는 운(luck)이 중요한 역할을 할 수도 있다. 그게 아니라면 보통사람보다 수십, 수백 배의 시간과 노력을 투자하여 더 많은 변인을 조작해 보는 수밖에 없다.

조합은 성분이나 관련 변인 이상의 수준에서도 가능하다. 굴절 적응 혹은 이중 연합은 그중의 하나로, 한 영역에서 사용된 방법을 전혀 다른 영역으로 확장시키는 것이다. 굴절 적응이란 하나의 기능이

나 기관이 애당초의 진화하게 된 것과 다르게 활용되는 현상을 가리
킨다. 빙하기에 원시 공룡이 체온을 따뜻하게 유지하기 위해 진화시
킨 깃털이 애당초의 목적과 달리 나는 데 사용된 것이 그 좋은 예다.
또한 구텐베르크의 인쇄기는 원래 포도즙을 짜는 데 쓰던 방법을 움
직이는 형판과 결합하여 만들어졌다고 한다(Johnson, 2010). 이처럼
한 영역에서의 방법을 다른 영역으로 확장하는 것보다 일반적인 방법
도 있다. 그것은 방법론 연구자들이 주로 사용하는 연구 전략으로 하
나의 방법론을 숙지한 다음, 그 방법론을 적용할 수 있는 영역을 확장
시키는 것이다. 예를 들어, 메타분석 연구 방법에 익숙한 연구자는 이
방법으로 가능한 연구 주제를 찾아내어 이를 적용한다. 이 전략은 마
치 망치를 들면 모든 것이 튀어나온 못으로 보인다는 속담과 일맥상
통한다. 현상을 탐구하기 위해 방법론을 개발하지만 일단 어떤 방법
론이 유용하다고 판명되면, 반대로 이 방법론으로 해결할 수 있는 현
상이나 문제를 찾아다니는 것이다. 요컨대, 발상은 구체적인 문제해
결을 위해 필요하지만, 경우에 따라서는 해결 방법을 적용할 영역을
찾는 방식으로도 일어날 수 있다. 조합의 중요성은 창의성에서 쉽게
확인할 수 있다. 아이젱크(Eysenck, 1993)는 창의적인 사람들의 성격
특성 중 하나로 과포괄성(overinclusiveness)을 주장한다. 이 특성은 개
념적 경계를 유지하지 못하고 다른 범주를 하나로 묶는 것을 가리키
는데 이 특성이 극단적으로 나타나게 되면 정신분열증이나 다른 정신
병을 일으키지만, 창의적인 사람들은 그 정도로 심하지 않더라도 이
성향이 높다는 점을 강조하였다. 이 주장은 창의성이 범주 간 경계에

얽매이지 않으면서 어떤 특징을 포착해 내는 것이 좋은 발상의 한 특징일 수 있음을 시사한다.

우리가 이미 알고 있는 정보를 이용하는 또 다른 조합 방식은 유추다. 우리가 풀고자 하는 문제와 어떤 수준에서든 비슷한 사례를 찾을 수 있다면 그 사례로부터 많은 정보를 추론해 낼 수 있다. 실제로 과학적 설명의 경우 원자의 구조를 태양계에 비유한 예에서처럼, 유추가 새로운 이론을 만들어 내는 데 중요한 기여를 한 사례를 찾아볼 수 있다. 그렇지만 긱과 홀리오크(Gick & Holyoak, 1983)의 연구에서 확인되었듯이, 문제해결 시 사람들은 관련된 정보로부터 유추를 잘하지 못한다. 후속 연구를 통해 유추의 계산론적 기제가 밝혀졌고, 사람들이 유추를 사용한다는 연구도 있지만, 유추를 잘 하게 하고 더 좋은 유추를 어떻게 찾아내는지에 대한 연구는 아직 이루어지지 않았다. 다만, 기회주의적 동화이론에서처럼 일단 문제를 풀려고 시도했지만 풀리지 않은 채로 남아 있을 경우, 그 문제와 어떤 수준에서든 관련이 있는 상황이나 사례를 접할 때 그 관련성을 포착할 가능성은 높아 보인다.

또 다른 발상기제는 재구성이다. 재구성은 문제를 바라보는 틀이 이전과 달라진다는 점에서 조합과 구별된다. 재구성이 일어날 경우 이전의 이해 방식과 단절이 일어나거나 경우에 따라서는 상위 수준에서의 포섭이 일어난다. 재구성이 일어나게 되는 이유는 여러 가지가 있다. 수학자들은 복잡성 뒤에 숨겨진 패턴을 찾아내려 하는데, 이런 패턴은 간단한 재배치를 통해 발견할 수도 있다. 가우스는 1+2+3+…

+1000이라는 문제에서 숫자를 하나씩 차례로 더해 나가는 방식 대신, 처음 수인 1과 마지막 수인 1000을 더하여 1001을 만들고, 다시 두 번째 수인 2와 마지막에서 두 번째 수인 999를 더하여 1001을 만드는 과정을 반복하면 500개의 1001을 만들 수 있음을 발견하였다. 유추는 유추 사용의 결과가 확장을 초래하는지 혹은 단절을 초래하는지에 따라 조합이 될 수도 있고 재구성이 될 수도 있다. 재구성은 거시적으로 보면 쿤(Kuhn)이 주장하는 과학에서의 혁명적 변화인 패러다임 변경으로 니다닌다. 하지만 그렇게 큰 규모가 아니더라도 기본 전제를 바꿈으로써 새로운 발상이 일어나는 사례를 찾아보는 것은 어렵지 않다. 클라인이 소개한 드라마틱한 재구성은 산불을 잡은 소방대원 도지의 예에서 볼 수 있다. 산불이 확산되는 것을 막기 위해 불길이 번져 가는 지역에 투입된 도지와 그의 동료들은 갑작스러운 돌풍으로 불길을 피해 산 위로 올라갈 수밖에 없는 상황이었다. 처음에는 모두 타오르는 불길을 피해 산꼭대기 쪽으로 달려갔지만 너무 가팔라서 속도를 내기 어려웠다. 이런 상황에서 도지는 다시 산 아래쪽으로 되돌아서서 맞불을 놓은 다음, 물로 적신 손수건으로 코와 입을 막고 기다렸다. 이런 기발한 발상 덕분에 그는 살아남을 수 있었다. 15명의 대원 중 도지를 포함하여 3명만이 살아남았는데, 다른 두 대원은 도지가 그 위급한 순간에 한 행동을 이해할 수 없었다고 하였다. 그리고 이렇게 맞불을 놓는 방법은 이후 산불에 대처하는 방법이 되었다. 이 사례의 핵심은 불길의 속도보다 빨리 뛸 수 없다는 판단에 근거하여 오히려 불을 이용하여 불을 막았다는 것에서 불의 기능이 재구성 혹

은 재해석되었다는 점이다.

재구성의 또 다른 예는 한 개념의 존재론적 범주를 바꾸는 것이다. 철학과 심리학에서는 존재하는 것들을 통상 바위, 산, 사람 등과 같은 대상(object)과 사건(event) 혹은 실체와 과정으로 구분해 왔다. 대상은 공간에 존재하고, 그 속성으로 기술되며, 명확한 시간적 경계가 없다. 반면에 사건은 공간적 제약을 받지 않고 시간적으로 일어나는데 대개는 변화를 암시한다. 파도나 전기장이 그 예다. 치(2008)는 이런 존재론적 범주에 근거하여 학생들이 갖고 있는 오개념을 설명하는 이론을 제시하였는데, 그 핵심은 일상적 경험으로부터의 잘못된 범주화 때문에 특정 과학 개념을 제대로 이해하지 못한다는 것이다. 치가 초점을 둔 범주는 사건인데, 사건은 일정한 제약이 있는 상호작용과 절차 등으로 구분된다. 일정한 제약이 있는 상호작용의 한 예는 브라운 운동이다. 물 위에 떠 있는 꽃가루 입자의 움직임에서 처음 관찰된 이 현상은 국소적으로는 동일하지 않게 입자들이 불규칙적으로 움직이는 것 같지만 물 표면 전체로 보면 균등화되어 있다. 이를 바탕으로 역학에서의 열 개념을 살펴보면 다음과 같다. 많은 학생이 열 개념을 물질의 이동으로 잘못 이해하는데, 이런 오해는 '찬바람이 들어오니 창문을 닫아라.' '종이컵보다 머그잔이 열을 더 잘 차단하기 때문에 커피를 더 따뜻하게 해 준다.' 등과 같은 표현을 통해 나타난다. 하지만 열은 물질의 이동이 아니라 사건 중의 하나인 일정한 제약이 있는 상호작용의 결과다. 이 상호작용은 브라운 운동에서처럼 단일하고 동시적이고 무선적으로 일어나기 때문에, 같은 사건에 속하는 다른 하위 범주인 절차와 전혀 다르다. 절차는 대개 분해가 가능하고 시작과 끝이 있으며 한 방향으로 순차적으로 일어나기 때문이다. 이렇듯이 열이나 전기 등과 같은 개념은 통상적으로 잘못 이해되고 있다. 이러한 오개념을 극복하게 하는 한 방법은 물질적 실체가 아니라 일정한 제약이 있는 상호작용이라는 하위 범주라고 알려준 다음, 그 범주의 여러 속성을 가르쳐 주는 것이다. 실제로 이런 과정을 통해 과학 개념을 배울 경우 전통적인 방법을 사용할 때보다 복잡한 과정의 개념을 쉽게 학습한다는 결과를 얻었다.

존재론적 범주를 변경시키는 것은 흔치 않은 일이지만, 과학에서의 기본 개념들이 이런 변화를 겪으며 비약적으로 발전해 온 사례를 찾아보기는 어렵지 않다. 운동에 대한 중세 이론인 추동력(impetus)이론에서는 물체에 내재하는 에너지로 인해 물체가 움직이며, 이 에너지는 점차 약화된다고 가정한다. 이 이론은 우리의 일상적 경험과 일치한다. 하지만 뉴턴 이론에서의 운동은 이와 다르게 외부에서 힘이 가해지지 않으면 원래 상태를 유지할 뿐만 아니라 한쪽으로 힘을 가하면 반대 방향으로도 힘이 가해지는 특성을 갖는 것으로 서술된다. 즉, 물질적 실체로서의 추동력이 일정한 제약이 있는 상호작용으로 그 존재론적 범주가 변경된 것이다. 이처럼 과학의 획기적 진보는 존재론적 범주의 변환에 수반되는 경우가 많다. 존재론적 범주를 의도적으로 파괴하면서 새로운 표현을 만들어 내는 사례는 문학에서 자주 볼 수 있다. 서로 다른 범주들 간에 그 속성들을 결합함으로써 새로운 세계를 만들어 낼 수 있는데, 공감각적 표현이 그 좋은 예다. 김광균

시인의 〈설야〉에 나오는 한 구절인, "내 홀로 밤 깊어 뜰에 나리면 먼
―곳에 여인의 옷 벗는 소리."를 읊어 보라. 이 예는 조합과 재구성의
구분이 확연하지 않다는 것과 우리가 앞에서 본 조합이 얼마나 광범
위하게 활용될 수 있는지를 다시 한 번 보여 준다.

극단적인 재구성은 설명되어야 할 것과 설명하는 것을 뒤바꾸는
것이다. 이런 변화는 설명을 위해 주어진 전제가 무엇인지에 대한 극
단적인 차이에서 비롯된다. 이와 관련된 고전적인 예는 경험론과 관
념론 간의 차이다. 경험론에서는 감각기관을 통한 경험을 인지 활동
의 출발점으로 본다. 이와 달리 관념론에서는 선험적 관념이 더 근본
적이고, 이 관념으로 인해 경험이 가능하다고 본다. 보다 구체적으로
인과성에 대해 생각해 보자. 영국의 철학자 흄(Hume)은 인과관계는
원인과 결과가 동시에 반복적으로 발생하는 것을 경험함으로써 생기
는 경험의 산물로 특징짓는다. 즉, 인과성을 본질적인 어떤 속성을 갖
고 있기보다는 반복적으로 일어나는 현상에 붙여 준 이름 정도로 본
다. 하지만 칸트(Kant)는 인과관계란 우리의 인지 구조가 선험적으로
갖고 있는 세상에 대한 이해 방식이라고 주장한다. 그의 주장에 따르
면 이 선험적 개념 때문에 특정한 경험에 대해 필연성을 부과할 수 있
게 된다. 이 두 철학자가 참이라고 가정하는 전제가 다른데, 흄에게는
그것이 경험인 데 반해 칸트에게는 선험적 개념이다. 이런 차이는 언
어 습득에 대한 스키너(Skinner)와 촘스키 간의 차이에서도 반복된다.
스키너는 언어도 다른 행동과 마찬가지로 강화를 통한 학습으로 조성
된다고 주장하였다. 예를 들어, 아이가 '엄마'라는 단어를 말하면, 엄

마는 아이가 무의미한 옹알이를 하는 것보다 그에 더 기쁘게 반응할 것이다. 그런 부모의 반응은 일종의 보상으로 작용하여 아이에게 단어를 말하는 반응을 강화할 것이며, 언어가 그런 과정을 통해 발달한다는 것이 스키너의 입장이다. 하지만 촘스키는 아이들은 한 번도 들어 보지 못한 표현을 할 뿐만 아니라 어떤 표현은 가르쳐 주어도 배우지 못한다는 점을 들어, 언어는 학습을 통해 습득하는 것이 아니라 인간이 언어습득 기제를 타고나는 것이라 주장하였다. 언어는 스키너에게는 경험을 통한 학습의 결과로 특징지어지지만, 촘스키에게는 경험을 통해 구체적인 언어가 습득될 뿐 언어 능력 자체는 타고난 능력으로 인식되는 것이다. 이런 대립적인 견해 중 어느 쪽이 맞는지는 또 다른 복잡한 논의를 필요로 하는데, 현재 우리의 논의를 위해서는 특정 개념이 설명되어야 할 위치에서 설명하는 위치로 변화되기도 한다는 점을 보여 주는 것으로 충분하겠다. 아울러 이런 획기적인 재구성이 일어나려면 그에 대한 충분한 근거와 정당화가 필요하다는 점만 지적해 두기로 하자.

3. 발상을 향상시킬 수 있는 방안들

1) 발상을 방해하는 요인들을 없애기

문제해결의 방해 요인 가운데에는, 간단한 해결책이 있음에도 그것을 쉽게 찾아낼 수 없게 하는 우리 마음의 독특한 작동 방식이 있다. 그중의 하나는 일종의 마음의 관성 혹은 사고의 기계화라 할 수 있는 마음갖춤새(mental set)다. 이와 관련된 고전적 연구는 물병 문제에서 볼 수 있다. 실험 참여자들은 서로 다른 부피의 물병을 이용하여 필요한 부피를 만들어 내야 한다. 예를 들어, 3L, 21L, 127L들이 물병을 주고 100L를 만들도록 하고, 14L, 25L, 163L의 물병을 주고 99L를 만들도록 한다. 이런 식의 문제를 통제 집단과 실험 집단으로 하여금 풀도록 하였다. 실험 집단은 10문제를, 통제 집단은 5문제를 풀었는데 통제 집단의 문제는 실험 집단이 푼 것과 동일한 문제였다. 여기서 실험 집단이 통제 집단보다 더 푼 5문제는 3개의 물병을 다양하게 조합해야만 풀 수 있다. 예를 들어, 100L를 만들기 위해서는 127L들이의 물병에 물을 가득 채운 다음 21L들이로 한 번 퍼내고 다시 3L들이로 2번 더 퍼내야 한다($127-21-2\times3=100$). 그런데 두 집단이 모두 푼 5문제는 36L, 14L, 8L를 이용하여 6L를 만드는 과제처럼, 두 개의 물병만을 이용하여 쉽게 풀 수 있다($14-8$). 물론 세 개의 물병을 복잡하게 조합하여 구할 수도 있다($36-14-2\times8$). 이 연구에서의 관심은 간단히 두 개의 물병만을 이용해서 푸는지, 아니면 3개의 물병을 모두 사용하여 복잡하게 푸는지를 알아보는 것이다. 그 결과, 실험 집단의 실험 참여자들은 통제 집단의 실험 참여자들이 2개를 이용해서 쉽게 푼 문제를 잘 풀지 못하거나 아니면 복잡한 조합을 이용하여 푼다는 것을 발견하였다. 이처럼 어떤 방식이 이미 활성화되어 있으면 다른 더 좋은 해결책이 있어도 이미 활성화된 방식이 그대로 사용되는 것처럼 보인다.

이와 관련된 현상은 기억인출에서의 차폐(blocking)다. 우리가 경험한 내용을 확인하는 절차로 흔히 사용되는 것은 재인검사와 회상검사다. 우리가 많이 치른 선다형 시험은 재인검사의 하나이고, 단답식 문항은 회상검사의 예다. 이 두 검사는 기억하는 사람이 그 내용을 의식하는 가운데 이루어진다. 그런데 어떤 기억검사는 기억하는 사람이 의식적으로는 전혀 기억이 나지 않는다고 함에도 불구하고 이전 경험의 흔적을 보여 준다. 이들을 암묵적 기억검사라 하는데 그중의 하나는 단어완성 과제다. 이 과제는 일부 자모가 빠진 영어 단어를 채워 완성된 단어를 만드는 것이다. 예를 들어, 'L_D_ER'가 제시될 경우 A와 D를 차례로 넣어 'LADDER'를 만들면 된다. 스미스(Smith, 1995)는 실험 참여자에게 여러 개의 단어를 먼저 보여 준 다음, 단어완성 과제를 수행하게 하였다. 실험 참여자를 세 집단으로 나누어 한 집단에게는 LADDER, 또 다른 집단에게는 LADDER와 비슷한 LEADER, 마지막으로 통제 집단에게는 전혀 상관이 없는 MEMBRANE이 각각 포함된 목록을 미리 보여 주었다. 그 결과, 무관한 단어를 보여 준 집단(.69)에 비해 동일한 단어를 미리 보여 준 집단(.83)이 LADDER를 완성시킬 확률이 높아졌지만, LEADER를 보여 준 집단의 경우 수행이 낮아졌다 (.53). 이는 LEADER가 이전에 활성화되어 있기 때문에 LADDER를 기억해 내는 데 모종의 어려움이 있었음을 보여 준다.

마음갖춤새나 기억에서의 차폐와 같은 현상을 통칭하는 말이 고착이다. 이는 사고의 한 특징인 패턴 혹은 규칙 형성으로 인한 일종의 부작용을 지칭한다. 적어도 문제해결에서 고착을 벗어나는 방법은 현재 활성화되어 있는 이해 방식이나 발상 방법을 약화시키는 것이다.

　마음갖춤새나 기억에서의 차폐가 사고 과정의 고착이라면 기능적 고착은 대상을 표상하는 방식에서의 고착이다. 고착이 일어나면 사물의 다양한 활용가능성을 인식하지 못한다. 기능적 고착에 빠지지 않는 사람 중의 한 명은 맥가이버일 것이다. 맥가이버는 1980년대에 유행한 TV 드라마 시리즈의 제목이자 주인공이다. 그는 가공할 만한 주먹이나 무기를 사용하는 대신, 사건 현장에서 물리학 지식을 활용하여 임무를 수행한다는 점에서 다른 요원들과 다르다. 한 예로, 비밀번호를 눌러야 열리는 문 앞에서 비밀번호를 알아내기 위해 그는 늘 갖고 다니는 다용도 칼로 연필심의 흑연을 잘게 깎은 다음, 그 가루를 번호판에 붙여서 흑연이 가장 많이 붙은 번호를 찾아낸 후 이들을 다양하게 조합하는 방법을 사용하여 비밀번호를 알아낸다. 이 TV 시리즈는 우리나라에서도 방영이 되었는데, 폭발적인 인기를 누린 이유 중의 하나는 일상적으로 흔한 물질이나 기구들이 원래의 용도 대신 당면한 문제해결을 위해 기발하게 활용되었기 때문이었다. 그렇지만 맥가이버의 사례는 어디까지나 드라마이기에 가능하다. 사람들에게 사물을 원래의 용도와 다르게 활용해야 풀리는 문제를 제시하면 잘 풀지 못한다. 게다가 동일한 원리에 따르는 현상이라도 서술 방식이 달라지면 이전에 사용한 원리를 적용하는 것도 잘하지 못한다. 따라서 맥가이버처럼 주어진 상황에서의 자원을 애당초의 용도나 개념에 고착되지 않고 융통성 있게 활용하도록 하는 방안을 찾아내는 것은 문제해결 연구자들이 넘어야 할 막다른 골목 중의 하나다.

목표나 목적은 우리가 제대로 가고 있는지를 알려 주는 등대와 같은 역할을 한다. 그럼에도 때로는 목표나 목적이 오히려 우리의 생각을 방해할 수 있다. 핀케(Finke, 1990)의 연구는 이를 실험적으로 보여준다. 그는 실험 참여자들에게 원, 반구, 직육면체, 원뿔, 원기둥 등의 요소를 자유롭게 변형시키거나 조합하여 흥미로운 물건을 만들도록 하였다. 한 집단의 참여자에게는 가구나 운동기구처럼 구체적인 범주를 알려 주고 만들도록 하였고, 또 다른 집단의 참여자에게는 일단 이들을 조합하여 자유롭게 아무것이나 만들도록 하였다. 이렇게 만들어 진 것을 발명전 구조라고 명명하였다. 실험 참여자들은 이 발명전 구조를 가구나 운동기구로 해석하도록 하였다. 그 결과, 후자의 집단이 만들어 낸 발명전 구조의 숫자는 적었지만, 이를 해석하였을 때 더 창의적인 산물을 만들어 낸다는 것을 발견하였다. 이 결과는 우리가 어떤 기능이나 범주를 고려하면 이미 어떤 특성이나 기능이 포함되어야 한다는 기준이 개입되어 그만큼 창의적 발상이 제약될 수 있음을 보여 준다. 이런 성향은 전문가에게서도 발견되는데 제이 마틴(Jay Martin)[7]의 경험이 좋은 예다. 제이는 실시간으로 지형의 정보를 알려 줄 수 있는 발목 의족기를 개발하고자 하였다. 이를 위해 그는 컴퓨터 시스템과 관련된 박사학위 소지자들을 고용하였다. 그렇지만 이들은 곧 문제에 봉착했고 현재의 기술로는 해결할 수 없다는 결론을 내렸다. 제이는 가능하다고 그들을 설득하였지만 듣지 않자 결국 모두 해고하고 의수족기 개발에 참여한 적이 없는 새로운 팀을 꾸렸다. 그리고 수많은 실패를 반복한 후 제이의 회사는 혁신적인 인공 관절을 개발하였다. 요컨대, 우리의 이전 경험은 무엇이 가능하고 무엇이 불가능한지를 어느 정도 규정하는데, 이로 인해 우리 스스로가 제약되기도 한다는 것이다. 경험은 일반적으로 도움이 되지만, 양날의 검처럼 오히려 해가 되는 경우가 있음을 보여 준다.

발상이 어려운 또 한 가지 이유는 우리의 문화적 특징에서 볼 수 있다. 타인의 시선을 상당히 의식하는 한국인들은 가만히 있으면 중간이라도 간다는 믿음 때문에 굳이 자신의 목소리를 내지 않으려 한다. 이 때문에 대화를 통해 좀 더 나은 대안을 찾을 수 있는 기회조차 흔하지 않다. 한국 사회의 도처에서 쉽게 찾아볼 수 있는 권위주의는 발상을 방해하는 또 다른 제약이다. 서로위키(Surowiecki, 2005)가 요약한 것처럼 다양성과 독립성 분산화가 확보된 상황에서 조정이 이루어질 때 비로소 집단은 뛰어난 개인보다 나은 수행을 보일 수 있다. 각자 자신의 목소리를 내도록 하면서 차이를 조정해 갈 수 있는 사회 분위기를 만드는 것은 여전히 우리 사회가 해결해야 할 문제다.

2) 발상을 촉진하기

발상은 누구에게나 어렵다. 하지만 불가능한 일은 아니고, 다른 일과 마찬가지로 하려고 애쓰면 더 나아질 수 있다. 지시 효과는 이를 잘 보여 준다. 사람들에게 창의적 산물을 만들어 내도록 지시를 하면, 그냥 어떤 결과물을 만들어 내게 할 때보다 더 잘 만들어 낸다.[8] 이런 지시 효과는 상대적으로 능력이 떨어지는 실험 참여자들에게서 더 크게 나타나고, 이전에 경험이 있는 영역일 때 더 잘 나타난다. 이 결과는 발상의 실패 이유를 '안 하니까 못 한다.'라고 생각하고, 이런 생각 때문에 발상을 할 수 있는 상황에서도 하지 않는 악순환 때문일 수 있음을 시사한다. 잠깐 생각해서는 발상이 잘 안 될 수밖에 없는데도, 잠깐의 노력으로 실패하고 나면 자신이 정말 못한다고 생각하는 것이다. 하지만 사람들이 발상을 해낼 수 있는 기회와 충분한 시간을 제공하고, 또 기대를 하는 것만으로도 발상을 향상시킬 여지는 충분해 보인다. 따라서 발상을 촉진하는 한 방법은 발상을 촉진할 수 있는 제도적 장치를 만드는 것이다. 이와 관련된 가장 잘 알려진 제도는 미국의 다국적 기업인 3M사에서 지난 수십여 년간 시행해 온 15% 규칙이다. 이는 업무 시간의 15%를 자신이 해야 하는 업무와 무관하게 새로운 발상을 위해 쓰도록 허용하는 것이다. 이런 제도는 구글이나 다른 회사에서도 적극 활용되고 있다.

근무시간까지 쪼개어 다른 일을 하게 만드는 또 다른 이유는 발상을 위한 별도의 시간을 갖도록 하는 동시에 조합 기회를 높이기 위해서다. 업무와는 무관하지만 관심을 갖고 깊이 있게 탐구하다 보면 그 영역의 지식을 업무와 연결할 가능성이 높아진다. 어떤 방법으로든 사람들로 하여금 여러 영역에 대한 넓고 깊이 있는 지식을 쌓도록 하는 것은 개인은 물론 조직에 도움이 된다. 현재 당면한 문제와 관련된 지식이 많을수록 이 지식으로부터 해답을 바로 얻을 수 있을 뿐만 아니라, 우리가 활용하여 만들어 낼 수 있는 조합의 수를 증가시킬 수 있다. 조직 내에서 조합 가능성을 높이는 방법은 팀을 구성할 때 가능한 한 다양한 배경을 가진 사람들로 구성하는 것이다. 네메스와 오미

스턴(Nemeth & Ormiston, 2007)의 연구 결과는 이를 뒷받침한다. 이들
은 집단 내의 소수 의견이 사람들로 하여금 더 깊이 생각하도록 하며,
집단을 이질적으로 만들수록 구성원이 불편함을 느끼기는 하지만 실
제 수행이 좋다는 것을 확인하였다. 이 결과와 일관되게 실제 과학자
들의 실험실에 대한 현장 연구를 수행한 던바(Dunbar, 1997)의 연구에
서도, 구성원이 이질적인 실험실에서 나온 연구 결과가 그렇지 않은
실험실에서의 연구 결과보다 우수하다는 것이 밝혀졌다. 조합적 발
상을 원활하게 하도록 할 수 있는 또 다른 방법은 여러 부서의 사람들
이 자연스럽게 만날 수 있는 장을 만드는 것이다. 동호회를 중심으로
한 모임을 비롯하여 회사나 연구소 내 휴식 혹은 식사 공간을 개방하
고 수시로 다른 사람을 만날 수 있도록 좌석을 무선적으로 배치하는
것도 한 방법이다. 건물 중앙에 화장실을 배치하여 모든 직원이 오가
며 서로 만날 수 있도록 한 픽사(Pixar)의 건물은 이런 노력의 가장 좋
은 본보기로 자주 언급된다.

　이런 조합이나 전용을 통해 어떤 영역에서 새로운 지식이 생기면
이 지식은 그 영역을 좀 더 확장할 수 있는 새로운 토대가 된다. 존슨
(Johnson, 2010)은 이를 새로운 지식이나 도구가 인접 가능성(adjacent
possible)을 열어 준다고 주장한다. 인접 가능성은 마치 새로운 길을
뚫는 것과 비슷하다. 누군가가 첫 발자국을 남기면 그다음 사람이 그
곳까지는 쉽게 다다를 수 있다. 그다음에 그곳을 교두보로 새로운 곳
으로 더 나아갈 수 있게 된다. 인접 가능성은 과학사에서 자주 관찰되
는 동시적 발견 혹은 발명이 어떻게 가능한지를 설명하는 데 활용될

수 있다. 비슷한 영역을 탐색하는 사람들이 비슷한 곳에 도달했을 경우, 그다음에 탐색할 수 있는 곳이 크게 다를 수 없다는 것이다. 미적분의 발견이나 전화기의 발명 등은 그 좋은 예로 서로 다른 사람들에 의해 비슷한 시기에 만들어졌는데, 이는 이들이 당시의 기술이나 지식으로부터 탐색 가능한 범위에 있었기 때문이라는 것이다.

존슨은 다른 발상의 기제로 혼돈과 질서가 균형을 이루고 있는 시장이나 도시와 같은 느슨한 연결망, 어떤 통찰에 대한 장기적 집중, 우연적 조우, 실수 혹은 변이, 원래의 목적과 다르게 사용되는 변용, 마지막으로 단지 인접 가능성을 열어 주는 것 이상으로 아이디어 발상을 획기적으로 변화시키는 출현적 플랫폼을 언급하였다. 여기서 출현적 플랫폼이란 매사추세츠 공과대학(MIT)의 미디어랩, 발명가 동호회 혹은 웹 공간 등과 같이 새로운 생각을 획기적으로 잘할 수 있도록 해 주는 모든 사회적 혹은 공간적 기반을 가리킨다. 다른 많은 발상기제와 마찬가지로 이들의 존재는 그렇지 않았을 때보다 더 많고 더 좋은 발상을 촉진하는 데 기여함은 틀림없다. 하지만 이들은 어디까지나 필요조건일 뿐이다. 즉, 이런 기제가 작동되었다고 해서 반드시 더 좋은 결과를 가져오리라는 보장이 없다는 것이다. 그만큼 좋은 발상은 어려운 일이고 예측불가능하다. 그럼에도 우리가 발상을 위해 가능한 한 모든 노력을 기울여야 하는 이유는 이런 노력의 결과로 하나의 좋은 발상을 해내게 되면, 그로부터 파생되는 사회적 이득은 충분히 보상되기 때문일 것이다.

발상을 증진시킬 수 있는 방법은 발상 방법을 다변화시켜 보는 것이다. 집중적인 발상과 묻어 놓았다가 다시 돌아오기 등을 시도해 볼 수 있다. 학습 방법으로서 집중 학습은 분산 학습에 비해 그리 효과적이지 않다는 것이 잘 알려져 있다. 사고, 특히 발상의 경우에도 그러한지는 하나의 경험적 문제로 남아 있다. 그럼에도 뛰어난 성취를 이룬 사람들이 자신이 해결하고자 하는 문제를 풀 때 삼매경에 빠질 정도로 전념했다는 일화는 쉽게 발견할 수 있다. 예를 들어, 뉴턴(Newton)의 경우 자신이 식사를 했는지 하지 않았는지를 구분할 수 없었을 정도로 문제에 매달렸다. 집중의 필요성은 앞서 살펴본 기억 모형에서 다시금 확인할 수 있다. 집단이 함께 모여 아이디어를 내는 상황에서 떠오른 생각을 어떤 형식으로든 그 순간에 포착하지 않으면 사라져 버리기 때문이다. 집중하는 동안에는 관련 개념이 활성화되어 있기 때문에 여러 가지 조합을 할 수 있는 가능성이 높다.

복잡한 문제를 이해할 때는 물론이고 그 문제를 풀기 위해 발상을 할 때, 사람들은 관련된 정보를 다양한 방식으로 정리한다. 목록을 이용하여 주어진 조건과 가정 그리고 현재 가용될 수 있는 자원 등을 포함한 제약 등을 정리할 수 있다. 목록을 이용하면 조건, 가정 등 각각에 대한 내용을 바로 파악할 수 있지만, 조건, 가정 그리고 제약 등이 서로 어떻게 영향을 주고받는지를 서술하기 어려울 때가 있다. 이들을 상대적으로 쉽게 해 주는 방법은 마인드맵이나 스케치와 같은 시각적 이미지를 사용하는 것이다. 스케치는 의상이나 제품, 장치 혹은 건물과 같이 구체적인 어떤 산출물을 만들어야 할 때 특히 유용하다. 머릿속에 스쳐 지나가는 생각을 일단 글이나 그림으로 표현하게 되면 이를 점차 정교화하기가 쉬워진다. 조금이라도 관련된다 싶으면 스케치나 글로 표현하는 것 자체가 발상을 향상시키는 방법이 될 수 있다. 이런 맥락에서 존슨(2010)은 문제해결과 관련된 생각을 정리하는 데 기록을 남기는 것이 얼마나 중요한지를 다윈의 연구 일지와 그 밖에 다른 사람의 사례를 들며 강조한다.

가능한 한 모든 표상 방식을 동원하여 우리의 생각을 정리하는 방법 중의 하나는 벽이나 칠판을 이용하여 주요 개념들과 그들의 관계를 연결한 다음, 각 개념은 물론 연결 관계의 세부 내용을 포스트잇을 이용하여 상술하는 것이다. 이렇게 하는 목적은 작용기억의 한계 때문에 여러 개념과 그들 간의 관계를 파악하는 데 한계가 있기 때문이다. 텍스트나 시각적 이미지를 이용하여 외적으로 표상하게 되면 이런 한계를 극복하고 문제를 좀 더 큰 맥락에서 한 번에 바라볼 수 있게 해 주어 이해는 물론 발상을 촉진할 수 있다.

컨과 그의 동료들(Kerne et al., 2008)은 사람과 검색 엔진 간의 상호작용을 통해 기존의 정보를 새롭게 재조합할 수 있는 'combinFormation'이라는 프로그램을 개발하였다.[9] 이 프로그램은, 예를 들어 자신이 생각하는 이상적인 집을 짓고 싶은 사람으로 하여금 스스로 생각해 낸 텍스트 그리고 인터넷을 이용하여 찾아낸 텍스트와 이미지를 화면 중앙에 입력하도록 한다. 이렇게 입력된 정보들과 그 정보들에 대한 메타데이터로부터 공통되는 몇 개의 용어들이 얼마나 중요한지를 평정하게 한 다음, 이들을 단서(seeds)로 하여 검색 엔진으로 하여금 관련된 정보를 찾아 화면 중앙의 주변에 제시하도록 한다. 사람들은 주변에 제시되는 이미지와 텍스트 정보 중 필요한 부분을 선택하여 화면 중앙에 적절히 구성해 가면서 자신의 생각을 발전시켜 갈 수 있게된다. 실제로 이 프로그램을 사용하도록 한 집단과 구글(Google), 문서 편집기를 사용하도록 한 집단을 비교했을 때 전자의 집단이 더 좋은 생각을 해냈다는 실험 결과를 얻었다. 이 도구가 전문가에게도 효과적일지와 인터넷에 나와 있지 않은 정보들을 많이 사용할 때도 효과적인지는 앞으로 밝혀져야 하겠지만, 관련된 정보를 한눈에 볼 수 있게 하고 컴퓨터를 이용하여 관련된 자료를 쉽게 찾아낼 수 있게 한다는 것만으로도 충분히 사용가치가 있다고 하겠다.

사회문화적인 분위기도 발상을 촉진할 수 있다. 그 단적인 예는 그리스의 도시 국가였던 아테네의 전성기, 중국의 백가쟁명 시대 그리고 중세 이탈리아의 르네상스 시대에서 볼 수 있다. 이 시기에는 다른 어떤 시기보다도 새로운 이론과 문화적 발전이 일어났다는 것이 잘 알려져 있다. 이 시대를 산 사람들이 다른 시대의 사람들보다 더 특출하게 총명했다고 보기는 어렵다. 그럼에도 엄청난 지적·문화적 발전이 이루어진 것은 그런 사람들이 인정을 받을 수 있는 사회·경제적 상황이나 분위기 때문이었다는 것이다. 창의적 사회나 회사를 만들려면 창의적인 성취를 높이 평가하는 동시에 그에 상응하는 보상과 대우가 절대적으로 필요하다고 하겠다.

다시 유추와 비유를 살펴보자. 전술한 것처럼 문제해결과 관련이 있는 좋은 유추가 발견되면 설명은 물론 추론을 통해 새로운 발견이 용이해진다. 하지만 우리가 해결하려는 문제와 관련된 좋은 유추를 어떻게 찾아낼 수 있을지에 대해서는 밝혀진 바가 없다. 마크맨과 그의 동료들(Markman et al., 2008)에 의해 제안된 문제해결에서 유추를 향상시키는 방법은 문제에 대한 보다 정확한 이해에 근거하여, 문제를 다양한 방식으로 표상하는 것 정도다. 그리고 적어도 속담과 관련된 연구에서 밝혀진 사실은 관련된 내용을 읽었을 때보다 들었을 때 이전 정보를 더 잘 활용한다는 결과에 기초하여 팀으로 문제해결을 할 때 토론을 많이 하는 것이 좋다고 제안한다. 호프스태터와 샌더스(Hofstadter & Sanders, 2013)는 사고를 가능하게 하는 개념은 유추를 통해 만들어지기 때문에 유추야말로 인지의 핵심이라고 주장한다. 이 주장의 진위를 떠나 유추를 더 잘 해낼 수 있는 방법은 물론 이 방법으로 유추를 만들어 낼 수 있는 시스템을 개발하는 것은 심리학자와 인공 지능학자들이 도전해 볼 만한 주제임이 틀림없다.

지금까지 여러 발상을 촉진하는 방법을 알아보았는데 이를 가지고 실제로 교육이나 훈련을 통해 더 잘 사용하게 할 수 있을지에 대한 연구가 필요하다. 예를 들어, 유추의 원리를 설명한 후 복잡하고 어려운 문제에 대해 유추를 사용하도록 훈련하면, 그 훈련을 통해 실제 연구에서 유추를 더 잘 사용하게 되고 결과적으로 연구 성과가 좋아지는지를 탐구해 볼 수 있겠다. 마찬가지로 조합, 재구성 등이 훈련을 통해 그 사용 능력이 향상되는지를 확인해 보는 연구가 이루어져야겠다. 마지막으로, 발상을 늘릴 수 있는 방안을 한 가지 더 소개하고자 한다. 이는 앞서 본 문제제기의 기술을 활용하는 것이다.

3) 문제제기의 기술을 활용하기

문제제기 기술은 2장인 이해 부분에서 암묵적 전제를 찾아내기 위한 한 방법으로 소개하였다. 하지만 이 기술은 발상에서도 유용한데, 그 적용 방법은 다음과 같은 단계로 이루어진다. 먼저 어떤 출발점이나 제시된 문제를 받아들인 다음(수준 0), 그 출발점이나 문제를 관찰하여 속성 목록을 가능한 한 상세하게 만든다(수준 1). 서술된 각 내용에 대해 "만일 ~이 아니라면?"(what if not 방식)이라는 질문을 던진 다음 변형된 속성을 만들고(수준 2), 변형 속성에 대해 다시 질문을 던지며(수준 3), 그 질문이나 문제를 분석한다(수준 4)는 것이다. 이런 단계적 분석 외에도 브라운과 월터는 각 수준 내에서 새롭게 만들어진 속성들끼리 조합을 해 보는 순환하기(cycling)와 원질문의 역명제를 만들거나 전경-배경을 뒤바꾸는 반전(reversal)도 소개하였다.

이 기법을 2장에서 소개한 학교에 적용해 보자. 먼저 학교에 대한 여러 속성을 기술해 보자.

① 별도의 건물이 있다.
② 교사가 강의 중심의 수업을 진행한다.
③ 학생들이 같은 시간에 모여 있다.
④ 정기적으로 시험을 본다.
⋮

이제 각각에 대해 "만일 ~이 아니라면?"이라는 질문을 던지고 그에 맞는 사례를 찾아 서술하면 다음과 같다.

(~11) 필요할 때 특정한 장소에서 만난다.
(~12) 사이버상에서 존재하는 학교다.
(~13) 업무 후에 회사가 학교가 된다.
　　　⋮
(~21) 학생을 대상으로 인터넷 강사가 강의 중심의 수업을 진행한다.
(~22) 교사는 강의 대신 토론 방식으로 혹은 문제풀이 방식으로 수업을 진행한다.
(~23) 교사는 수업에 관여하지 않고 평가만 수행한다.
　　　⋮

이 가운데 (~22)의 변형 속성에 대해 살펴보기 위해, 다음을 탐색해 볼 수 있다.

(~221) 교사가 강의 대신 토론 방식이나 문제풀이 방식으로 수업을 진행하기 위해서는 어떤 전제가 충족되어야 하는가?

이 탐색의 결과로 다음과 같은 경우를 생각해 볼 수 있다.

(~2211) 교재 내용에 대한 학생들의 이해가 선행되어야 한다.
(~2212) 누군가가 토론 주제나 문제를 만들어야 한다.
(~2213) 교재 내용에 대한 이해 없이 수업에 들어온 학생들이 있을 경우 이들을 위한 대비 자료가 필요하다.
　　　⋮

다시 이 중 하나에 대한 해결책을 다음과 같이 제시할 수 있다.

(~22111) 학생들이 수업 전에 인터넷 강의를 듣고, 관련된 시험을 보도록
하여 확인한다.
(~22112) 학생들이 수업 전에 인터넷 강의를 듣고, 토론 문제를 만들어 제
출하도록 한다.

이후 여기서 언급한 내용들을 서로 조합하는 순환하기를 통해 만
들 수 있는 다음과 같은 발상을 생각해 볼 수 있다.

(~22113) 학생들이 수업 전에 인터넷 강의를 듣고, 관련된 시험도 보고 토
론 문제를 제출하도록 한다.
⋮

이상은 하나의 예에 불과하고 실제 복잡한 장면에서의 활용 지침
이 필요하다. 구체적인 지침은 후속 연구를 통해 밝혀져야겠지만 발
상에 도움을 줄 수 있는 유망한 방법으로 보인다.

04_

평가

"**거의** 모든 인지와 지각은 평가와 관련되어 있다고 해도 과언이 아니다."(Markus & Zajonc, 1985) 제1장에서 바퀴 모양으로 제시된 문제해결의 여러 인지 과정 중 가장 안쪽에 자리 잡은 것이 평가다. 평가가 이처럼 중요한데도 문제해결 연구에서 평가는 그리 중요하게 다루어지지 않는다. 그 이유를 먼저 설명한 다음, 판단과 의사결정 영역에서 평가에 대해 이루어지는 연구 결과들을 소개한다.

1. 평가의 편재성과 중요성

"세상의 가장 큰 문제를 해결하기 위한 나의 계획: 측정하자." 세계
적 부호인 빌 게이츠(Bill Gates)가 자신이 쌓은 재산으로 사회발전에
기여하기 위한 계획을 밝힌 글의 제목이다. 이 글에서 그는 과학적 진
보는 물론 질병의 문제를 해결하는 데 획기적인 전환점이 된 것은 측
정 방법의 발달에 기인함을 강조하고 있다. 맞는 말이다. 실험 심리학
의 출현에 물리적 강도와 심리적 강도 간에 존재하는 정신 물리학적
함수의 발견과 에빙하우스(Ebbinghaus)의 기억 측정 방법이 큰 기여
를 했다는 것은 잘 알려져 있다. 현대 심리학의 놀라운 발전도 반응시
간 분석법이나 단일 신경원 기록법(single cell recording), 뇌파나 뇌영
상 기록법 등과 같이 측정법의 발전에 크게 힘입었다. 이처럼 새로운
측정법 혹은 평가 방법의 개발은 그 분야의 발전에 결정적이다.

평가는 우리가 지금까지 논의해 온 문제해결의 각 하위 과정에 복
잡하게 관여하고 있다. 우리는 어떤 현상을 어느 정도 흥미롭거나 중
요하게 여기지 않으면 이해하고 싶은 마음이 생기지 않는다. 흥미를
느끼는 동시에 어느 정도 해결가능성이 있다고 판단할 때 비로소 더
깊은 이해를 위한 시도가 이루어진다. 기존의 설명이나 해결책이 충
분하다고 판단되면 새로운 발상을 할 이유가 없다. 발상을 통해 만족
스러운 해결책이 발견되거나, 아무리 궁리를 해 보아도 답을 찾을 수
없으면 미해결 문제로 남겨 두고 발상을 종료한다. 이처럼 평가는 문

제해결의 여러 하위 과정의 시작과 종료에 관여할 뿐만 아니라 문제
해결 전반을 점검하고 규제하는 상위 인지로서 작용한다. 이런 점에
서 "거의 모든 인지와 지각은 평가와 관련되어 있다고 해도 과언이 아
니다."[1]

그럼에도 평가는 지금까지의 문제해결 연구에서 중요하게 다루어
지지 않았다. 그중 한 이유는 문제해결 연구에서 주로 사용되어 온
과제가 정답이 있는 상대적으로 간단한 문제들이어서, 정답으로 문
제해결의 성패를 결정하였기 때문이다. 물론 이 경우에도 평가가 전
혀 배제되지는 않았다. 월러스(Wallas, 1926)의 창의적 해결 모형인 준
비-부화-조명-검증에서 검증이 다름 아닌 평가에 해당한다. 뉴웰과
사이먼(1972)의 문제해결 모형은 생성(generation)과 평가(evaluation)의
두 기제로 구성되었다. 생성된 혹은 발상된 해결안이 정말 제대로
된 것인지를 알아보아야 하기 때문이다. 수학교육학자인 숀펠드
(Schoenfeld, 1985)의 수학 문제해결 모형에도 검증 단계(verification)가
포함된다. 하지만 수학에서 나누기를 곱하기를 이용하여 검산하는
것처럼 다른 절차를 활용하여 검증할 수 있는 경우는 많지 않다. 대부
분의 검증은, 예를 들어 방정식을 풀 때 결합법칙이 제대로 적용되었
는지를 확인하는 것처럼 한 단계에서 다음 단계로의 변환에서 오류가
없는지를 점검해 보는 방식으로 이루어진다. 그런데 일상적으로 부
딪치는 문제들은 정답이 없는 경우가 대부분이고, 한 생각에서 다음
생각으로 전환될 때 그 근거가 무엇인지를 정확히 파악하는 일이 쉽
지 않다. 그 결과 제대로 된 평가가 어렵다. 앞서 살펴본 고약한 문제

인 빈곤을 기억해 보라. 빈곤은 낮은 수입, 신체적·심리적 건강, 문화적 박탈 등이 원인일 수 있는데, 각각에 대해서도 또다시 가능한 여러 원인을 생각해 낼 수 있다. 이들은 서로 배타적이지 않으며 각각 타당한 부분이 있다. 이들은 마치 같은 산을 봐도 어느 각도에서 보느냐에 따라 생기는 관점의 차이처럼 직접적인 비교가 가능하지 않을 때가 많다. 따라서 이들에 대한 평가가 어려울 수밖에 없다.

평가에 대한 연구가 이루어지지 않은 또 다른 이유는 사용된 문제를 해결하려는 시도나 실행에 따른 비용이나 부담이 없었기 때문이다. 실행에 따른 부담이 그리 크지 않을 경우, '될 때까지 해 보는 (Test-Operate-Test-Exit: TOTE)' 전략처럼 가능한 모든 발상을 실행으로 옮겨 보다가 해결책을 찾을 수 있다. 그렇지만 실행에 따른 비용이 크면 클수록 가능성에 대한 사전 평가가 중요해진다. 배우자 선택, 전공 선택 혹은 제한된 자원을 투자하여 새로운 제품을 개발하려는 회사가 가능한 여러 후보 제품군 중 어떤 제품에 집중해야 할지를 결정해야 할 때를 생각해 보라. 이런 상황에서는 여러 대안 가운데 하나를 선택할 수밖에 없고 일단 선택을 하면 다른 가능성이 사라진다. 그래서 평가가 어려워지고 결과적으로 결정이 지연된다.

평가가 문제해결에서 이렇게 중요한데도, 앞서 언급한 이유 때문에 문제해결과 직접 관련된 연구는 많지 않다. 그 대신 평가와 관련된 연구는 판단과 의사결정 영역에서 찾아볼 수 있다. 다음 절에서는 이 연구들을 통해 밝혀진 평가에 영향을 주는 주요 요인에 대해 살펴보고자 한다.

2. 평가에 영향을 주는 여러 요인

판단과 의사결정 연구에서 밝혀진 놀라운 결과는, 선호가 개인의 마음속에 내재하는 것이 아니라 평가가 필요한 상황에서 주어진 자료를 바탕으로 그때그때 만들어진다는 것이다.[2] 따라서 이해에서와 마찬가지로 제시된 정보나 틀에 의해 같은 사건이나 대상에 대한 평가가 달라질 수 있다. 우선, 평가는 누군가에 의해 이루어지는지에 따라 달라진다. 내가 하면 좋은 생각이고, 남이 하면 우연히 갖게 된 아이디어 정도로 보는 것이다. 실제로 발상을 해낸 사람은 그렇지 않은 사람보다 자신의 아이디어를 훨씬 좋게 평가한다. 자신의 발상이 쓸모 있다는 주장을 정당화하기 위해 이와 관련된 증거를 수집하기 마련이고, 그 과정에서 2장에서 소개한 확증편향(confirmation bias)이 생기기 때문이다.

평가의 맥락도 중요하다. 평가의 맥락이 여러 발상 중 가장 좋은 하나를 선택하기 위한 것인지 아니면 하나의 발상이 그 자체로 얼마나 좋은지를 결정하기 위한 것인지에 따라 달라진다. 이 구분은 각각 상대 평가와 절대 평가로 불리기도 한다. 평가 방식은 그 자체로 좋거나 나쁘다고 할 수 없다. 평가의 목적에 비추어 볼 때 더 적합한 방법과 그렇지 않은 방법이 있을 뿐이다. 평가성(evaluability) 연구는 한 대상을 평가하게 할 때와 다른 대상과 비교하게 했을 때 그 결과가 달라지는 것을 보여 준다.[3] 예를 들어, A 음악 사전은 2010년에 출판되었

고, 1만 개의 항목을 수록하고 있으며, 책 상태도 거의 새것이다. 이
에 비해 B 음악 사전은 같은 2010년에 출판되었고, 2만 개의 항목을
수록하고 있는데, 겉표지가 없다. 이런 상황에서 한 집단의 실험 참여
자들에게는 두 사전을 하나씩 따로 제시한 후 10~50달러 사이에서
얼마를 지불할지 결정하게 하고, 다른 집단에게는 두 사전을 함께 제
시한 다음 각각에 대해 얼마를 지불할지 결정하도록 했다. 그 결과,
사전을 따로 제시했을 때는 각각 24달러, 20달러로 A 사전을 더 비싸
게 책정했지만, 두 개를 동시에 제시했을 때의 가격은 각각 19달러,
27달러로 B 사전을 더 선호하였다. 이는 따로 제시했을 때는 수록된
항목 수의 의미가 불분명한 가운데 B 사전의 겉표지가 없다는 것이
두드러지지만, 다른 사전과 함께 제시했을 때에는 항목의 수가 바로
비교될 수 있었기 때문으로 설명된다. 이 결과는 우리가 결정을 내려
야 하는 상황에서, 한 대상만을 고려하는지 아니면 다른 대상과 비교
하여 평가가 이루어지는지에 따라 그 결과가 완전히 뒤바뀔 수 있음
을 보여 준다.

　상대 평가에서는 비교가 가능하다는 장점이 있다. 그리고 일단 비
교가 이루어지면 우리가 2장 이해에서 본 것처럼 하나에 대해 판단
할 때보다 고려할 측면이 분명해진다. 물론 어떤 비교 대상이 주어졌
는지에 따라 평가가 달라질 수도 있다. 이유 기반 선택(reason-based
choice)[4]은 비교 대상이 우리의 평가를 어떻게 변화시킬 수 있는지를
보여 준다. 예를 들어, 캔 맥주의 경우 비교적 싼 값의 A 맥주와 비싼
B 맥주가 시장을 50%씩 차지하는 상황에서 A 맥주와 값은 비슷하지

만 맛이 떨어지는 C 맥주가 등장하면, A 맥주의 시장 점유율이 높아진다. C 맥주의 등장으로 A 맥주를 선택하는 이유를 쉽게 찾을 수 있기 때문이다. 이에 대한 또 다른 설명은 비교 대상으로 인해 비교 가능한 여러 속성 중 어느 한 속성이 정렬이 쉬워졌고, 그 결과 그 속성의 중요성이 강조되었기 때문이라는 것이다. 어쨌든 이 예는 비교로 인해 평가가 쉬워지기도 할 수 있지만, 동시에 현혹될 수도 있음을 보여 준다. 이 연구와 앞서 살펴본 평가성 연구는 우리의 선호가 주어진 맥락에 의해 다르게 구성될 수 있다는 것을 확인시켜 준다.

이상의 연구를 고려해 보면, 평가를 할 때에도 이해에서와 마찬가지로 주어진 상황을 여러 가지로 변화시켜 보려는 노력이 필요해 보인다. 특히 상대방이 나를 설득하려는 상황에서는 상대방이 하지 않는 행동을 할 필요가 있다. 즉, 다른 선택지를 제시하지 않으면 선택지를 만들어 보고, 선택지가 주어질 경우에는 제시되지 않은 다른 선택지를 찾아내거나 혹은 주어진 다른 선택지를 고려하지 않고 하나의 물건에 대해서만 평가해 보는 것이다. 이렇게 하는 이유는, 설득하는 사람은 상대방이 자신이 원하는 방식으로 결정하도록 하기 위해 특정한 평가틀을 제시할 가능성이 높기 때문이다. 따라서 설득하려는 사람이 제시하는 틀을 의도적으로 바꾸려고 하지 않으면, 제시되지 않았기 때문에 간과할 수 있는 부분이 생기게 되고, 이로 인해 합리적 평가가 이루어지지 않을 수 있다.

평가자의 심리적 상태도 직접 혹은 간접적으로 평가에 영향을 준다. 피곤하거나 주의가 산만한 상태에서의 판단과 평가는 그렇지 않

을 때의 체계적인 평가보다는 직관에 더 의존하게 되어 평가의 질이
떨어질 때가 많다. 시간 제약으로 인한 압박도 다른 가능성에 대한 고
려를 하지 못하게 하여 평가에 부정적인 영향을 줄 수 있다. 따라서
중요한 판단은 충분한 수면과 영양을 섭취하고, 심신이 평안한 상태
에서 하는 것이 좋다. 가능하면 오전에 충분한 시간을 들여 판단을 내
리는 것이 좋지만 체질이 종달새형이 아니라 올빼미형이라면 늦은 시
간이 더 낫다. 사용 가능한 정보에 제약이 있는지도 평가에 영향을 줄
수밖에 없다. 과학이론에 대한 논의에서는 서로 대립적인 주장이 제
기되면 후속 연구 결과를 지켜보기로 하고 평가를 유보할 수 있다. 하
지만 재판에서는 물론 화재 진압이나 적과 교전 중인 군인들이 촌각
을 다투며 정보도 충분하지 않은 상황에서 판단과 결정을 내려야 할
때에는 그렇지 않다. 현재 가지고 있는 정보를 사용하여 일정한 시간
내에 모종의 평가가 이루어져야 한다. 제약이 있을 경우에는 그렇지
않을 때에 비해 중요한 정보를 고려하지 못하거나 다른 방안과 비교
할 가능성이 낮아져 일반적으로 평가의 질이 떨어진다. 이런 상황에
서의 판단은 이전 경험이나 훈련에 의해 향상될 수 있다.

　복잡한 실제 상황에서의 판단에 경험이 얼마만큼 중요한지는 클라
인의 연구에서 확인할 수 있다.[5] 그는 산불 진화를 책임지는 소방대
장, 군사 작전에서의 전투 지휘관, 시스템 설계자 등을 대상으로 실제
장면에서의 의사결정 과정을 면밀하게 탐구하였다. 이런 위급 상황
에서 여러 방안을 생각해 내는 것은 물론 이들을 체계적으로 비교하
는 것은 사실상 불가능하다. 그 대신 가장 실현가능성이 높은 하나의

안을 생성하고 이를 바로 실행에 옮길 수 있는 방안을 강구한다. 이 과정은 재인 기반(Recognition Primed Decision: RPD) 모형에서 다음과 같은 세 가지 경로로 유형화되었다. 첫 번째 경로는 현 상황이 이전에 경험한 전형적 사례로 재인되는 경우다. 이 경우 이후에 일어날 일을 예상할 수 있게 되고 가능한 목표 그리고 전형적인 행동이 무엇인지 직관적으로 파악하고 그에 따라 자동적으로 행동이 수행된다. 클라인은 자신이 조사한 사례의 80~90%는 이런 식으로 결정이 내려진다고 보고하였다. 두 번째 경로는 애매하거나 친숙하지 않은 경우다. 이 경우에는 상황을 파악하기 위해 숙고를 하고, 필요할 경우 심적 모사(simulation)를 통해 현 상태에 이르게 된 여러 이야기를 구성해 보고 이 가운데 가장 그럴듯한 것을 설명으로 받아들인다. 이를 통해 상황에 대한 평가가 이루어지면 바로 그에 따른 행동이 뒤따른다. 마지막 경로는 재인에 이어 자동적으로 행동이 이루어지지만, 그 결과가 적합하지 않다고 판단되는 경우다. 이때는 어느 정도 기준에 도달하는 행동을 찾아낼 때까지 새로운 행동을 찾아보고 이를 심적 모사를 통해 검증해 보는 작업을 반복한다. 이 모든 경로에서 관찰되는 중요한 특징은 전문가들이 최선의 해결책을 찾으려고 애쓰기보다는 일단 해결책으로 간주될 수 있으면 받아들이는 만족기준(satisfaction criterion)을 사용한다는 것이다. 그리고 클라인의 모형은 모든 상황에 적용되기보다는 어느 정도 예측이 가능하고 사람들이 지식을 습득할 수 있는 상황에서 적용될 수 있다는 점도 참고할 필요가 있다.

3. 평가의 기제

목표가 구체적이고 명확한 경우는 어떤 발상이 그 목표에 가까이 가도록 하는지로 평가가 이루어진다. 물론 어떤 경우에는 전략적으로 목표로부터 멀어진 다음에 다시 접근해야 평가가 가능할 때도 있기는 하지만, 목표에의 근접 여부는 중요한 기준 중의 하나다. 그렇다면 목표가 상대적으로 불분명한 상황, 예를 들면 새로운 제품에 대한 발상이나 새로운 이론이나 아이디어가 떠올랐을 때, 이들이 과연 시장에서 성공하거나 학술지에 게재할 만한 논문이 될 수 있을지를 어떻게 평가할 수 있을까? 혹은 가능한 몇 가지 판매 전략을 수립한 다음 어떤 전략을 실행으로 옮길지를 결정할 때 어떻게 결정을 내릴 수 있을까? 이와 관련된 평가 기제는 다양한데, 이 책에서는 이들을 직관에 의한 시스템 1과 숙고에 의한 시스템 2에 의한 평가로 나누어 보도록 하겠다. 시스템 1과 2의 구분은 추리 연구자들에 의한 여러 구분, 즉 직관 대 숙고, 반사 대 반성, 암묵 체계 대 명시 체계 등을 중립적으로 구분하기 위해 사용된 표현이다. 그런데 이 구분은 대략적인 특성을 서술한 구분이기 때문에 한 구분법 내에서도 그 경계를 명확히 나누기 어려우며, 서로 다른 이분법 간의 일관성을 찾기도 어렵다. 그럼에도 이렇게 나누면 관련 연구들을 대략적으로 조직화하는 데 유용하다. 시스템 1과 2로의 구분과 더불어, 이 책에서는 시스템 2에 반성과 숙고를 포함하여 통계학이나 논리학과 같은 지적 전통을 활용하는 것까지 포함시키고자 한다. 이런 배경에서 시스템 2에 의한 평가는 규범적 접근에 의한 평가, 경험에 근거한 평가 그리고 비형식적 논증으로 나누어 살펴보도록 하겠다.

1) 시스템 1에 의한 평가

판단과 관련하여 가장 자주 언급되는 개념은 직관일 것이다. 직관에 의한 판단은 특정 분야에서 성공하는 사람들의 이야기 속에서 쉽게 찾아볼 수 있는 소위 '감'에서 볼 수 있다. 한국에서 상대적으로 부유한 층만 피자를 먹던 시절에 다른 모든 직원의 반대를 무릅쓰고 직관과 확신을 갖고 가난한 사람들이 많이 사는 지역에 피자 체인점을 개업하여 성공을 거둔 미스터피자 사장의 이야기, 주부를 상대로 한 미국 드라마에서 출연료가 높지 않으면서도 배역에 꼭 맞는 인물을 잘 찾아내는 연출가인 스테인(Stein) 등이 그들이다. 레이더 감식원인 영국 해군의 라일리(Riley) 대위의 연구는 감이 언어로는 표현하기 어려운 미묘한 차이에서 비롯될 수 있음을 보여 준다.[6] 걸프전 당시 미국이나 영국 측 비행기인지 아니면 미사일인지를 식별해야 하는 상황에서, 라일리 대위는 왠지 섬뜩한 느낌이 들어 그 물체를 지속적으로 주시하였다. 그리고 최종 결정을 내려야 하는 시점에서 그는 그 미확인 물체를 미사일로 간주하고 폭파하여 수많은 생명을 구할 수 있었다.

이런 감 혹은 직관은 도대체 어디서 오는 것일까? 그 하나는 앞서 언급한 정서다. 우리는 친숙한 느낌이나 좋은 느낌을 주는 자극이나 선택안을 선호한다. 단순 노출 효과는 친숙함이 선호에 영향을 줌을 보여 준다.[7] 한 실험에서 실험 참여자에게 중성 자극을 반복적으로 보여 준 다음, 이들을 새로운 중성 자극과 섞어서 제시하였다. 그 결과 실험 참여자들은 새로 제시된 중성 자극보다 이전에 경험한 적이 있는 자극을 더 좋아한다는 것을 확인하였다. 반복은 친숙함으로, 친숙함은 선호로 이어진다는 것이다. 이런 연결은 얼굴지각에서 다시금 확인할 수 있다. 사람들은 거울에 비친 자신의 얼굴을 다른 사람이 보는 온전한 얼굴보다 좋아한다. 그렇지만 다른 사람들은 그 사람의 온전한 얼굴을 거울에 비춰진 얼굴보다 더 좋아한다. 과거 경험으로 인한 친숙성은 앞서 본 레이더 감식원의 수행을 설명할 수 있다. 레이더 화면에 나타난 전투기와 미사일은 크기는 물론 그 점멸 방식에서 보통 육안으로는 구별하기 어려운 미세한 차이가 있는데, 이 차이가 감지되어 즉각적인 정서 반응이 일어났고, 결국 최종 판단에 영향을 준 것이다. 보다 복잡한 상황에서의 판단도 이전 경험과 유사할수록 즉각적으로 일어난다는 것은 앞에서 소개된 클라인의 재인 기반 모형에서 살펴보았다. 좋은 느낌을 주는 자극은 매력적인 외모라고 할 수 있다. 처음 보는 여러 사람의 얼굴 가운데 매력적으로 생긴 사람들에게 더 끌린다. 이 성향은 아주 어린 아이들에게서도 관찰되는 것으로 보아 타고난 성향으로 볼 수 있겠다. 마찬가지로 같은 물건이라도 포장을 어떻게 했는지 혹은 어떻게 진열되었는지에 따라 다르게 평가된다. 예를 들어, 파란색보다는 빨간색을 배경으로 진열되거나, 한 줄로 늘어놓았을 때 중간보다 오른쪽에 진열되어 있을 때 더 좋다고 평가

된다.[8]

정서는 직관의 원인이기도 하지만 결과로 나타나기도 한다. 우리가 분명히 알고 있지만 특정 순간에 기억하지 못하는 설단현상을 겪은 다음, 갑자기 그 내용이 떠오르는 회상에서도 만족감이라는 정서가 수반된다. 성공적 기억인출이 정서 반응을 일으키는 것이다. 하물며 단순 기억인출 상황에서도 이처럼 정서가 수반된다면, 오랫동안 씨름하던 문제에 대한 해결책이 섬광처럼 떠올랐을 때 경험하는 정서의 강도가 얼마나 클지를 추측하기 어렵지 않다. 발상에 수반하여 뭔가 되겠구나 싶은 느낌, 그동안 연결시킬 수 없던 부분이 서로 맞아떨어질 때, "이거다!" 싶은 지적 통찰과 함께 강한 정서를 경험하게 된다. 그 한 예로 2장에서 본 9개의 점을 연결하는 것과 같은 통찰 문제와 복잡한 사칙 연산 문제를 풀게 하면서, 일정한 시간이 지날 때마다 해결책에 얼마만큼 가까워지고 있는지를 판단하게 하였다.[9] 그 결과, 사칙 연산 문제의 경우 시간이 지남에 따라 목표에 가까워지는 정도가 꾸준히 증가하는 데 반해, 통찰 문제에서는 별다른 진전이 없다가 갑작스럽게 높아짐을 발견하였다. 아르키메데스가 "유레카!"를 외치며 목욕탕을 뛰쳐나온 것은 그 극단적인 예일 것이다. 정서적 반응은 표상 방식의 변화와 그 결과가 해결책으로 이어지는 갑작스러움에 기인하는 것처럼 보인다. 원인이든 결과든 정서는 직관에 자주 수반되는 중요한 정신 활동임이 틀림없다.

직관의 또 다른 출처는 유창성(fluency)이다. 가능한 여러 대안 중 다른 조건이 동일하다면 어떤 수준에서든 처리가 더 빠른 대안일수록 선호된다. 어떤 자극이나 정보가 일견 비슷한 조건임에도 더 빠르고 정확하게 처리되는 현상을 유창성이라 한다. 이 유창성은 여러 요인에 의해 초래된다. 예를 들면, 단어가 아닌 문자열이라도 '가초'보다는 '가조'가 더 발음하기 쉬운데 이를 발성 유창성이라 한다. 어떤 유명하지 않은 사람의 이름을 보여 준 후 다음 날 유명하지 않은 여러 사람의 이름을 보여 주고 얼마나 유명한지를 판단하게 하면, 이전에 본 유명하지 않은 이름을 유명한 사람으로 판단한다. 이처럼 이전 경험으로 특정 자극이 다른 자극보다 더 잘 보이거나 들리는 현상을 지각적 유창성이라 한다. 동물-사자와 같이 의미적으로 연결된 내용 중 동물이 먼저 제시된 다음 사자가 제시되면 그렇지 않을 때보다 사자에 대한 처리 속도가 빨라지는데 이를 개념적 유창성이라 한다. 이처럼 여러 이유에서 빠르고 쉽게 처리되는 자극이나 정보는 일반적으로 발생 빈도가 높고 더 참일 가능성도 높게 지각되며, 결과적으로 판단에 대한 확신도 높아진다.[10]

지금까지 살펴본 정서나 유창성은 카네만이 구분한 시스템 1과 시스템 2의 구분 중 시스템 1에 속한다. 그는 시스템 1의 특성을 22가지로 정리하였는데, 그중 몇 개만 살펴보면 다음과 같다. 인상, 느낌 그리고 끌림을 생성해 내며, 자동적이고 빠르게 작동하고, 충분한 훈련이 이루어지면 숙련된 반응과 직관을 산출하며, 연상 기억에서 활성화된 아이디어들을 응집성 있는 패턴으로 묶어 주고, 인지적 편안함을 진리로 착각하게 하고 편안하게 느끼고, 경계심을 누그러뜨리도록 하며, 애매모호성을 무시하고 의심을 억누르며, 믿고 확증하는 쪽으로 편향되어 있으며, 현재 제시된 증거에 초점을 두고 빠진 증거는 무시하며, 필요 이상으로 많은 정보를 처리하고, 변화와 손실에 민감하며, 판단 문제를 다른 문제와 분리하여 좁게 틀을 짠다는 것 등이다. 이에 반해 시스템 2는 복잡한 계산을 포함하여 노력이 요구되는 심적 활동에 주의를 할당하는 역할을 하는데 종종 주관적으로 주체, 선택 및 집중의 경험을 수반한다. 시스템 2는 시스템 1에 대해서처럼 상세히 그 특성이 분석되지 않은 대신, 웬만해서는 작동하지 않는 게으름이 자주 언급된다. 이 게으름은 시스템 2를 작동시키려면 심적 에너지가 많이 소모되기 때문인데, 마치 사자가 전력질주에 에너지가 많이 들기 때문에 대부분의 시간을 빈둥거리다가 몇 분간의 사냥을 시도하는 것에 비유할 수 있다. 이 때문에 시스템 2가 작동하더라도 잠시뿐이고 그 후에는 다시 시스템 1이 처리의 주도권을 갖는 것으로 보이는데, 그 한 증거는 '마음의 방황(mind wandering)'이다. 이 현상은 정작 신경을 써야 할 과제 대신 그와는 상관없는 다른 주제에 대해 딴생각을 하는 활동을 가리킨다. 마음의 방황은, 창의성이나 개인적으로 수립한 계획 수행에 약간의 도움을 준다는 긍정적인 측면이 있다는 주장[11]에도 불구하고, 일반적으로 과제의 수행에 악영향을 준다. 그 원인과 과정에 대한 연구가 현재 활발히 진행되고 있는데, 마음의 이런 특성은 아마도 수렵·채집인으로 살아가며 온갖 위협에 처했던 우리 조상들이 이런 위협에 대해 끊임없이 경계를 기울여 한 가지에만 집중할 수 없었기 때문인 것으로 추측된다. 시스템 1에 의해 작동하는 대부분의 심적 활동 방식이 과거 우리 조상의 생존 가능성을 높여 주었지만, 고도의 집중이 요구되는 현대사회에서는 오히려 효과적이지 않은 처리 방식으로 전락한 셈이다.

시스템 1에서 사용되는 빠르지만 틀리기 쉬운 처리 방식을 휴리스 틱스로 명명해 왔다. 이 휴리스틱스는 사람들이 판단을 내릴 때, 인지 적 제약 때문에 최적화할 수 없는 상황에서 사용되는 차선책으로 묘 사된다. 이런 묘사 뒤에는 더 많은 정보와 계산이 더 좋은 결과를 산 출할 수 있다는 가정이 깔려 있다. 그렇지만 기거렌처(Gigerenzer)는 최적화를 찾아내는 일이 통계학적으로 불가능한 경우가 많다는 연구 결과와 함께, 찾아내더라도 추정 오차 때문에 부정확하다는 점을 지 적한다.[12] 게다가 불확실한 세계에서 결정을 내릴 때는 통념과는 달 리 관련된 정보가 많을수록 좋기보다 어떤 정보는 의도적으로 무시하 는 것이 더 유리하다고 주장한다. 예를 들어, 복통이나 구토감을 느끼 면 그 원인을 찾기 위해 과거에 일어난 모든 사건과 그들 간의 수많은 상호작용을 고려해야 하는데, 이를 통해 가능한 원인을 찾아내는 일 은 거의 불가능하다. 그 대신 최근에 먹은 음식에 국한하면 그 원인을 찾아낼 가능성이 높아진다.

기거렌처는 휴리스틱스를 우리 마음이 특정한 환경에서 발생하는 문제를 해결하기 위해 필요한 최소한의 정보만을 빠르게 계산할 수 있도록 하는 진화의 산물로 본다. 그에게 마음은 어떤 문제라도 모두 다룰 수 있는 한 개의 범용 기계가 아니다. 그 대신 모듈(module), 즉 특수한 목적을 가진 다수의 전문화된 기계들 혹은 전문화된 기관들 의 집합으로 본다. 범용 기계들은 앞서 본 구토감의 원인을 찾는 예에서처럼 조금만 복잡한 상황에 놓이게 되면 쉽게, 여러 요인 간의 무수히 많은 상호작용 가능성에서 비롯되는 조합적 폭발(combinatorial explosion)에 빠져 제대로 기능할 수 없는 단점이 있다. 영역이나 내용에 따라 각기 전문화된 처리 기계를 가정하면 중요한 정보를 빠르고 효율적으로 처리할 수 있게 된다. 결과적으로 카네만이 휴리스틱스를 빠르지만 틀리기 쉬운 시스템으로 특징지었다면, 기거렌처는 경제적이고 빠른(frugal and fast) 시스템으로 긍정적 측면을 부각시킨다. 기거렌처(2008)가 정리한 몇 가지 휴리스틱스를 살펴보면 다음과 같다. 둘 중의 하나가 재인되면 재인된 것이 더 높은 값을 가진다고 추론하는 재인 휴리스틱스, 둘 다 재인되지만 그중 하나가 더 빨리 재인되면 그것이 더 높은 값을 가진다고 추론하는 유창성 휴리스틱스, 둘 중에서 하나를 고를 때 타당도의 순서로 단서를 이용하되 하나의 단서에서 구별되면 그 단서에서 높은 값을 갖는 것을 선택하는 제일 나은 것 고르기 휴리스틱스(take-the-best), 하나의 기준을 추정할 때 가중치를 고려하지 않고 긍정적인 단서의 수만 세는 합산 휴리스틱스, 여러 개 가운데 하나를 찾을 때 기준을 넘는 첫 번째 것을 선택하도록 하는 만족하기 휴리스틱스, N개의 대안이 있을 경우 각각에 똑같이 자원을 할당하는 1/N 휴리스틱스, 기본 값이 정해진 경우에는 되도록 이를 수정하지 않는 기정치 휴리스틱스, 사람들 간의 관계에서 흔히 사용되는 먼저 협동하고 그다음부터는 상대방의 마지막 행동을 따라 하는 되갚기 휴리스틱스(tit-for-tat), 그리고 비슷한 집단의 대부분의 사람들이 하는 행동을 고려하고 그들의 행동을 따라 하게 하는 대중

을 따르는 휴리스틱스와 성공한 사람 따라 하기 휴리스틱스 등이 있
다. 이렇게 판단과 의사결정 외에도 사람들 간의 상호작용이나 자원
할당 등 그 적용 범위를 넓히는 한편, 각 휴리스틱스가 어떤 환경에서
가장 잘 적용되는지, 즉 생태학적 합리성(ecological rationality)을 찾아
내고자 한다. 예를 들어, 1/N 휴리스틱스는 불확실성이 높고, 학습 기
회는 적지만 N 수가 클 때 잘 들어맞으며, 성공한 사람 따라 하기 휴
리스틱스는 개인적 학습이 느리게 일어나고 정보 검색 비용이 비싸고
시간이 많이 들 때 효과적이라는 것이다.

하지만 후속 연구 결과는 이들의 주장을 전적으로 지지하지는 않
는다. 예를 들어, 재인 휴리스틱스가 다른 정보에 우선하여 쓰인다는
증거를 찾는 데 실패한 연구 결과도 있고, 처음부터 이런 휴리스틱스
를 사용하기보다는 먼저 복잡한 전략을 사용하다가 자료가 충분히 많
아지면 비로소 이런 휴리스틱스를 사용하게 된다는 연구 결과도 있
다.[13] 또 다른 비판은 기거렌처의 모형이 기본적으로 빈도 정보에 의
존하는데 빈도 정보를 처리하는 심리적 기제가 존재할 가능성이 낮
고, 있다 하더라도 이 정보를 상황에 맞게 사용하기는 어렵다는 것이
다.[14] 휴리스틱스적 접근에 대한 최종 평가는 후속 연구를 기다려 보
아야 한다. 그럼에도 우리의 인지체계가 판단이나 행동을 위한 정보
를 구성해 낼 때 빠르고 비교적 경제적인 방법인 몇몇 휴리스틱스에
의존하는 것은 분명해 보인다. 이를 바탕으로 사람들은 쉽지 않은 판
단이나 결정을 직관적으로 빠르고 정확하게 해낸다는 것이다. 그 덕
분에 효율적이고 즉각적인 반응이 가능하지만 체계성이나 논리성은

떨어지는 대가를 감수해야 한다.

실제로 직관이 맞을 때도 있지만 그렇지 않을 때도 많다. 직관이 맞지 않는 경우는 일반인들의 잘못된 직관 물리학에서 볼 수 있다.[15] 날아가는 비행기 위에서 목표를 향해 폭탄을 투하할 때, 폭탄이 어떻게 떨어질까?

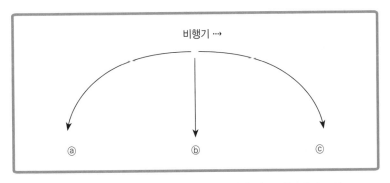

[그림 4-1] 비행기에서 투하된 폭탄이 떨어질 때 그리는 궤적 그림

대부분의 사람들은 ⓐ처럼 비행기의 진행 방향과 반대쪽으로 위로 볼록하게 움직인다고 판단한다. 그렇지만 실제로는 ⓒ처럼 비행기의 진행 방향과 같은 방향으로 위로 볼록하게 움직인다. 이 밖에도 정서는 패턴이 없는 도박이나 주식시장에서 패턴을 찾아내려는 행동을 촉발하기도 하고, 손실혐오(loss aversion)로 인해 빨리 처분해야 할 주식을 계속 가지고 있거나 더 오를 수 있는데도 빨리 파는 경우처럼 합리적인 결정을 하는 것을 방해하기도 한다. 또한 트버스키와 카네만의 초창기 연구에서 밝혀진 여러 편향성, 즉 기저율을 무시하고 기술되는 속성의 대표성 휴리스틱스, 기억으로부터 어떤 대상을 쉽게

떠올릴 수 있으면 그 일이 더 자주 일어난다고 판단하는 가용성 휴리스틱스, 출발점을 어디로 삼았는지에 영향을 받는 정박 효과도 있다. 그 밖에 불필요하게 첫 느낌에 오래 집착하게 하는 오류를 일으킬 수도 있다. 이처럼 직관은 빠른 판단을 가능하게 하지만 실수를 저지를 빌미를 제공하기도 한다. 이를 극복하는 방법은 다음에 보게 될 시스템 2를 활용하는 것이다.

2) 시스템 2에 의한 평가

어쩔 수 없는 상황에서는 직관에 의해 평가를 내려야 할 수밖에 없다. 하지만 직관보다 더 체계적이고 합리적인 방법이 있고 그 방법을 사용하여 직관적 평가로 인한 규범적 모형으로부터의 이탈 혹은 부정적인 편향성을 줄일 수 있다면 굳이 직관을 고집할 이유가 없다. 그런데도 이런 편향성들은 상당히 고집스럽게 나타나며, 이들을 바로잡으려면 시간과 노력이 상당히 든다.[16] 전문가들조차 그들의 전문 영역에 대한 판단을 내릴 때 이런 편향성을 쉽게 극복하지 못한다는 결과도 있어, 편향성 극복 문제는 여전히 도전거리로 남아 있다. 다행히도 이런 편향성을 인식하고 규범적 모형을 적절히 사용하는 훈련을 충분히 받은 사람은 그런 오류를 덜 범하게 된다는 연구가 많다. 따라서 더 나은 평가를 하기 위해서는 단지 시스템 2를 작동시키는 것으로는 부족하고 논리적이고 체계적인 여러 문화적 도구를 적극적으로 사용할 필요가 있다. 확장된 시스템 2는 규범적 접근에 의한 평가와 경험에 근거한 평가로 나눌 수 있는데 후자는 다시 통계적 모형, 과학적 탐구 그리고 논증에 의한 평가로 세분될 수 있다.

(1) 규범적 접근에 의한 평가

규범적 모형에서는 사람들이 실제로 그렇게 하든 하지 못하든 상관없이 올바른 사고가 가져야 하는 필수 요건이 강조된다. 차터와 오크스퍼드(Chater & Oaksford, 2012)는 규범적 모형이 공통적으로 지향하는 바를 무모순성으로 보고, 이를 기준으로 논리, 확률 그리고 합리적 선택이라는 세 가지 규범저 체계로 나누있나. 이 숭 본 논의와 직접 관련이 있는 논의와 확률에 대해서 간략히 살펴보도록 하겠다.

논리는 어떤 믿음의 내용과는 무관하게 현재 고려되는 믿음들의 구조에 모순이 있는지를 확인할 수 있게 해 준다. 수학에서의 증명은 그 좋은 예로 우리는 우리가 푼 것이 맞는지를 증명을 통해 확인할 수 있다. 그렇지만 논리의 효용성은 여러 면에서 제한되어 있다. 그 하나는 적용 범위가 국소적이라는 것이다. 논리는 주어진 전제들로부터 어떤 결론이 타당하게 도출되는지 그렇지 않은지를 확인할 수 있게 해 주지만, 현실에서는 맞고 틀림이 명확하지 않은 상황도 많다. 심지어 수학이나 논리학 같은 형식적 영역에서의 문제들도 맞는지 틀리는지를 결정할 수 없는 경우가 더 많다. 또한 논리는 확률적 판단이 개입되는 경우를 포함하여 일상적으로 관찰되는 논증을 다 포괄하지 못한다는 문제가 있다. 마지막으로, 모순이 발견되었을 때 이를 해소하기 위해 어떤 전제를 어떻게 바꾸어야 하는지에 대한 지침이 없다는 것이다. 이런 이유로 존슨-레어드(Johnson-Laird, 2006)는 추리와 논리를 동일시할 수 없고, 추리는 가능성을 따져 보는 활동으로 특징짓는다. 이런 한계에도 논리적 무모순성을 적용할 수 있는 경우에는 평가의 기준으로 요긴하게 활용될 수 있다.

　다음으로는 확률이다. 논리가 믿음 간의 무모순성을 다루는 데 반해 확률은 믿음의 정도에서의 무모순성을 다룬다. 불확실성에 대한 체계적인 접근을 위해 연구된 확률은 개별 사건은 0보다 크거나 같고 1보다 작으며, 모든 개별 사건의 합은 1로 정의하는 데서 시작된다. 이들에 뒤따르는 세 번째 정의는 두 사건 간의 조건부 확률로 두 사건 A, B에 대해 B가 일어났을 때 A가 일어날 확률은 다음과 같이 정의된다.

$$P(A|B) = \frac{P(A\&B)}{P(B)} \cdots (1)$$

　그런데 A와 B를 바꾸면 다음과 같이 된다.

$$P(B|A) = \frac{P(A\&B)}{P(A)} \cdots (2)$$

　두 식으로부터 P(A&B)를 없애면, 다음과 같은 식이 도출된다.

$$P(A|B) = \frac{P(B|A) \times P(A)}{P(B)} \cdots (3)$$

한편으로는 다음과 같이 되는데, 이것이 유명한 베이즈의 정리다.

$$P(B) = P(B\&A)+P(B\&{\sim}A) \text{이고,}$$
$$P(B\&A) = P(B|A){\times}P(A) \text{이며}$$
$$P(B\&{\sim}A) = P(B|{\sim}A){\times}P({\sim}A) \text{이므로}$$
$$P(B) = P(B|A){\times}P(A)+P(B|{\sim}A){\times}P({\sim}A) \text{가 된다. 따라서}$$
$$P(A|B) = \frac{P(B|A){\times}P(A)}{P(B|A){\times}P(A)+P(B|{\sim}A){\times}P({\sim}A)} \ \cdots (4)$$

이제 사건 A, B를 각각 가설(H)과 증거(E)로 바꾸면, 다음과 같이 된다.

$$P(H|E) = \frac{P(E|H){\times}P(H)}{P(E|H){\times}P(H)+P(E|{\sim}H){\times}P({\sim}H)} \ \cdots (5)$$

조건부 확률의 정의로 시작하여 복잡한 과정을 통해 도출된 베이즈의 정리가 주목받는 가장 큰 이유는 이 정리를 이용해야 P(H|E)를 계산해 낼 수 있는 경우가 많기 때문이다. 즉, P(H|E)를 계산할 때, 정의에 나오는 항인 P(H&E)를 알 수 없는 경우가 많은 대신, P(E|H)를 알아낼 수는 있기 때문이다. 예를 들어, X선 검사에서 양성 판정을 받은 사람이 실제로 암에 걸릴 확률인 P(암|양성)을 알려면 P(양성), P(양성&암)을 알아야 한다. 그런데 만일 이전 자료로부터 암이 아닌데도 양성 판정을 받을 확률인 P(양성|~암)과 암일 때 양성 판정을 받을 확

률, 즉 P(양성|암)을 알 수 있으면, P(양성&암)을 모르더라도 P(암|양성)을 구해 낼 수 있다. 베이즈의 정리를 이용하면 일군의 믿음의 강도 간에 모순이 있는지를 확인할 수 있고, 모순이 있을 경우에는 어떤 믿음을 어느 정도로 조정해야 하는지를 계산해 낼 수 있다. 따라서 무모순적인 믿음체계를 유지할 수 있다. 베이즈의 정리의 또 다른 강점은 일상장면에서 흔히 관찰되는 철회가능성(defeasiblity)을 조건부 확률(conditional probability)을 이용하여 간단히 해결할 수 있다는 것이다. 예를 들어, 어떤 동물이 새라면 날 가능성이 높지만 'P(난다|새) > 0.5', 그 새가 타조라면 'P(난다|새&타조)=0'이 된다. '새'라는 범주는 '난다'라는 특성과 밀접한 관련을 가지지만, 새의 한 종류인 '타조'는 '난다'라는 특성에 해당하지 않는다. 사람들이 가진 믿음의 체계에서 이는 어려움 없이 받아들여지지만 논리의 관점에서는 이런 예외조항을 명세하는 일이 쉽지 않다. 즉, '새'이므로 날 것이라는 믿음을 갖게 한 어떤 동물이 타조란 사실이 밝혀질 경우 난다는 속성을 간단히 철회, 무효화할 수 있는데, 베이즈의 정리는 이를 쉽게 표상할 수 있게 해 준다. 이런 장점으로 인해 최근 인지 심리학의 가장 두드러진 변화를 꼽으라면 단연 베이즈의 정리에 기반한 인지 모델의 폭발이라 할 수 있다. 물론 이에 대한 반론도 없지 않다. 어떤 과제를 선택하고 어떤 모델을 선택하는지에 따라 모델과 실제 수행 간의 일치도가 다양하게 다르기 때문이다.[17] 하지만 베이즈 접근은 실제장면에서 상당히 성공적으로 적용되는 사례가 많기 때문에, 이를 얼마만큼 확장할 수 있을지를 밝히는 일이 당분간 인지 심리학에서 다루어야 할 큰

과제 중의 하나인 것만큼은 틀림이 없다.

(2) 경험에 근거한 평가

규범적 모형에서는 앞서 살펴본 무모순성처럼 경험을 초월하여 사고나 추리에서 반드시 지켜야 할 속성이 중요시된다. 이에 반해, 경험적 모형에서는 이미 발생한 사건이나 우리가 알고 있는 다른 지식을 고려하여 포괄적이고 정합적인 판단을 추구한다.

① 통계적 모형

판단과 관련하여 실제장면에서 비슷한 사건이 반복적으로 일어날 때 널리 쓰이는 통계적 모형은 사회적 판단이론이다. 이 이론은, 예를 들어 정신과적 진단, 입학 사정, 보험사에서의 한 개인의 수명 예상 등처럼 수많은 요인이 개입되는 동시에 최종 결과를 알 수 있는 상황에서 적용된다. 수명의 경우 부모와 더불어 조부모에게 특정한 질병이 있었는지, 직업, 수입, 학력, 흡연이나 음주 여부는 물론 기타 식생활 습관 등이 단서로 고려된다. 이런 단서와 실제 수명 간의 관계를 회귀분석을 이용하여 분석한 후 각 단서의 가중치가 결정되면, 이를 활용하여 새로운 보험 가입자의 예상 수명을 계산해 낼 수 있다. 또 다른 예는 대학원생 선발 기준에 관한 연구에서 볼 수 있다.[18] 이 연구는 미국 오리건 대학교의 심리학과 대학원 입학위원회가 분석한 1969년도 384명의 지원자를 대상으로 한 실제 사정 결과를 사용하였다. 분석 결과, 대학원 위원회는 대학원 입학시험 성적(GRE), 대학

평균학점(GPA), 그리고 선발이 어느 정도로 까다로운지를 기준으로 6단계로 나눈 대학 서열(QI)에 대해, 다음과 같은 공식에서 얻어진 값이 커트라인 점수보다 높으면 합격을 시키는 결정을 내렸다.

$$0.0032 \times GRE + 1.02 \times GPA + 0.0791 \times QI \cdots (1)$$

그런데 1964년에서 1967년까지의 대학원 졸업생을 대상으로 교수들로 하여금 그들의 능력을 5점 척도상에서 평정하게 한 결과를 종속 측정치로 사용했을 때에는 다음과 같은 가중치를 얻었다.

$$0.0006 \times GRE + 0.76 \times GPA + 0.2518 \times QI \cdots (2)$$

이 결과는 4명으로 이루어진 입학위원회가 GRE나 GPA에 지나치게 높은 비중을 두는 선발 방식이 과연 효과적인 방법인지와 함께, 여기에 추가되는 면접 결과가 큰 의미가 없다는 점에서 문제를 제기한다. 회귀 모형 대신 모든 입학위원회 위원의 가중치 평균을 이용하는 부트스트래핑 모형이나 각 요인에 동일한 가중치를 주는 방법 같은 변형된 선형 모형들도, 개별 전문가에 비해 더 우수한 진단이나 평정을 해낼 수 있다는 것이 확인되었다. 이상의 연구 결과는 공식을 이용할 경우 주관적 판단의 오류를 줄이는 동시에 객관적이고 경제적인 선발이 이루어질 수 있음을 시사한다.

비슷한 방법을 사용하여 MMPI 결과에 근거하여 상대적으로 경미하다고 판정된 신경증과 좀 더 위험하여 치료가 필요한 정신병을 구분하는 공식도 제안되었다.[19] 이 공식에 따르면, MMPI의 11개 하위척도 중 3개 척도의 합을 구한 다음 다른 2개의 척도에서 얻은 점수를 뺀 결과가 45점 이하이면 신경증, 그 이상이면 정신병으로 구분하는 것이다. MMPI 점수만 주어진 상황에서 이 공식에 의한 진단과 다양한 임상 경험을 한 실제 임상 전문가의 수행을 비교한 연구도 수행되었다.[20] 그 결과, 전문가들의 평균 정확진단율은 62%였고, 가장 잘 진단한 전문가의 정확진단율은 67%인 데 반해, 공식에 의한 정확진단율은 70%로 더 우수함을 발견하였다. 이 두 연구 결과는 수렴적으로 충분히 사례가 축적된 장면에서는 시간과 비용이 많이 소요되는 전문가의 판단 대신, 빠르고 경제적인 선형 모형을 사용하는 것이 오히려 더 좋은 진단을 내릴 수 있음을 보여 준다.

앞에서 소개된 통계학적 선형 모형은 제품이나 서비스 아이디어에 대한 상업적 개발 가능성에 대해서도 적용될 수 있다. 실제로 캐나다의 한 연구소에서는 37개 항목에 대한 평정을 통해 어떤 제품이나 서비스가 상업적으로 성공할 수 있는지에 대해 무료로 평가를 해 주었다.[21] 여기에 포함된 내용으로는 다음과 같다.

"해결책이 기술적으로 건전하고 완전한가?
새 해결책이 다른 것들보다 더 우수한가?
상업화를 위해 아직 남아 있는 연구 개발의 부담이 얼마나 큰가?
기술이나 적용에서 얼마만큼 큰 기여를 하는가?

생산을 위한 장비나 기술력에 문제가 없는가?
생산설비에 필요한 비용은 얼마나 되는가?
합리적 가격 수준에 맞는 생산이 가능한가?
그런 기능을 하는 모든 제품에 대한 시장의 규모와 지속성은 얼마나 되는가?
그런 혁신에 대한 수요가 증가하는가, 감소하는가?"

　평가를 의뢰한 사람이 약간의 비용을 지불하면 전문가 한 명이 먼저 어떤 항목에서 제품에 심각한 결함이 있는지 검토한다. 이 전문가는 고도의 훈련을 받고 급여 수준도 높은데, 광범위하게 관련 자료를 쉽게 찾아볼 수 있는 환경에서 이 검토를 수행한다. 이 검토에서 결함이 없는 것으로 판명되면, 집단 회의를 거쳐 제품의 성공 가능성에 대한 검토가 다시 이루어지고 최종적으로 보고서를 작성한다. 1976년부터 1993년까지 이 연구소에서 수행한 8,797개의 사례 가운데 1,465개의 사례를 무선 추출한 다음, 분석이 가능한 1,091개를 골라낸 후 다시 후속 인터뷰가 가능한 559개의 사례를 최종 선정하였다. 이 559개의 분석 사례 가운데 실제로 상업적으로 성공한 제안은 60개였다. 전문가들의 평가는 과연 얼마나 정확했을까? 전문가들은 411개는 실패, 나머지 148개는 성공할 것으로 예측하였다. 실제로는 60개가 성공을 했는데 그중 45개는 성공을 예측한 제품, 나머지 15개는 실패를 예측한 제품이었다. 이 연구자들은 전문가들이 설문을 통해 얻은 자료를 타당하고 신뢰롭게 사용하는지를 알아보기 위해 부트스트래핑 모형과 전문가의 실제 예측 간의 상관을 조사하였다. 이들의 상관은 0.90으로 매우 높았는데 이는 전문가들이 자료를 정확하게 활용하고 있음을 보여 준다. 그럼에도 전문가들 또한 일반인을 대상으로 한 실험실 연구 결과와 마찬가지로 과잉확신을 보인다는 것이 발견되었다. 다시 말해, 제품의 성공 가능성을 실제 시장에서의 성공보다 높게 예측하였다. 이 결과는 앞으로 그 정확성을 더 높일 수 있는 연구가 더 필요하기는 하지만, 제품이나 아이디어의 상업적 성공 가능성을 통계적 기법을 통해 예측할 수 있음을 보여 준다.

지금까지 신입생 혹은 신입 사원의 선발, 진단 그리고 신제품의 성공 가능성 등에 대해 통계적 모형을 통해 간단한 공식을 찾아낼 수 있음을 살펴보았다. 게다가 도스(Dawes)의 연구를 통해 이미 밝혀진 것처럼 정확한 단서를 찾아내기만 하면, 이 단서에 어떤 가중치를 두는지에 크게 영향을 받지 않는다는 것도 알게 되었다. 만일 중요한 단서들이 서로 간에 높은 상관이 있을 경우에는, 카네만과 트버스키 그리고 기거렌처가 찾아낸 몇몇 휴리스틱스에서처럼 극단적으로는 하나의 단서로 어떤 결과를 예측할 수도 있었다. 요컨대, 반복적으로 일어나는 어떤 사건들로부터 중요한 단서를 포착할 수 있으면, 통계적 기법을 이용하여 결과를 예측하는 일이 가능하다.

단순히 많은 경험을 한다고 해서 어떤 영역의 전문가가 될 수는 없다. 임상적 판단의 경우, 타당성은 물론 정확성이 경험에 비례한다는 증거가 없다는 것이 수많은 연구자에 의해 확인되었다.[22] 경험을 통해 전문성이 향상되는 경우는 다음과 같은 상황에서다. 의도적으로 연습하고, 구체적인 목표와 평가 기준이 있으며, 광범위한 경험 사례가 축적되어 있고, 정확하고 빠른 피드백이 제시되고, 자신의 경험을 이전 경험에 비추어 실수를 통해 배우고 새로운 통찰을 끌어낼 수 있어야 한다.

실버(Silver, 2012)는 경험을 통해 전문성을 향상시키는 한 방법이 앞에서 본 베이즈의 정리를 활용하는 것이라고 주장한다. 그는 미래를 예측하는 데 초점을 두고, 주식시장, 선거와 국제 관계, 야구나 농구와 같은 스포츠 경기, 포커와 체스, 날씨와 지진, 전염병의 확산, 지구온난화 그리고 테러에 걸친 광범위한 연구 결과를 개관하였다. 그의 분석에 따르면 야구, 선거, 포커와 체스, 날씨 등에 대해서는 예측이 가능하지만, 주식시장을 비롯한 다른 영역에서의 예측은 피드백은 물론 경험으로 배우기 어렵기 때문에 이 중 일부 현상을 서술하는 모형을 찾을 수 있지만 현재로서는 예측이 어렵다고 결론짓는다. 요컨대, 베이즈의 정리에 따르는 통계학이 만병통치약은 아니지만, 상당히 넓은 영역에 걸쳐 우리의 경험을 바탕으로 합리적 평가를 내리도록 도울 수 있는 도구라는 사실은 분명해 보인다.

② 과학적 탐구

과학은 "왜?"라는 질문을 체계적으로 던지고 그에 대한 그럴듯한 대답을 찾는 합리적 절차라 할 수 있다. 여기서 합리적이라는 말은 탐구의 내용이 어느 정도 지식이 있는 사람들 누구에게나 열려 있어, 비판이 가능한 가운데 일관되고 누적적인 지식 체계를 쌓아 가는 것이 가능함을 의미한다. 과학적 절차를 통해 밝히고자 하는 것은 자연의 법칙이다. 이를 위해 탐구 대상인 현상을 주요 변인을 통해 포착하고 이 변수들을 측정하여 이들 간의 함수 관계를 찾아내고자 한다.

과학적 탐구에서 사용되는 방법은 자연 상태에서의 관찰과 자연 상태를 단순화시킨 실험 상황에서의 관찰을 통해 이루어진다. 자연 상태에서의 관찰을 통해 발견할 수 있는 것은 변인 간의 관련성인데 이를 상관 연구법이라 한다. 상관 연구는 변인 간의 관련성을 알아볼 수는 있지만 그들 간에 존재하는 인과적 방향성을 알 수 없다는 한계가 있다. 인과성을 알아볼 수 있게 하는 연구 방법은 실험이다. 실험은 상관 연구와 달리 일부 변인은 통제하고 다른 변인을 조작한다. 여기서는 변인 간의 가능한 상호작용을 최대한 배제하여 결과 해석의 복잡성을 미리 방지하는 것이 중요하다. 실험은 관련 변인의 통제 가능성에 따라 적어도 세 유형으로 나눌 수 있다. 물리학이나 화학에서의 순수 실험에서는 관련 변인들에 대한 통제가 가능한 상태에서 변인 간의 함수 관계를 밝히고자 한다. 행동과학, 특히 심리학에서의 실험은 실험 집단과 통제 집단 간의 비교를 통해 이루어진다. 다른 변인은 모두 통제한 상태에서 하나 혹은 그 이상의 특정한 변인들을 체계적으로 변화시켰을 때 나타나는 결과의 차이에 근거하여 조작된 변인과 결과 간의 인과관계를 찾아내는 것이 목표다. 조작되는 변인은 세 개 혹은 네 개 이상을 넘는 경우는 거의 없는데, 변인 간에 복잡한 상호작용이 관찰되면 결과를 해석하기 어렵기 때문이다. 마지막으로, 준실험 혹은 의사 실험도 있다. 이 경우는 통제 집단 실험에서와 달리 실험 참여자들을 무선적으로 실험 조건에 할당할 수 없는 상황에서의 실험이다. 예를 들어, 알코올 섭취에 대한 남자와 여자 간의 중독성 차이를 알아보거나, 저소득층 아동을 대상으로 개발된 새로운 교수 방법이 기존의 교수 방법에 비해 더 나은지를 알아보는 연구의 경우를 생각해 보자. 전자에서는 성별이, 후자에서는 저소득층 아동이 실험자가 조작할 수 없는 변인들이다. 이런 상황에서 전형적으로 사용되는 방법은 대응 집단을 구하는 것이다. 예를 들어, 남녀 간에 연령이나 평균 몸무게에서 일정 범위에 있는 사람을 뽑거나, 비슷한 지역에 살고 부모님의 수입이 비슷하고 형제가 없는 외동 아이를 선정할 수 있을 것이다. 그렇지만 이렇게 대응 표본을 선정했을 경우 고려된 변인에 대해서는 통제가 이루어지지만, 나머지 변인들이 이들에 어떻게 영향을 주어 결과를 왜곡시킬지는 알 수 없다는 한계가 있다. 이런 한계는 추가 연구를 통해 어느 정도 보완할 수 있겠지만 무선 할당이 이루어지는 실험에 비교했을 때는 여전히 한계가 있을 수밖에 없다. 그럼에도 중요한 변인에 대한 인과적 영향을 알아보는 데는 유용하기 때문에 널리 사용된다.

이제 실험의 논리를 기준으로 인지 과정의 영역특수성 대 일반성 논쟁을 평가해 보자. 인지의 영역일반성을 반박하는 주장은 크게 두 가지다. 그 하나는 우리의 인지 기능이 진화의 결과로 생득적으로 갖게 된 영역특수적 모듈로 구성되어 있다는 주장이고, 다른 하나는 학습은 특정한 상황과 결부되어 일어난다는 상황인지 주의자들의 주장이다. 영역특수성이 모듈 때문이든 아니면 상황과 결부된 학습 때문이든 상관없이, 이 주장을 뒷받침하는 증거는 소위 맥락적 촉진 방법론(contextual facilitation methodology)을 통해 제시되었다.[23] 이 방법

3. 평가의 기제   159

론은 기본적으로 같은 과제임에도 적절한 맥락에서 제시된 경우와 관련 단서가 별로 없거나 추상적인 상황에서 제시될 때의 수행 차이를 강조한다. 2장에서 보았던 웨이슨의 선택과제를 예로 들어 보자. 실험 참여자들에게 앞면에는 영어의 알파벳이, 뒷면에는 숫자가 있다고 말해 준 다음, 2, 7, A, K와 같은 네 장의 카드를 제시하고, 만일 앞면이 짝수이면 뒷면이 모음이라는 규칙이 맞는지 확인하기 위해 어떤 카드(혹은 카드들)를 뒤집어 보아야 하는지 말하도록 할 때의 정답률은 5~10%에 불과하다. 그런데 이렇게 추상적인 규칙 대신 예를 들어, "술을 마시려면 18세 이상이 되어야 한다."와 4장의 카드 '술, 콜라, 16세, 20세'를 제시하면 술과 16세 카드를 제대로 고르는 사람의 수가 확연히 증가한다. 연구자들은 이런 촉진 효과가 제공된 내용 정보 덕분에 허용, 의무 도식이 활성화된 결과로 설명한다. 하지만 또다른 해석은 추상적 과제에 맥락을 제공하는 여러 표현이, 예를 들어, 허용, 의무 도식과 무관하게 관련 지식을 사용할 수 있는 정보 때문일 수 있다는 증거를 얻었다. 간단한 예로, 각 과제를 설명하는 글자 수를 최대한 비슷하게 하였을 경우에는 추상적 과제와 내용이 보강된 조건 간에 큰 차이가 없었다. 학교에서는 계산을 잘 못하는 아이가 길거리에서 물건을 팔 때는 거스름돈 계산을 잘한다는, 상황인지를 지지하는 연구 결과도 실험적 통제의 충분성이라는 관점에서 보면 문제가 많다. 여기서 학교 수학 문제에 비해 길거리에서의 계산 문제는 정답률이 95%로 매우 높았다. 즉, 길거리에서의 계산 문제는 너무 쉬워 누구나 풀 수 있는 문제일 가능성이 높다는 것이다. 이상의 논의는 맥

락적 촉진 방법론을 사용할 때, 지금보다는 엄격하게 실험적 통제가
이루어져야 함을 시사한다. 한두 가지의 드라마틱한 일화로 사람들
의 생각에 영향을 줄 수도 있다. 하지만 엄밀한 통제가 이루어진 실험
을 통해 반복적으로 검증될 때 비로소 어떤 주장의 타당성을 제대로
평가할 수 있다.

③ 논증에 의한 평가

논증은 시간과 비용이 많이 들긴 하지만 어떤 발상의 현재 가치를
평가할 수 있는 방법으로 인류가 오랫동안 사용해 온 방법이다. 논증
은 적어도 하나 이상의 주장 혹은 결론과 이를 지지하는 근거 혹은 전
제로 구성되는데, 많은 경우 둘 또는 그 이상의 사람들 간의 대화에서
상대방을 설득할 목적으로 사용된다. 실제로 논증 연구자들은 "논증
은 공동의 문제를 풀기 위해 주장과 근거를 교환하며 서로 검증하는
과정"[24]이나 "의심의 여지가 있는 주장을 지지하기 위해 근거를 제시
함으로써 그 의심을 없애는 것"[25]으로 특징짓는다. 여기서 언급된 검
증 혹은 의심의 여지가 있는지는 평가를 통해 이루어진다.

논증은 주장(claim), 주장을 뒷받침하는 근거(reason) 그리고 주장과
근거를 연결해 주는 보증(warrant)으로 구성된다. 블레어와 존슨(Blair
& Johnson, 1987)에 따르면 논증은 근거가 수용 가능해야 하고, 근거와
결론 간에는 적절하며 충분한 연결이 있어야 하는데, 이는 어떤 주장
을 펼치는 사람과 이 주장에 대해 의문을 던지는 사람 간의 대화를 통
해 명료화될 수 있다고 주장한다. 적절하며 충분한 연결은 같은 주제

에 대한 서로 다른 논증을 평가하는 중요한 질적인 기준으로 사용되고 있다. 이는 결국 현재 알려진 지식들 간에 내용적으로 모순이 없어야 한다는 기준이 적용되는 것으로 볼 수 있다.

이런 논증은 설득이 필요한 상황에서 쉽게 관찰된다. 아침을 먹는 것이 좋은지 먹지 않는 것이 좋은지, 무상급식을 해야 할지 등에 대해 어느 한 입장을 지지하는 동시에 다른 입장을 반박하는 논증이 넘친다. 법원에서의 판결도 증거와 함께 법조문에 근거한 여러 논증을 비교·검토하여 이루어진다. 정책 결정과 같은 고약한 문제에서도 모종의 결정을 내릴 때에는 의견 수렴 혹은 조율이 필요한데 이 과정이 바로 논증이다. 심지어 과학도 통상적인 믿음과 달리 그 핵심은 논증이다. "과학의 기반은 관찰과 실험이 아니다. 그들은 어떤 주장을 지지하기 위해 논증을 만들어 내는 합리적 활동을 위한 시녀에 가깝다. 과학은 서로 경쟁적인 주장 가운데 인정할 것과 기각할 것을 판단하는 논증력에 기반한다."[26] 이런 점에서 논증은 시간적 제약이 없기에 새로운 증거가 나올 때까지 결론을 유보할 수 있다는 차이만 있을 뿐 법정 판결 과정과 다를 바가 없다. 요컨대, 사람들 간의 소통에서 논증이 차지하는 부분은 지극히 크다고 할 수 있겠다.

이상과 같이 논증을 분석·평가할 때 고려되는 측면은 크게 세 가지로 나누어 볼 수 있다. 비형식적 오류 탐색, 절차적 규칙의 준수 그리고 인식적 기준의 적용이 그것이다. 이들은 서로 배타적이기보다는 보완적인 면이 강할 뿐만 아니라 경우에 따라서는 중첩되기도 한다. 이 중 가장 오랜 전통을 갖고 있는 것은 비형식 논리학에서 강조

해 온 논증의 오류를 찾아내는 것인데, 이와 관련된 내용은 논리학 책
이나 논증 관련 텍스트에서 쉽게 찾아볼 수 있기 때문에 여기서는 생
략하기로 한다.

두 번째로는 제대로 된 논증이 되기 위해 지켜야 하는 절차적 규칙
들이 지켜졌는지를 확인하는 것이다. 화용논리적 접근에서 강조하는
규칙들에는 압력이나 인신 공격이 배제되는 자유, 입증 부담, 입장, 유
관성, 전제 명시하기, 출발점 준수하기, 적절한 논증 스킴(scheme) 사
용하기, 타당하게 추론하기, 종료 규칙 그리고 모호하지 않은 언어의
사용이 있다.[27] 논증 스킴이란 논증에서 반복적으로 관찰되는 일종
의 패턴인데, 월튼은 이런 패턴을 60개 정도로 구분하였다. 각 스킴에
서는 중요한 질문들을 통해 어떤 주장이 충분한 근거가 있는지를 확
인할 수 있다. 예를 들어, 아침에 일어났을 때 마당이 젖은 것을 보고
어젯밤에 비가 왔다고 주장하는 것은 표식에 근거한 논증(argument
from sign)이다. 이 논증은 만일 B가 참이면 실제로 A가 일어났음을
일반적으로 알려 준다는 형식을 취한다. 이 논증 스킴에서의 중요한
질문으로는 다음과 같은 것이 있다.

CQ1: 그 표식과 그 표식이 의미하는 사건 간의 상관 강도는 어느 정도인가?
CQ2: 그 표식을 더 신뢰적이게 설명할 수 있는 다른 사건이 있는가?

전문가에 의한 논증, 즉 한 전문가가 A가 자신의 전문 영역에서 참
이라고 주장할 때 다음과 같은 중요한 질문들을 통해 그 타당성을 확

인할 수 있다.

CQ1: 그 전문가는 그 분야에서 진짜 전문가인가?
CQ2: 그 전문가가 정말로 A라고 주장했는가?
CQ3: A는 그 영역과 관련이 있는가?
CQ4: A에 대해 다른 전문가들도 동의하는가?
CQ5: A는 그 영역의 다른 지식과 상충하지 않는가?

앞에서 언급된 규칙들은 물론 중요한 질문들에 대한 답이 주어지면, 절차의 정당성을 확보할 수는 있다. 하지만 그 안에 담긴 내용에 대한 평가를 하지 못한다는 한계가 있다. 즉, 절차적 기준은 논증을 통해 보다 나은 결론에 도달할 가능성을 높이기는 하지만 이들이 준수되었다고 해서 모두 좋은 논증이라고 보기 어렵다. 서로 대립되는 과학이론이나 혹은 법적 논쟁장면에서, 즉 서로 대립되는 견해가 팽팽하게 맞선 상황에서 모종의 결정을 내려야 할 때 절차적 기준에 따르는 것으로는 부족하고 그 내용이 고려되어야 한다.

인식적 기준에서 고려되는 요인은 여러 가지다. 법정에서 배심원의 판결과 관련된 연구에 기반하여 제안된 모형 중 하나는 설명기반 평가 모형이다.[28] 이 모형에 따르면 어떤 판결에 대한 확신은 그 판단이 기반하고 있는 이야기의 적용범위(coverage)와 응집성(coherence) 그리고 독특성(distinctiveness)에 의해 영향을 받는다는 것이다. 여기서 적용범위란 배심원이 생각하는 이야기가 법정에서 제시된 증거를 얼마만큼 설명하는지의 정도를 가리킨다. 따라서 적용

범위가 클수록 판결의 확신도 커진다. 응집성은 세 하위 성분인 일관
성, 가능성 그리고 완전성으로 세분된다. 일관성은 증거와 설명 간에
상충하는 부분이 없는 정도를, 가능성은 설명과 실제 세상에 대한 지
식 간에 괴리가 없는 정도를, 그리고 완전성은 이야기 구성에 필요한
부분들이 모두 포함된 정도를 각각 가리킨다. 한편, 확실성 요인과는
달리 만일 하나 이상의 이야기가 응집력이 있다고 판단되면 이야기들
의 독특성이 떨어지게 되는데, 결과적으로 그 이야기의 신빙성이 낮
아지게 된다. 이상은 법적 판단장면에서의 이야기를 평가할 때 고려
되는 요인들인데, 다른 영역에서도 이와 비슷한 기준과 함께 영역특
수적인 요인들이 고려된다. 예를 들어, 과학적 논증에서 서로 경쟁적
인 이론 중 과연 어느 이론이 더 나은지를 평가할 때는 서술력, 설명
력, 범위, 예측력, 엄밀성과 세밀성, 일반성, 반증가능성, 새롭게 후속
연구를 촉진시키는 정도(fruitfulness) 등이 고려되는데, 반증가능성과
후속 연구를 촉진시키는 정도가 두드러진 차이라 할 수 있다. 학술적
논문 심사 과정은 영역과 학술지의 특성에 따라 약간의 차이가 있지
만 이론 평가보다 간단하여 독창성, 논문 완성도 등이 평가된다. 그렇
지만 이런 심사 과정에서 게재 불가인 논문들로 과학사를 다시 쓸 수
있다는 주장에서 볼 수 있듯이, 평가가 제대로 이루어지고 있는지에
대해서는 논란의 여지가 있다. 요컨대, 새로운 지식을 평가하는 일은
전문가들끼리도 합의를 이끌어 내기 쉽지 않을 때가 많은 어려운 일
로, 잘못 판단할 가능성이 높다는 점을 이해할 필요가 있다.

4. 평가 능력 향상 방안

지금까지의 논의를 정리하면, 평가는 직관과 함께 논리성과 체계성을 확보하기 위한 여러 지적 도구를 활용하는 확장된 시스템 2에 의해 이루어진다. 이 절에서는 앞에서 언급한 직관, 확장된 시스템 2를 어떤 식으로 향상시킬 수 있는지에 대한 연구를 살펴보고자 한다.

1) 직관을 교육시키기

일반적으로 교육은 사람들로 하여금 어떤 변화가 일어나도록 하는 의도적인 노력을 가리킨다. 직관은 즉각적이고 자동적으로 일어나기 때문에, 교육을 통해 변화를 도모하는 부분은 직관으로부터의 결과를 재평가하게 하는 것이다. 직관의 작동 방식은 앞에서 보았듯이 인상, 느낌 그리고 끌림에 의존하며, 자동적이고 빠르게 작동하고, 인지적 편안함을 진리로 착각하게 하고 편안하게 느끼고 경계심을 누그러뜨리도록 하며, 애매 모호성을 무시하고 의심을 억누르며, 믿고 확증하는 쪽으로 편향되어 있다는 것 등이다. 이런 직관은 일상장면의 우리 삶에서 수많은 문제를 빠르고 효율적으로 처리하게 하지만, 가끔 이런 특징을 악용하는 사람들에게 당할 수 있는 빌미를 제공하기도 한다. 사기꾼에게 사기를 당하는 경우, 원하지 않는 물건을 구매하게 되는 경우 등을 생각해 보라. 나 자신도 하마터면 사기를 당할 뻔한 경험이 있다. 미국에서 한국으로 돌아오기 전 물건을 팔려고 내놓았는데 문의조차 없는 상황에서 갑자기 사겠다는 사람이 나타났다. 그런데 그는 거리가 먼 곳에 살고 있어 물건 값과 운송료를 수표를 보내준다고 하였다. 그리고 수표 확인이 끝나면 운송료를 특정 업체의 계좌로 송금해 달라고 부탁하였다. 며칠 뒤 은행 직원에게 수표 입금을 확인한 후 송금을 하려 했는데 마침 그 기계가 고장이 났다. 이에 아내가 왜 직접 보내지 않고 우리에게 송금을 부탁하는지 이해가 안 된다고 의문을 제기하였다. 혹시나 싶어 다시 은행에 문의하자 수표에 대한 입금 확인은 2~3주 걸릴 수 있다는 이야기를 들었다. 은행 창구 직원은 이 과정을 잘 이해하지 못할 경우도 많고, 실제로 일단 수표를 입금하면 그 수표가 가짜로 밝혀지기 전까지 입금이 된 것으로 간주된다고 말하였다. 다행히 송금은 하지 않았지만, 3주 후 우리는 부도 수표 입금으로 인한 벌금을 물었다. 이 사건은 소망적 사고가 우리의 판단과 평가를 흐리게 할 수 있음을 보여 준다. 따라서 우리는 스스로 내린 평가나 결정에 대해 의심해 볼 필요가 있다.

그런데 무조건 의심하는 일이 쉽지 않다. 그래서 교육과 훈련이 필요하다. 그 방법 중 일부는 우리가 앞서 2장에서 살펴본 이해를 심화시키는 것과 문제를 다양하게 볼 수 있도록 하는 것이다. 이를 평가에 적용하면 다음과 같다.

우선, 평가가 일어나는 상황이 학습을 가능하게 하는지를 살펴보아야 할 필요가 있다. 학습 가능한 상황은 과제가 명확하고 적절한 피드백이 주어지는데, 예를 들어 스포츠 훈련이나 내일의 날씨를 예보하는 경우다. 이에 반해 자신의 처치 결과를 알기 어려운 응급실에서

근무하는 내과 의사나, 취업 인터뷰를 한 후보자가 입사 후 회사에서 일을 잘할지를 예측해야 하는 사장은 쉽지 않은 학습 환경에 처해 있다고 할 수 있다. 후자의 상황에서는 경험을 통해 배우는 것이 많지 않기 때문에, 직관을 따르는 것이 바람직한 결과를 가져온다는 보장이 없다.

어떤 직관적 평가에 대해 그 평가가 틀렸을 가능성을 의식적으로 찾아보거나 선택한 이유에 대해 한 번 더 생각해 보는 것도 직관을 훈련하는 방법 중의 하나다. 이 방식을 사용했을 때의 효과는 선다형 시험을 보는 학생들에게서 찾아볼 수 있다. 학생들이 답을 선택한 후 시간이 남아 검토하다가 답을 변경하는 경우를 생각해 보자. 적지 않은 학생들이 긴가민가하는 문항은 처음 선택이 정답일 가능성이 높다고 생각한다. 그런데 실제로 이에 대한 실증적 연구 결과를 보면, 답을 고치는 것이 더 유리하다.[29] 답을 고칠 경우 틀린 답에서 정답으로 고치는 경우가 더 많기 때문이다. 이처럼 실제 결과와 통념이 다른 이유는 아마도 아무 행동도 취하지 않다가 보는 손해보다 어떤 행동을 한 다음 손해를 보는 경우에 더 크게 후회하는 성향 때문인 것으로 추측된다. 어쨌든 직관적 판단 결과를 의심해 보고 틀렸을 가능성을 따져 보는 것은 직관적 판단의 맹점을 극복하는 한 방법이 될 수 있다. 요컨대, 돌다리도 두드려 본 다음 건너가라는 것이다.

다만, 이같이 직관적 판단에 대해 의심하면서 이유를 따져 보는 것이 오히려 역효과가 있을 때도 있다는 점도 참고할 필요가 있다. 그런 일이 일어나는 경우는 미각이나 예술적 선호 혹은 지각적 기억 등에 대한 판단이나 평가다. 윌슨(Wilson)과 동료들[30]은 한 집단에게는 제시된 5개의 그림 중 마음에 드는 그림 하나를 그냥 고르게 하였고, 다른 집단에게는 어떤 그림이 왜 좋은지 그 이유를 말하게 하였다. 그 결과, 이유를 말하지 않은 집단은 대부분이 예술적인 포스터를 골랐는데, 이유를 말한 집단의 실험 참여자들은 우스꽝스러운 포스터를 상대적으로 더 많이 골랐다. 어느 정도 시간이 흐른 다음 자신이 고른 포스터에 얼마나 만족하는지를 다시 묻자, 이유를 말한 집단에서 더 많은 실험 참여자가 자신이 고른 포스터를 처음보다 좋아하지 않는다고 답변하였다. 이 연구는 이유를 생각하게 하는 것이 나중에 선택 만족감을 줄일 수 있음을 보여 줄 뿐만 아니라 우리의 결정에 대해 숙고하고 따져 보는 것이 결과적으로는 더 만족스럽지 못한 결정에 이르게 할 수 있음을 보여 준다는 점에서 중요하다. 따라서 이들 영역에 대해서는 직관을 따르는 것이 낫다. 그러나 주식시장이나 그 밖의 예측 불가능한 영역에서는 직관에 의지하는 것이 위험하다. 이와 같은 예측 불가능한 영역들을 제외한 다른 영역에서는 직관을 사용하되 직관의 출처를 살펴보고, 그 직관이 틀렸을 가능성을 점검해 보고 의심할 근거도 찾아보는 훈련을 할 필요가 있다.

처음 내린 평가가 왜 잘못되었는지에 대해 따져 보는 것도 유용하다. 판단과 의사결정 연구에서 사람들은 자신의 판단에 대한 평가를 지나치게 확신한다는 사실이 반복적으로 확인되었다. 따라서 자신이 내린 평가에 대해 그 타당성을 낮추어 보는 훈련이 필요하다. 반복적으로 이루어지는 평가의 경우 자신의 평가와 실제 결과를 기록으로 남겨 두는 습관을 들여야 한다. 이들은 어떤 패턴을 찾는 중요한 자료가 될 수 있기 때문이다. 이를 촉진하는 한 방법은 반사실적 사고를 활용하는 것이다. 이 방법은 클라인에 의해 제안되었는데 사전검시(premortem) 방법이라 명명되었다. 정확한 사인을 분석하기 위한 검시를 프로젝트에 적용하되 실제로 그 프로젝트가 실시되기 전에 해보는 방법이다. 지금 계획 중인 프로젝트에 대해 그 프로젝트가 끝난 시점, 예를 들어 지금부터 3년 후이고, 그 프로젝트가 실패로 끝났다고 가정한 다음, 왜 실패했는지 그 원인을 찾아보도록 하는 방법이다.

평가에서도 편협함에 빠지지 않는 간단한 방법은 집단지성을 활용하는 것이다. 집단지성을 활용하면 개인적 직관을 가지고 평가를 할 때보다 오류를 줄일 수 있고, 한편으로는 결정으로 인한 부담을 줄일 수 있다. 하지만 집단으로 평가하는 것만으로는 부족하다. 그 대신 정보가 충분히 공유되고 자유로운 토론이 가능하며 집단을 비동질적으로 구성해야 한다. 실제 영화제에서 집단 평가가 어떻게 이루어지는지에 대한 민속학적 연구 결과를 보면, 집단 평가가 일부 영향력 있는 사람들의 논의에 따라 크게 영향을 받을 수 있음을 보여 준다.[31]

지금까지 살펴본 방법들은 직관에 의한 평가가 틀릴 가능성을 점검하였다. 또 다른 방법은 시간을 변화시킴으로써 순간적인 감정에 의한 평가를 피하도록 돕는 것이다. 영국 속담에 하루를 행복하게 살려면 이발을 하고, 일주일을 행복하게 살려면 집을 사고, 한 달을 행복하게 살려면 결혼을 하고, 일생을 행복하게 살려면 정직하게 살라는 말이 있다. 어떤 사건이 시간이 흐름에 따라 우리의 삶에 주는 영향이 달라짐을 보여 주는 속담이다. 웰치(Welch, 2009)는 이 속담의 의미를 활용하여, 우리가 결정을 내릴 때 순간적인 감정에 얽매이지 않도록 하는 방법인 '10-10-10기법'을 제안하였다. 이 기법은 어떤 결정에 대해 10분, 10개월 그리고 10년 후의 감정이 어떨지를 미리 생각해 보도록 하는 것이다. 이렇게 하면 현재라는 강력한 제약에서 벗어나 여러 시간 조망에서 그 결정을 바라보도록 해 준다.

　정서는 다양한 경로를 통해 결정에 영향을 주는데 이 중 어떤 부분은 결정을 돕지만 어떤 부분은 오히려 편향을 일으키기도 한다. 그렇다면 정서에 의한 편향을 줄일 수 있는 방법은 무엇일까? 많은 사람이 시도하지만 실패하기 쉬운 방법은 정서를 억압하는 것이다. 이 방법은 많은 에너지가 소모될 뿐만 아니라, 행동으로 표출되는 것은 줄일 수 있지만 주관적 경험을 변화시키는 데는 별 효과가 없다는 것이 밝혀졌다. 억제보다 간단하고 효과적인 방법은 시간을 늦추는 것이다. 만일 평가를 위한 시간이 충분하다면, 들뜬 감정을 가라앉힌 다음, 다시 한 번 평가를 시도하는 것도 한 방법일 수 있다. 의도적으로 우울한 상태를 만들어 볼 필요도 있는데, 행복하게 느낄 때보다 우울한 상태에서 더 현실을 정확히 보기 때문이다. 이처럼 정서가 긍정적인지 부정적인지에 따라 판단이 영향을 받는다는 연구는 오래전부터 이루어져 왔다. 최근의 연구는 단지 긍정적인지 부정적인지보다 더 세부적인 정서 상태에 따라, 즉 부정적 정서라도 화인지 혐오(disgust)인지에 따라 판단과 의사결정에 주는 영향이 달라진다는 것을 발견하였다. 따라서 평가의 목적에 따라 적절한 감정을 유도한 상태에서 평가를 하는 것도 고려해 볼 만하다.

2) 규범적 · 경험적 평가 도구 사용법의 훈련

판단과 의사결정 연구에서 발견된 편향을 교정하려는 노력 중 하나는 사람들에게 이런 편향에서 벗어날 수 있도록 하는 전략을 가르치는 것이다. 래릭(Larrick, 2004)은 이 전략을 동기적 전략, 인지적 전략 그리고 기술적 전략의 세 가지로 나누었다. 동기적 전략 중 하나인 인센티브 부과는 인지적 자원이나 전략이 있는 사람들의 수행을 향상시키는 데 도움이 된다. 인센티브 대신 책무성을 강조하는 것도 더 잘 하려는 동기를 강화시킬 수 있다. 인지적 전략으로는 역지사지 훈련, 규칙 훈련, 표상 훈련 등이 있다. '나의 처음 판단이 틀릴 수 있는 이유로는 어떤 것이 있을까?'를 생각해 보도록 하는 것만으로도 몇 가지 오류를 줄일 수 있다는 결과가 있다. 단순히 반대되는 이유를 열거하는 것은 그리 효과적이지 않고 오히려 이유를 열거하지 못해서 처음 결정을 강화하는 부작용이 생길 수도 있다. 기술적 전략으로는 집단으로 의사결정을 하게 하는 것과 의사결정 지지 시스템을 사용하게 하는 것이다. 국내에서는 찾아보기 쉽지 않지만, 미국의 경우 여러 상황에서 적용할 수 있는 의사결정 지지 시스템이 상용화되어 있다.[32]

니스벳(Nisbett)과 동료들은 사람들이 일상적 삶에서 논리학, 확률 이론, 인과 추리, 경제학에서의 손익비교 방법 등을 사용하는지와 이런 규칙을 가르치면 실제 생활에 잘 적용하는지를 탐구하였다.[33] 그 결과, 사람들은 형식적 규칙 체계에 준하는 추리 능력이 있으며, 이들

에 대해 배우면 더 잘 적용하는 영역과 그렇지 않은 영역이 있기는 하
지만 그 적용 능력이 극적으로 향상된다는 것을 발견하였다. 예를 들
어, 학부 교육이 추리에 어떤 영향을 주는지를 알아보기 위해 대학교
1학년 1학기에 한 번 그리고 3년 반이 지나 4학년 2학기에 다시 한 번
일련의 검사를 실시하였다. 그 결과, 인문학, 자연과학, 사회과학 전
공생은 통계적·방법론적 추리 능력이 모두 향상되었지만, 특히 사회
과학을 공부한 학생에게서 그 효과가 가장 커졌음을 발견하였다. 반
면, 인문학과 자연과학을 공부하는 학생들은 사회과학 전공 학생보다
조건 추리 능력이 훨씬 향상되었다. 경제학에서의 비용-편익 분석을
사람들이 일상적인 의사결정에 사용하는지에 대해서도 알아보았다.
이 분석 방법을 알지 못하는 사람들에게 간단한 훈련을 실시하자 광
범위한 영역에 걸쳐 이 분석 방법을 적용시킬 수 있음을 발견하였다.
보다 최근에는 확률에 대한 45분 정도의 학습이 판단에 큰 영향을 줄
수 있다는 사실이 다시 한 번 확인되었다.[34] 이상의 결과는 판단과 평
가와 관련된 어느 정도 추상적인 규칙이 훈련 가능하며, 숙달 정도에
따라 그 적용 범위가 넓어진다는 것을 시사한다.

주관적 기대효용을 극대화하는 모형을 활용하는 것도 유용하다.
효용극대화 모형은 의사결정에 대한 심리적 이론으로서는 더 이상
받아들여지지 않는다. 그렇지만 규범적 모형으로서의 가치까지 사
라진 것은 아니다. 따라서 이에 대한 기본적 논리를 이해하고 가능
한 상황에서 적용하려는 시도를 할 필요가 있다. 중다속성 효용성 기
법(Multiattribute Utility Technology: MAUT)은 그 좋은 출발점 중의 하

〈표 4-1〉 교양 강의의 개설 기준에 대한 가설적인 결과

A. 보편성 (0.57)	최종 가중치	과목(가)
(A1) 지적 탐구에서 나타나는 보편성을 포착 (0.33)	0.1881	82
(A2) 지적 탐구의 전통과 흐름을 조망 (0.29)	0.1653	93
(A3) 실생활에서의 활용가능성 (0.25)	0.1425	85
(A4) 대학이 추구하는 인재상과의 연계성 (0.13)	0.0741	68
B. 차별성 (0.32)		
(B1) 기존 교양 과목과의 차별성 (0.41)	0.1312	88
(B2) 전공 과목과의 차별성 (0.33)	0.1056	58
(B3) 다양성에 대한 학생들의 욕구 충족 (0.26)	0.0832	79
C. 행정 지원상의 고려 사항 (0.11)		
(C1) 강사 확보의 용이성 (0.62)	0.0682	60
(C2) 과제나 평가를 위한 조교 업무 지원의 강도 (0.38)	0.0418	72

나다. 이 기법은 어떤 계획이나 프로그램의 평가처럼 일부 고약한 문제에 대한 해결책을 평가하기 위해 에드워드와 뉴먼(Edwards & Newman)이 소개한 것이다. 이 기법은 일단 평가의 목적이 정해졌다는 것을 전제로 다음과 같이 집단지성과 간단한 계산을 활용한다. 대학에서 개설되는 교양 강의의 개설 기준을 정하는 문제를 예로 삼아 이 기법을 적용해 보자. 먼저 이 기준의 설정 및 적용으로 직간접적으로 영향을 받을 수 있는 사람들인 이해당사자들을 몇 개의 범주로 나누어 볼 수 있다. 대학 전체의 교과 과정에 대해 총괄하는 대학 본부의 교과과정위원회 위원들, 교양교육위원회 위원들, 재학생 그리고 졸업생 등을 이해당사자로 포함시킬 수 있다. 일단 이해당사자 범주가 정해지면 각 범주를 대표할 만한 사람을 선정하여 이들을 대상으로 교양 과목이 가져야 할 속성을 제시하도록 한다. 이렇게 해서 만들어진 목록을 의미적 표현이 같은 것들은 하나로 만드는 동시에 관련된 내용을 상위 범주로 묶는다. 이렇게 만들어진 위계적 목록을 〈표

4-1)에서와 같은 가치 나무(value tree)로 만든 다음, 다시 각 항목의 중요성을 평가하게 하고 차이가 큰 항목들에 대해서는 논의를 통해 최대한 조정한 후 최종적으로 다시 평가하게 하여 그 평균을 구한다. 이상의 절차를 통해 교양 강의의 개설 기준에 대한 가설적인 결과는 〈표 4-1〉과 같다. 여기서 최종 가중치는 상위 범주와 범주 내 가중치를 곱하여 산출된다.

이제 일군의 과목들 각각에 대해, 교과과정위원회의 일부 위원들이 A1에서 C2까지의 속성 각각에 대해 0에서 100점 척도를 사용하여 우수할수록 높은 점수를 주도록 하고 각 속성의 평균을 구한다. 이렇게 구한 평균 점수에 위에서 구한 가중치를 곱하면 각 과목의 효용성을 계산할 수 있다. 예를 들어, 과목 (가)의 경우 각 속성의 평균 값이 82, 93, 85, 68, 88, 58, 79, 60, 72를 받았다면, 효용성은 82×0.1881+93×0.1653+…+72×0.0418= 79.2932가 된다. 다른 과목도 같은 방식으로 계산할 수 있다. 이 값을 이용하여 절대 평가 혹은 상대 평가를 이용하여 개설 과목을 결정할 수 있다.

평가와 진단에 사용되는 또 다른 기법은 앞에서 본 통계 모형을 익혀서 활용하는 것이다. 사실 방금 본 중다속성 효용성 기법도 통계적 모형의 하나로 볼 수 있다. 통계적 모형에서는 진단이나 평가에 사용되는 몇 개 속성의 값을 독립변인으로 하고 실제 결과를 종속변인으로 한 다음 회귀분석을 하여 그 가중치를 찾아내는 것이다. 앞에서 본 대학원 위원회의 결정을 SAT 점수, GPA 그리고 대학 서열로 예측하는 것이 그 좋은 예다. 이 모형에 대한 보다 최근의 메타분석 연구[35]도

이 접근이 언제 효과적으로 사용될 수 있는지를 정리하고 있다.

베이즈의 정리를 배우고 적용하는 것도 유망하다. 이를 위한 시도 중의 하나는 확률값 대신 빈도 자료를 사용하는 것이다. 사람들이 베이즈의 정리를 적용은커녕 제대로 이해하지도 못한다는 연구 결과를 찾아보기는 어렵지 않다. 예를 들어, 기저율을 무시한다. 에디(Eddy)[36]는 100명의 의사들에게 다음과 같은 정보를 제시한 다음 예상 확률을 쓰도록 하였다.

40대 여성이 유방암에 걸릴 확률은 1%다. 실제로 유방암이 있는 여성의 경우 방사선 촬영에서 양성으로 판정될 확률이 80%이고, 유방암이 없는데도 양성판정을 받을 확률은 9.6%다. 그렇다면 이 검진에서 양성판정을 받은 한 40대 여성이 실제로 유방암에 걸렸을 확률은 얼마인가?

이 연구에서 100명 중 95명의 의사가 70%에서 80% 사이의 어떤 값으로 반응을 하였다. 그렇지만 베이즈의 정리에 따라 계산을 해 보면 다음과 같다.

$$P(암|양성) = \frac{P(암|양성) \times P(양성)}{P(암|양성) \times P(양성) + P(암|음성) \times P(음성)}$$

$$= \frac{0.8 \times 0.01}{0.8 \times 0.01 + 0.096 \times 0.99} = 0.077$$

즉, 7.8%에 불과한 것이다. 이처럼 큰 추정 차이가 나타나는 이유는 애당초 유방암 발병률이 0.01%라는 사실이 무시된 상태에서 P(유

방암 | 양성)만이 고려되었기 때문이다.

기거렌처와 호프라게(Gigerenzer & Hoffrage, 1995)는 확률 대신 빈
도를 사용하면 사람들이 이런 기저율 무시 오류를 극적으로 줄일 수
있다고 주장하였다. 그리고 실제로 빈도를 이용하여 이 문제를 다음
과 같이 제시하였다.

> 40대 여성 1,000명 중 10명이 유방암에 걸린다. 실제로 유방암이 있는 10명
> 의 여성의 경우 방사선 촬영에서 양성으로 판정받는 사람은 8명이고, 990명
> 중 유방암이 없는데도 양성 판정을 받는 사람은 96명이다. 그렇다면 이 검진
> 에서 양성 판정을 받은 한 40대 여성이 있다고 할 때 실제로 유방암에 걸린
> 사람은 ____ 명 중 ____명일까?

그 결과, 대학생을 대상으로 확률로 제시했을 경우 16%만이 베이
즈의 공식에 맞게 추정한 데 반해, 빈도로 제시했을 경우에는 46%로
훨씬 정확히 추정하였다. 이 결과에 대한 대안적 해석이 있기에 적용
범위나 크기는 후속 연구를 기다려 볼 필요가 있지만, 확률보다는 빈
도가 어떤 사건들을 표상할 때 유리할 가능성은 높아 보인다.

또 다른 시도는 복잡한 계산을 간단하게 해 줄 수 있는 소프트웨어
를 사용하는 것이다. 베이즈적 분석법의 이론적 유용성은 도처에서
인정되어 왔지만, 이 방법에서 요구하는 계산이 복잡하여 전문가들
조차 그 적용이 쉽지 않았고, 전문가들이 발견한 내용을 다른 사람들
에게 설명하는 것조차 쉽지 않았다. 그런데 최근 베이즈적 분석법에
서 요구되는 계산을 쉽게 해 줄 수 있는 소프트웨어인 아제나리스크

(AgenaRisk)가 최근 개발되었고, 일부 기능을 사용하는 데 제한이 있지만 일반인에게도 공개되었다(Fenton & Neil, 2012). 이 소프트웨어를 사용하여 먼저 망을 만들고 각 단계에서의 가능성을 확률로 표시하면, 가능한 여러 결과에 대한 확률값을 컴퓨터가 계산해 준다. 실제 사용의 예는 7장에서 소개할 것이다.

3) 논증 훈련

논증에 대한 몇몇 실증적 연구는 논증에 대한 평가를 일관되게 그리 잘하지 못한다는 것을 보여 주었다. 쿤은 10대에서 60대에 이르는 다양한 연령의 집단을 대상으로 일상장면에서 발생할 수 있는 문제에 대해 사람들이 어떻게 생각하는지를 알아보는 연구를 수행하였다. 그녀는 사람들에게 전과자가 감옥에서 출소한 후 다시 범죄를 저지르는 원인, 학생들이 공부를 잘하지 못하는 원인, 그리고 실업의 원인이 무엇인지에 대한 사람들의 반응을 알아보기 위해 대략 다음과 같이 구조화된 인터뷰를 진행하고 그 결과를 분석하였다. 한 예로, 학생들이 공부를 잘하지 못하는 문제에 대해 다음과 같은 질문을 제기하였다.

① 학생들이 공부를 잘하지 못하는 원인은 무엇인가?
② 당신의 답이 진짜 원인인지 어떻게 아는가?
③ 만일 다른 사람에게 당신의 주장이 맞다는 것을 보여 주고자 한다면 어떤 증거를 제시하겠는가?

이 중 ③번 질문에 대한 답변은 크게 두 가지, 즉 증거와 가짜 증거로 나누었다. 증거의 경우 ①번과 ②번에서 원인으로 언급된 요인이 학교에서 공부를 잘 못하는 것과 상관이 높거나, 인과적으로 관련된 변화가 일어난다는 것을 명료하게 해 주거나, 최소한 유추라도 제시한다. 그렇지만 가짜 증거의 경우는 사실상 원인으로 언급된 요인을 대개는 장황하게 재진술하는 데 그친다. 만일 학교 공부를 잘 못하는 원인이 부모가 도와주지 않는 것이라면, "이혼율이나 결손가정의 아이들이 공부를 잘하는지 못하는지를 알아보면 된다."라는 답변은 증거라 할 수 있다. 하지만 증거를 제시하라고 했을 때, "부모가 도와주지 않으면 아이들은 숙제가 있어도 집에 오자마자 가방을 팽개치고 놀러 나가게 된다."라는 답변은 부모가 도와주지 않아서 공부를 못한다는 주장을 다른 방식으로 기술한 것에 불과하다. 그런데 증거를 제시하라고 했을 때 사람들의 답변 중 반 이상이 이와 같은 가짜 증거였다.[37] 후속 연구에서는 이에 대한 다른 해석이 제기되었다.[38] 하지만 이 연구에서도 어떤 주장에 대한 증거를 제시하도록 요구하면, 증거가 아니라 주장을 되풀이하는 비율이 쿤의 연구만큼 높지는 않았지만 여전히 높았다.

앞서 살펴본 것처럼 논증이 되기 위해서는 주장만으로는 부족하고 근거 그리고 이 근거와 주장 간에 연결해 주는 보증이 있어야 한다. 사람들이 이런 최소한의 요건을 갖춘 논증과 그렇지 못한 논증을 얼마나 잘 구분하는지를 알아보기 위한 논증 검사가 개발되었다.[39] 이 검사에서는 실험 참여자들에게 제시된 일련의 논증문 가운데, 논리적으로나 구조적으로 결함이 있는 것과 결함이 없는 제대로 된 논증을 구분하도록 하였다. 이를 위해 주장과 근거 그리고 이들이 제대로 연결된 논증문(1c)과 함께 두 가지의 결함이 있는 논증문, 즉 주장만 있고 근거가 없는 논증문(1a)과 주장을 뒷받침하기에는 근거가 충분하지 않은 논증문(1b)이 사용되었다. 미국 대학생을 상대로 한 연구 결과, 근거가 충분하지 않은 논증문이 결함이 있다고 제대로 판단하는 정확 반응률은 66%로 매우 낮았다. 이처럼 단순한 구조를 가진 논증인데도 논증에 문제가 있음을 제대로 파악하지 못하였다.

　사람들이 증거의 적절성을 제대로 파악하지 못한다는 것을 보여주는 또 다른 연구는 다음과 같다.[40] 이 연구에서는 먼저 기본 설명을 좋은 설명과 나쁜 설명으로 조작하였다. 좋은 설명은 인과적 관계가 포함된 설명이었고, 나쁜 설명은 사실상 어떤 현상을 재기술하는 방식의 설명이었다. 이 기본 설명에 추가하여 신경과학적 설명을 추가하는 조작을 가하였다. 그 결과 4개의 다른 집단이 만들어졌다. 각 집단에게는 총 18개의 문항이 제시되었는데 이 중 절반은 좋은 설명이, 나머지에게는 나쁜 설명이 제시되었다. 사용된 자극의 한 예는, "지식의 저주"라는 현상이었다. 이 현상은 사람들이 대략 50%정도로 맞출 수 있는 문항에 대해 다른 사람들이 그 문항을 어느 정도 맞출 수 있는지를 예상하는 상황에서 관찰된다. 이 상황에서 사람들은 자기가 맞춘 문항에 대해서는 다른 사람이 맞출 확률을 80%정도로 높게 평정한다. 실험 참여자들은 이 현상의 발생원인에 대한 설명이 얼마나 만족스러운지를 점수로 평정하도록 지시를 받았다. 좋은 설명으로는

"사람들이 자신과 타인의 관점을 구별하지 못하기 때문"으로, 나쁜 설명은 "사람들은 자신이 아는 것을 더 잘 판단하기 때문"인 것으로 각각 제시되었다. 다른 두 집단은 기본 설명에 추가하여 그 현상을 설명하는 데 큰 관련이 없는 신경과학적 설명인 "전두엽회로는 자기 인식과 관련된 정보를 처리한다."는 정보가 추가되었다. 실험 결과 실험 참여자들은 신경과학적 설명이 제시되지 않았을 때는 좋은 설명과 나쁜 설명을 잘 구분하였지만, 신경과학적 설명이 추가되었을 때는 나쁜 설명에 대해서도 높게 평정하였다. 이 결과는 일반인을 대상으로 하였을 때의 결과인데 놀랍게도 심리학 전공자들도 이와 유사한 패턴을 보였고, 전문가들만이 부적절한 신경과학적 설명으로부터의 유혹을 물리칠 수 있었다. 요컨대, 어느 정도의 전문성을 확보하기 전에는 부적절한 증거에 의해 영향을 받을 수 있다는 것을 보여준다.

그렇다면 어떻게 하면 논증을 더 잘할 수 있게 될까? 논증 훈련에 대한 몇몇 실증적 연구를 살펴보면 다음과 같다. 쿤(2005)은 일상적 대화에 기반을 둔 대화적 논증 훈련 방법을 제안하고 그 효과를 실증적으로 검증하는 연구를 수행하였다. 이들은 중학교 1학년(연령으로는 우리나라 6학년에 해당)부터 시작하여 3년에 걸쳐, 구글챗(google chat)을 이용하여 서로 다른 입장을 취하는 두 팀이 논쟁을 벌이도록 하였다. 논쟁을 게임처럼 진행하되, 50분짜리 수업을 일주일에 2번씩 총 13회에 걸쳐 진행하였다. 처음 3회는 게임 전 단계, 게임 단계는 6회, 마무리 3회 그리고 총평으로 구성되었다. 게임 전 단계에서는 논쟁의 효과를 극대화하기 위해 세심한 준비와 진행이 이루어졌다. 학생들에게는 새로 만들어진 학교의 교사들에게 월급을 지불하려고 하는데, 모든 교사에게 똑같이 지불할지 아니면 경험에 따라 더 많이 지불할지의 방안 중 하나를 선택하고 그 이유를 설명하도록 하였다. 학생들이 둘 중의 하나를 선택하고 나면 이들을 같은 의견을 가진 7~8명의 모둠으로 묶고, 모둠 활동의 촉진자인 성인 코치가 배정되었다. 모둠 코치의 도움을 받으며 학생들은 자신이 선택한 방안이 왜 좋은지에 대한 여러 가지 이유를 찾아내고, 서열을 매기는 활동을 하도록 지시받았다. 이와 함께 학생들로 하여금 자신들의 주장을 뒷받침하는 데 적절한 증거가 무엇인지를 찾도록 하였다. 이 증거는 처음에는 겉에 질문만 쓰인 봉투로 제시되었는데, 2년 차가 되자 봉투에 쓰인 질문보다 학생이 만들어 낸 질문이 더 많아졌고, 3년 차에는 제시된 질문이 제공되지 않았다. 세 번째 회기에서는 상대방이 왜 다른 방안을 선택했는지의 이유와 함께 그 이유를 어떻게 반박할 수 있을지에 대해 생각하도록 하였다.

게임 단계에서는 각 모둠에서 한 명씩 나와 6명이 한 조를 이루어 논쟁을 벌이는데, 그 한 명은 자기 모둠의 다른 친구들에게서 도움을 받을 수 있었다. 마무리 단계에서는 2회기에 걸쳐 최후의 일전을 준비하도록 하였다. 최후의 일전에서는 한 모둠에서 한 명씩 발언대에 나와 두 사람이 3분간 논쟁을 벌이도록 하였다. 학생들은 총 4개의 에세이를 썼는데, 이 중 2개를 통제 집단과 비교하여 그 효과를 확인하였다. 통제 집단은 동일한 기간에 진행된 철학 수업의 학생들이었는데, 철학적·사회적 주제에 대해 수업과 전체 토론을 진행하고 2주일

에 1번 꼴로 에세이를 작성하도록 하여 실험 집단보다 작문 기회가
더 많았다. 쿤은 학생들이 이중적 조망과 통합적 조망을 보여 주는 논
증의 수를 비교하였다. 이중적 조망이란 자신이 선호하는 이유와 반
대 입장의 문제점을 동시에 고려하는 것이고, 통합적 조망은 자신이
선호하는 입장의 부정적 측면 혹은 자신이 반대하는 입장의 긍정적인
측면을 고려한 논증을 가리킨다. 비교 결과, 이중적 조망은 73% 대
29%, 통합적 조망은 30% 대 18%로 실험 집단에서 유의미하게 더 높
았다. 또한 실험 집단에서는 이중적 조망 능력이 해가 지날수록 30%,
54%, 73%로 증가하였지만, 통제 집단에서는 최종 시험 시 38%만 이
능력을 나타냈다. 게다가 질문 던지기에서도 실험 집단이 유의미하
게 더 많은 수의 질문을 생성하였고, 학생들이 생성한 질문에서는 연
구자가 예상한 질문 목록과 다른 것도 많았다. 이상의 결과는 학생들
로 하여금 생각을 더 잘하게 도와주는 것이 글쓰기 자체를 돕는 것보
다 더 효과적인 글쓰기 훈련 방법이 될 수 있음을 보여 준다.

누스바움(Nussbaum, 2011)은 논증 V자 그래프를 사용한 실험을 하
였다. 이 그래프는 알파벳의 V자 윗부분의 짧은 수평선을 확장한 것
으로, 질문은 안쪽에 그리고 이 질문에 대한 찬성과 반대 입장은 각각
확장된 수평선상에 정리하였다. 그리고 꼭짓점의 위치에는 어느 쪽
주장이 더 강력한지 그리고 이 둘을 통합할 수 있는 방안은 무엇인지
를 묻는 질문을 배치하였다. 그리고 학생들에게 이 그래프에 제시된
각 질문에 답을 하도록 하였다. 이런 그래프를 이용하는 목적은 주장
과 그 주장에 대한 반대 주장을 작업기억에서 함께 고려할 경우 생기

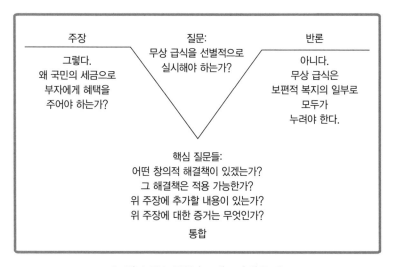

주장
그렇다.
왜 국민의 세금으로
부자에게 혜택을
주어야 하는가?

질문:
무상 급식을 선별적으로
실시해야 하는가?

반론
아니다.
무상 급식은
보편적 복지의 일부로
모두가
누려야 한다.

핵심 질문들:
어떤 창의적 해결책이 있겠는가?
그 해결책은 적용 가능한가?
위 주장에 추가할 내용이 있는가?
위 주장에 대한 증거는 무엇인가?
통합

[그림 4-2] 논증 V자 그래프의 활용 예

는 부담을 줄이는 동시에, 생각을 정리하고 통합하는 데 도움을 주기 위해서다. 실제로 이 그래프를 사용했을 경우 그렇지 않았을 때보다 에세이를 쓰거나 온라인 토론을 할 때 더 통합적이고 우수한 논증을 한다는 결과를 얻었다.

논증 V자 그래프 방법은 상대적으로 단순한 문제에 대한 찬반 양론을 통합적으로 고려하도록 하는 데는 유용한 도구이지만, 법적 논증이나 복잡한 철학적 논증에 적용하여 사용하기에는 너무 단순하다는 문제가 있다. 예를 들어, 칸트나 흄이 한 권의 책을 통해 펼친 주장과 근거가 타당하며 적절한지를 판단하는 일은 쉽지 않다. 마찬가지로 법정에서 서로 상반되는 주장을 펼치는 두 당사자의 주장 중 누가 맞고 누가 틀렸는지를 결정하는 일도 쉽지 않다. 이런 복잡한 논증의 구조를 분석하는 방법은 그림을 이용하여 논증을 시각화하는 것이다. 이렇게 하면 전체 논증 구조를 파악하는 데 도움을 줄 수 있다. 이 방법은 법학자인 위그모어(Wigmore, 1913)가 법적 판단에서 사실과 증거들의 추론적 관계를 도해한 데서 시작되었다.[41] 이후에 툴민(Toulmin), 슘(Schum), 월튼 등에 의해 발전되었다. 최근에는 논증을 도해하는 것을 돕는 다양한 소프트웨어가 개발·사용되고 있고, 그 효과를 검증하는 연구가 수행되고 있다. 하렐(Harrell, 2011)은 철학 수업 수강생을 대상으로 하여 논증 다이어그램을 사용하도록 한 집단과 그렇지 않은 집단의 논증력을 비교하는 연구를 수행하였다. 그 결과, 원래 우수한 학생은 논증 훈련이 크게 도움이 되지 않았지만, 중간 집단과 수행이 저조한 집단의 경우 논증 훈련이 비판적 사고력을 유의미하게 향상시킨다는 것을 발견하였다. 후속 연구에서는 논증 도해를 위해 반드시 어떤 소프트웨어를 사용하지 않고 연필로 종이 위에 도해하는 것만으로도 비슷한 효과를 거둘 수 있다고 주장하였다.

적어도 지금까지 제기된 논증 평가 기준들은 교육장면에서는 어느 정도 유용성이 있지만, 실제장면에서의 복잡한 문제에 대한 서로 다른 의견을 평가하는 데는 큰 도움을 주지 못한다. 특정 주제에 대한 과학자의 논쟁이나 정치가의 논쟁은 그 좋은 예다. 카한(Kahan, 2012)의 연구에 따르면 사람들은 어떤 과학적 사실은 객관적으로 접근하기보다 자신이 속한 집단의 이념과 일치하는 방식으로 이해한다고 한다. 이는 사고 과정 자체가 다른 것이 아니라 다른 가치에서 출발하여 그 가치를 옹호하는 방식으로 정보를 선택하고 경우에 따라서는 왜곡한다는 것이다. 이 결과는 무엇을 참인 전제로 받아들이는지가 집단에 따라 다를 수 있고, 따라서 결론도 달라질 수 있음을 실증적으로 보여준다. 요컨대, 일상장면에서의 논증이 우리가 가진 가치와 어떤 식으로든 연관이 될 경우, 우리가 의식하든 의식하지 못하든 그 논증을 평가할 때 동기화된 추리 과정에 의해 영향을 받을 수밖에 없다. 가치가 개입된 논증을 객관적으로 판단하는 일은 여전히 쉽지 않은 것이 사실이다. 그렇기에 전문가의 말이라고 해서 무조건 맞다고 보는 대신, 어떤 배경에서 어떤 지원을 받는 연구를 수행하며 이전에 어떤 주장을 펼쳤는지를 따져 보고 그에 적절한 조정을 할 필요가 있다.

  논점을 명확히 하여 입증 부담을 누가 갖는지를 분명히 하는 것이 중요하다. 4대강 사업과 관련하여 당시 사업에 대해 환경 단체들은 보를 설치하는 것이 수질을 오염시킨다고 비판하였다. 이 비판에 대한 합리적인 답변은 과연 그런지 아닌지다. 그런데 이런 비판에도 사업을 진행시키고자 했던 이명박 대통령은 TV 연설에서 로봇 물고기 모형을 제시하며 이를 통해 수질을 감시할 수 있다는 주장을 펼쳤다. 이 주장에 대해 야당과 시민단체는 로봇 물고기가 수질 오염 문제라는 쟁점을 희석시키는 정치적 술수라고 비판하였다. 그럼에도 방송의 영향 때문에 사람들의 관심은 수질 오염 문제에서 로봇 물고기로 옮겨 갔고 4대강 사업은 계속되었다. 그 결과, 4대강을 복구하는 데 드는 엄청난 비용을 우리 사회가 감당해야 하는 처지가 되었다. 논쟁의 쟁점을 명확히 하고 그 쟁점에 대한 주장과 그 주장을 뒷받침하는 증거를 추구할 수 있을 때, 비로소 이런 황당한 일들이 줄어들 수 있다.

INTRODUCTION
TO
PSYCHOLOGY

05_

실행

문제해결과 관련된 여러 하위 과정은 머릿속에서 처리될 수 있다. 하지만 실행은 다르다. 실행은 그 형식 면에서는 다양할 수 있지만, 가시적인 결과물을 만드는 활동이기 때문이다. 이런 점에서 실행은 문제해결의 성공과 실패를 나타내는 최종 지표라 할 수 있다. 이 장에서는 계획은 물론 '만일 ~ 경우, ~ 하겠다.'라는 형식의 구현 의도가 실행에 중요하며 리더십 그리고 사명감도 큰 역할을 한다는 것을 보게 될 것이다.

지금까지의 과정이 우여곡절 끝에 성공적으로 이루어졌다고 해 보자. 즉, 깊이 있는 이해를 바탕으로 혁신적인 발상을 해냈고, 그 발상이 정말 새롭고 유용하다는 평가를 받았다고 가정해 보자. 그렇다면 대단한 성취를 이룬 것이다. 이런 성취에도 불구하고 아직은 문제해결이 다 이루어진 것이 아니다. 실행을 통해 실제로 문제가 해결된 것이 아니기 때문이다. 실행은 문제해결의 하위 단계와 관련되어 구체적으로 이루어지는 행동을 통칭한다. 인지는 흔히 표상 조작으로 특징지어지지만, 인지의 출발점은 물론 궁극적인 목적이 행동이라는 통찰은 수많은 연구자에 의해 언급되어 왔다. 제임스(James), 피아제 (Piaget), 비고츠키(Vygotsky)는 물론, 동역학이론가들 그리고 엥겔, 메이에, 쿠르텐과 쾨니히(Engel, Maye, Kurthen, & König, 2013) 등이 대표적인 인물들이다. 넓은 의미에서 보면 실행은 이해와 발상을 위한 자료 수집, 발상을 위한 시간과 공간의 확보 그리고 가능한 해결책에 대한 모의 실험, 제품의 경우 프로토 타입이나 모형 만들기, 그리고 선택을 포함하여 해결과 관련된 구체적인 모든 행동을 포함한다. 하지만 보다 좁은 의미로, 발상된 다음 해결가능성이 높다고 평가된 아이디어를 실제장면에서 적용하여 문제를 해결하는 활동에 국한하기도 한다.

1. 실행의 중요성

우리가 해결한 문제는 머릿속에서가 아니라 글이나 그림으로 표현하여 사람들에게 도움을 주거나, 물건이나 장치로 만들거나 혹은 흔들리는 배 위에서 대포를 쏘는 새로운 방법을 실제 훈련장면에서 가르칠 때 비로소 빛을 발하게 된다. 즉, 해당 영역에 모종의 실질적인 변화를 일으켜야 한다. 그렇지 않으면 아무리 좋은 생각이라도 공상과 다를 바가 없어진다. 이렇게 보면 문제해결은 정도 문제에서 차이가 있을 뿐이지 세상을 바꾸는 일이 된다. 더 이상 나아갈 길이 없어 보이는 상황에서 앞으로 나갈 수 있는 방법을 찾아내고 그 방법을 통해 새로운 세계로 들어가는 것이다.

이 새로운 길을 여는 마지막 관문이 실행이다. 이해와 발상이 이루어졌고 그에 대해 해 볼 만하다는 평가를 내렸다 하더라도 그 아이디어가 저절로 실행되는 일은 거의 없다. 생각으로 가능한 일들이 물리적, 심리적, 구조적 혹은 문화적 현실에 의해 제약되거나 많은 경우 거부되기 때문이다. 그래서 어떤 심리학자는 생각에서 실행으로 옮기는 일을, 마치 카이사르가 루비콘 강을 건넜을 때처럼 더 이상 돌이킬 수 없는 새로운 국면으로의 변화로 특징짓는다.

실행이 중요한 이유는 그 결과로 문제해결에 대한 최종 평가가 이루어지기 때문이다. 2장 이해의 착각에서 이미 보았듯이, 머릿속에서 일어나는 일들을 행동으로 옮길 때 그 사이에는 큰 차이가 있다. 머릿속에서는 변인들을 쉽게 넣거나 뺄 수 있고, 복잡한 조건들을 최대한 단순하게 만들기가 쉽기에 작용기억이 허용하는 범위에서 온갖 변화를 시도해 볼 수 있다. 그렇지만 현실에서는 시·공간적인 제약을 포함한 수많은 제약이 있다. 이 제약을 극복하는 방안 중의 하나로 기존 지식에 비교했을 때의 무모순성을 활용할 수 있다. 하지만 우리의 해결책이 실행되어 실제로 우리가 생각한 대로 일이 이루어지는 정합성이 확인될 때 비로소 그 해결책의 타당성을 확인할 수 있다. 무모순성과 정합성 간의 차이가 실행을 통해 드러나기 때문에, 실행은 특히 잘못된 이론이나 발상을 확인하는 데 큰 도움을 준다. 예를 들어, 토끼는 그보다 앞서 출발한 거북이에 한없이 가까워질 수는 있지만 결코 따라잡을 수 없다는 제노(Zeno)의 역설을 생각해 보자. 토끼가 거북이가 있던 곳까지 가면 거북이는 그동안 더 앞으로 나아갔기 때문에 토끼는 다시 그곳까지 가야 한다. 하지만 그 사이에 거북이는 조금이지만 더 앞으로 나가 있다. 이런 일이 계속 반복되기 때문에, 토끼와 거북이의 거리는 한없이 가까워질 수 있지만 결코 토끼가 거북이를 추월할 수 없다는 것이다. 미적분의 개념이 등장하기 전까지 제노의 역설은 많은 사람을 당혹케 했다. 미적분을 모르는 사람들이 제노의 주장을 논리적으로 반박하기는 불가능함에도, 그것이 분명히 잘못된 것이라는 사실을 확인하는 일은 어렵지 않았다. 실제로 토끼가 거북이를 추월하기 때문이다. 요컨대, 어떤 해결책들은 실제로 실행해 보면 그 타당성을 바로 확인해 볼 수 있다.

물론 실행에서의 실패가 곧바로 잘못된 발상을 의미하지는 않는다. 좋은 아이디어라도 이를 어떻게 실행에 옮기는지에 따라 그 결과가 달라질 수 있기 때문이다. 심리학자는 물론 연구자도 일단 어떤 통찰을 갖게 되면 그 통찰을 실험으로 확인하는데, 만일 실험 결과가 예상대로 나오지 않아도 그 아이디어를 바로 포기하지 않는다. 그 대신 아이디어를 다른 방식으로 확인하기 위해 자극이나 종속 측정치를 바꾸거나 그 밖에 다른 실험 상황을 변화시킨다. 에디슨이 필라멘트를 발견하기 전까지 다른 물질들을 여러 가지 다른 조합으로 섞어 수천 번의 실험을 한 것은 그 좋은 예다. 또 다른 극단적인 사례는 헬리코박터균의 발견과 관련된 실험이다. 위산으로 인해 위장에서는 세균이 살아남기 힘들다고 믿던 시절, 배리 마셜(Barry Marshall)은 세균 때문에 위염이 생길 수 있다는 주장을 펼쳤다. 이후 그것이 헬리코박터균으로 판명되어 그는 2005년에 노벨상을 받았지만 그 과정은 그리 순탄하지 않았다. 위염 환자들로부터 얻어진 균들을 배양한 후 관찰하였지만 세균을 발견할 수 없었기 때문이다. 그런데 실험실 내에서의 모종의 사건 때문에 통상 이틀 만에 폐기 처분되던 배양균을 5일이 지난 후 관찰하자 세균이 발견되었다. 헬리코박터균이 배양되는 데는 오랜 시간이 걸렸는데 통상적인 세균 검사 시간이 그보다 짧았기 때문에 이들을 찾아낼 수 없었던 것이다. 이 경우는 하마터면 놓칠 뻔한 세균성 위염을 우연한 실수로 성공적으로 찾아낸 극적인 예다. 이상의 예들은 발상과 그 발상의 실행이 어느 정도 독립적이며 발상과 실행 간에 간극이 있을 수 있음을 보여 준다. 한두 번의 실패가 아니라 갖은 시도를 하더라도 원하는 결과를 얻지 못할 때 비로소 포기하게 될 가능성이 높다. 특정한 발상을 포기할 경우, 문제해결을 위해서는 다시 문제이해나 발상 단계로 돌아가 새롭게 시작하는 수밖에 없다.

실행은 문제해결의 최종 평가 기제로 작동할 뿐만 아니라 이해나 발상 혹은 평가를 도울 수도 있다. 즉, 실행이 표상에 영향을 줄 수 있다. 커쉬와 마글리오(Kirsh & Maglio, 1994)의 인식적 행동은 그 좋은 예다. 이들은 테트리스 게임을 잘하는 사람일수록 위에서 내려오는 여러 모양을 자판을 눌러 더 빨리 회전시킨다는 것을 발견하였다. 이렇게 하면 머릿속에서 회전시켜 보는 것보다 더 쉬워져 빠른 결정을 내릴 수 있기 때문이다. 자신이 생각한 것을 글로 쓰는 것도 마찬가지다. 글을 써 본 사람들은 잘 알고 있지만 글쓰기라는 것은 머릿속에 있는 것을 지면으로 옮기는 것이 아니다. 쓰인 글을 보아야 무엇이 문제이고 무엇이 부족한지를 명료히 알게 된다. 글 대신 모형을 만들거나 그림을 그려 볼 수도 있다. 요컨대, 실행은 문제해결의 여러 하위 단계에 직접 혹은 간접적으로 영향을 줄 수 있다.

지금까지의 논의를 통해 실행을 통한 성공으로 문제해결이 완성되거나 아니면 실행을 통한 실패로 수정할 부분이 있음을 확인할 수 있었다. 마지막으로 문제해결을 위한 행동과 실행에서 언급할 필요가 있는 것은 타이밍이다. 우선 문제에 직면하자마자 뭔가 행동을 취하는 것은 어리석어 보이는데, 이런 행동은 불확실한 상황에서 잘 일어난다는 연구 결과가 있다. 축구에서 속도를 느리게 하여 한가운데로 페널티킥을 차는 소위 파넨카 킥이 바로 이런 경향성을 역이용하는 예다. 하지만 일상적인 문제해결에서는 이처럼 실행이 지나친 경우보다는 무엇을 해야 할지 알지만 이를 실행으로 옮기지 않고 미루거나 게으름을 피우는 일이 더 많아 보인다. 다음 두 개의 절에서는 왜 그런지와 어떻게 하면 이를 극복할 수 있는지를 살펴보도록 하겠다.

2. 실행의 어려움

수수께끼가 아니라 실제 상황에서는 실행이 문제해결의 화룡점정임에도 실행은 어렵다. 다음과 같은 몇 가지 이유 때문이다. 우선, 행동의 심각성이다. 머릿속에서 일어나는 일은 사적이고 개인적이다. 따라서 그로 인한 결과가 긍정적이든 부정적이든 개인에게 국한된다. 그런데 이런 생각이 행동으로 표출되면 더 이상 사적인 영역에 머무르지 않고 공적이게 된다. 그 차이는 엄청난데, 범죄가 그 좋은 예다. 머릿속에서 온갖 불법을 저지르는 일을 생각하는 것은 종교적인 죄가 될 수는 있지만 범죄는 아니다. 하지만 행위로 옮겨지면 범죄가 된다. 행동은 이처럼 큰 의미가 있다. 어떤 행동을 하지 않은 잘못보다 어떤 행동을 한 잘못을 더 크게 판단한다. 같은 맥락에서 사람들은 실행에 옮기는 것을 조심스러워한다. 문제는 그런 조심스러움이 너무 지나치다는 것이다.

실패에 대한 두려움도 실행을 방해한다. 실행에 따른 비용이나 시간이 클수록 이 두려움 또한 커진다. 이런 두려움 때문에 많은 사람이 망설이다가 기회를 놓치기도 한다. 실패에 대한 두려움과 연관된 또다른 이유는 책임지기 싫어한다는 것이다. 특히 조직 내에서 누군가가 주도적으로 나서야 실행이 되는 상황에서는 실패할 경우 그 책임을 져야 하기 때문에 충분히 해 볼 만한 도전임에도 시도가 이루어지지 않는다. 발상이 충분히 좋으면 누군가는 기꺼이 실행을 할 것이라

는 착각도 실행을 더디게 하는 한 요인이다. 이 착각을 조장하는 경구
는 에머슨(Emerson)의 말로 전해지는데 "더 좋은 쥐덫을 만들면 온 세
상 사람들이 몰려들 것이다(Build a better mousetrap, and the world will
beat a path to your door)."와 같다. 그런데 실제로 그런 일은 일어나지
않는다. 참신하다고 생각되는 발상을 다른 사람들에게 이야기해 보
면 "와, 대단하다."라는 반응보다는 "뭐, 별거 아닌 것 같은데?"라는
반응이 더 많다. 창의성이 중요하고 필요하다고 말하지만, 그로 인해
변화를 겪게 되는 사람들이 보이는 첫 번째 반응은 저항과 거부다. 그
것은 개인일 수도 있고 조직일 수도 있는데, 어쨌든 자신이 주도적으
로 그런 변화를 일으킨 사람이나 집단인 경우를 제외하면 변화를 겪
어야 하는 사람이나 조직으로서는 아닌 밤중에 홍두깨를 경험하는 셈
이다. 따라서 변화를 환영하기보다는 귀찮고 성가신 일로 받아들인
다. 문화나 시대에 따라 약간의 차이가 있겠지만 사람들은 일반적으
로 새로운 것을 조심스럽게 천천히 받아들인다. 예를 들어, 새로운 음
식을 처음 먹을 때는 조금씩 먹는다. 많이 먹을 경우나 부작용이 있을
경우 그 위험성이 크기 때문에 이는 진화적으로 현명한 행동이다. 또
한 사람들은 기존의 생각에 영향을 받을 뿐만 아니라 이를 바꾸는 것
을 그리 좋아하지 않는다. 옷감에 묻은 때를 녹이는 합성세제가 처음
나왔을 때 비누를 사용했을 때처럼 거품이 나지 않아 팔리지 않던 것
이 그 좋은 예다. 이 문제를 해결하기 위해 별다른 일은 하지 않고 세
제에 거품이 일어나게 하자 비로소 팔리기 시작하였다. 음식이든 세
제든 혹은 음악이든 그 밖에 어떤 새로운 것에 대한 대부분의 반응은

기본적으로 부정적이다.

실행의 또 다른 어려움은 새로운 발상이 기존에 선점하고 있는 물건이나 관행을 이겨 낼 수 있을 만큼 효율적이어야 한다는 점이다. 앞서 보았듯이 사람들의 일상적 삶의 많은 부분이 습관에 의해 영위되고 있다. 웬만큼 불편하지 않으면 새로운 변화를 일으키기보다는 현재의 습관을 유지하려는 성향이 강한데, 이는 현 상태 유지 편향성(status quo bias)이라고 불린다. 이 편향성을 극복하지 못한 예는 자판에서 볼 수 있다. 현재 우리가 사용하는 자판은 '쿼트(qwert) 형식'이다. 그런데 드보르작(Dborjak)이 개발한 자판은 가장 많이 사용되는 알파벳을 기본 열에 배치하여 속도는 물론 오류를 최소화할 수 있게 고안되었다. 그럼에도 이 자판은 사용되지 않고 있다. 많은 사람은 이미 익숙해진 쿼트 형식의 자판을 새 자판으로 대체할 만큼의 불편함을 느끼지 못하고 있기 때문이다. 문제해결을 완수하려면 이런 한계를 극복할 수 있어야 하는데 이 일은 쉽지 않다.

기존의 어떤 방법이나 물건보다 더 우수하다 하더라도 물건을 만들거나 새로운 방법을 구현하는 데는 많은 시간과 돈이 든다. 어떤 주장의 타당성을 확보하기 위해서는 실험, 설문 조사 혹은 인터뷰를 수행한다. 약이나 음식의 경우에는 이들에 추가하여 몇 개월 혹은 몇 년에 걸친 임상적 검증을 마쳐야 한다. 엄청난 끈기와 확신 그리고 때로는 소명감 없이는 도저히 끝내기 어려운 경우가 비일비재하다. 사이버 나이프를 만든 존 아들러(John Adler)는 이와 관련된 전형적인 예 중의 하나로 손색이 없다. 사이버 나이프는 문제해결 연구의 선구자

중 한 명인 덩커(Duncker)의 연구에서 사용된 문제를 치료장면에 적
용하여 만들어진 기계다. 덩커의 연구에서는 위에 생긴 종양을 없애
기 위해 X선을 사용하려고 하는데, 종양을 없애기 위해 너무 높은 강
도로 빛을 쬐면 세포 조직이 손상되어 버린다. 이 문제를 해결하기 위
한 방법은 서로 다른 각도에서 약하게 X선을 투과시키되 이들이 모두
종양으로 수렴되게 광선을 쏘는 것이다. 아들러는 이 방법을 암 치료
에 적용하기 위해 신체 모든 부위에 대해 정확한 각도와 강도를 계산
해 낼 수 있는 방법을 개발하였고, 그 결과물이 사이버 나이프다. 하
지만 이 방법이 까다로운 미국 FDA의 승인을 받기까지 무려 20년 이
상이 소요되었다.

또 다른 이유는 생각의 실패다. 어떤 일이 충분히 가능하다고 판
단을 하고 시작했더라도 막상 해 보면 어려움에 부딪치게 된다. 계획
오류, 즉 사람들이 과제 완성에 걸리는 시간을 실제보다 짧게 추정하
는 성향은 그 좋은 예다. 조개껍데기 모양의 시드니 오페라 하우스는
1957년에 공사가 시작되었는데 원래 700만 달러의 예산으로 1963년
까지 완공될 예정이었다. 그런데 실제로는 10년 늦어진 1973년에 완
공되었고 그 비용도 원래 계획보다 14배 많아진 1억 달러나 되었다.
이 책도 원래 계획에 따르면 적어도 2년 전 즈음에 출간되었어야 한
다. 이 같은 계획 오류가 일어나는 원인에 대한 여러 가지 설명은 다
음과 같다. 지나치게 낙관적으로 생각하는 경향, 비슷한 사례들에 대
한 분포를 고려하지 않는 성향, 예측 불가능한 돌발적인 상황에 대한
이해의 부족 그리고 경우에 따라서는 어떤 일이 되게 하기 위해 의도

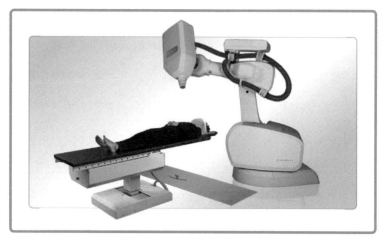

[그림 5-1] 사이버 나이프

출처: http://www.telegraph.co.uk

적으로 그 일을 수행하는 데 필요한 시간과 노력이 크지 않다고 추정하는 성향이다. 개인이 아니라 집단으로 계획을 수립할 때 이런 문제가 생길 가능성이 더 높다. 어느 한 부분에서 문제가 생기면 다른 부분도 영향을 받기 때문이다. 이처럼 좋은 발상이더라도 호사다마라는 말처럼 구현되기까지는 많은 장애가 생길 가능성이 높다.

　실행은 문제에 따라서는 별도의 이해, 발상 그리고 평가를 필요로 하는 복잡한 과정이다. 심리학 연구에서 주로 다루는 문제는 실행에 따른 비용과 위험 부담이 크지 않다. 그렇지만 실제 세계에서의 문제는 대개 해결을 위한 실행에 큰 비용과 위험을 수반한다. 이 때문에 어떻게 하면 실행을 더 잘할 수 있을까에 대해 심각한 고민이 수반될 수밖에 없다. 기업이나 회사의 입장에서 보면 아이디어가 부족한 경우보다 수많은 아이디어 중에 어떤 아이디어에 집중해서 한편으로 사

회에 기여하고 다른 한편으로는 이윤을 거둘지가 더 큰 과제다. 쥐덫
과 관련된 다음과 같은 통계치는 실행에 비해 아이디어가 얼마나 더
많은지를 보여 준다. 호프(Hope, 1996)에 따르면 미국에서 가장 많이
발명된 물건은 쥐덫인데, 1838년부터 업무를 시작한 미국 특허청의
쥐덫과 관련된 특허는 무려 4,400개에 이르렀다. 그런데 이 가운데 발
명가가 수입을 거둬들인 제품은 24개 이하라고 한다. 즉, 좋은 아이디
어로 인정을 받았다 하더라도 실제로 실행에 옮겨져 세상에 영향을 줄
확률은 0.5%에 불과하다는 것이다. 요컨대, 좋은 아이디어로 평가되
었더라도 실행이라는 장벽을 넘는 일은 또 하나의 기적이 필요하다.

3. 실행을 촉진할 수 있는 방안

실행 이전 단계에서는 주로 머리를 사용했다면 실행 단계에서는
머리와 함께 몸을 사용해야 한다. 게으른 사람은 물론 조심스러운 사
람이 싫어하는 일은 결국은 몸을 쓰는 것인데, 실행에서는 바로 그것
을 요구한다. 몸을 쓰려면 동기가 필요하다. 문제해결에서의 동기는
도전거리를 정복하여 새로운 세계를 맛보는 것이다. 그러려면 용기
가 필요하다. 용기 있는 자만이 미인을 얻는다는 말에서와 마찬가지
로, 문제를 해결하려면 용기가 필요하다. 영화 〈인디아나 존스〉의 한
장면은 실행에서 용기의 중요성을 극적으로 보여 준다. 주인공이 갖
은 고난 끝에 도달한 낭떠러지, 그 멀리에 성배가 놓여 있다. 유일한

단서는 믿음을 가지고 발을 내디디라는 것이다. 극도의 긴장 속에 주인공이 발을 내디뎠을 때, 놀랍게도 아무것도 없는 것 같던 낭떠러지에는 투명한 다리가 있었다. 이 장면의 핵심은 어떤 때는 용기를 갖고 그냥 행동을 해야 한다는 것이다. "그냥 해 보자(Just Do It)."라는 광고 문구처럼.

보다 세부적인 실행 촉진 방안을 생각해 보기 전에, 실행을 위한 몇 가지 일반적인 태도나 전략을 살펴보면 다음과 같다. 먼저 실행을 잘하려면 처음부터 빈틈없이 잘 해 보겠다는 완벽주의를 벗어나는 것이 필요하다. 그 대신 가능한 한 단순화하여 가벼운 마음으로 탐색을 시작하는 것이 좋다. 틀리면 지우개로 지울 수 있게 연필로 쓰는 사랑을 하라는 노랫말처럼, 실험 심리학에서는 가벼운 탐색에 준하는 연구를 권장한다. 이 연구를 예비 연구라 하는데, 본격적인 실험에 앞서 도출될 수 있는 결과에 영향을 줄 만한 외생 변인들을 모두 통제하는 대신, 주요 관심 변인만을 조작한 상태에서 최소한의 실험 참여자를 대상으로 하여 실험을 진행해 보는 것이다. 이를 통해 효과 크기를 예측해 볼 수 있고 실험 절차 등을 확정하는 데 지침을 얻을 수 있다. 실험과 관련하여 대학원생이 흔히 범하는 오류는 하나의 실험으로 여러 가설을 검증하려고 하는 것이다. 이럴 경우 결과가 예상대로 나오면 문제가 없지만, 결과가 나오지 않을 경우 무엇을 어떻게 고쳐야 할지 방향을 잡기 어렵다. 처음 시작할 때는 선행 연구를 반복검증하는 데서 시작하여 한두 가지 조건을 추가하는 식으로 진행하는 것이 좋다. 실패로 인한 부담이 크지 않은 심리학 실험에서도 단번에 결판을 내기보다는 이처럼 단계적으로 진행하고, 좀 더 부담이 큰 상황에서의 문제해결에서도 점진적으로 규모를 늘려 가면서 실행하는 것이 안전할 것이다.

계획이나 의도를 공개적으로 선언할 때도 수행이 높아진다. 예를 들어, 금연이나 금주 계획을 다른 사람에게 공개했을 때가 그렇지 않았을 때보다 실제 금연이나 금주에 성공할 가능성이 높다. 공개적 선언이 효과적인 이유는 일관성을 유지하려는 동기와 함께 책무성이 강조되기 때문이다. 전자에 따르면 일단 공적으로 표출되면 그에 걸맞은 자아상을 유지하려는 경향 때문에 공개 선언이 의미가 있다고 본다. 후자의 경우에는 자신이 말한 사람에게 책임을 느끼기 때문에 효과가 있다고 본다. 어쨌든 의도를 공개하는 것은 일반적으로 어떤 계획이나 실행을 구체화하는 데 도움이 되는 것으로 보인다. 다만, 최근 사회 심리학의 연구에 따르면 자신의 목표를 이루려는 의지가 강한 사람의 경우, 그가 무엇을 하려고 하는지 다른 사람이 알게 되었을 때, 오히려 모를 때보다 실제 수행을 열심히 하지 않는다는 결과도 있다. 골비처(Gollwitzer)와 동료들[1]은, 예를 들어 법관이 되려는 생각이 강한 사람이 자신의 목적을 이루기 위해 법학 관련 학술지를 규칙적으로 읽겠다는 계획을 세운 상황을 만들었다. 그런 다음 이 계획을 다른 사람이 알게 되는 상황과 모르는 상황을 만들어서, 둘 중 어떤 상황에서 법학 잡지를 규칙적으로 읽는지를 알아보았다. 그 결과, 다른 사람이 자신의 계획을 알고 있을 때 오히려 더 열심히 읽지 않는다는 것을 발견하였다. 이에 대해 골비처 등은 자신의 목적이 다른 사람에게 알려지면, 자신의 목표가 이미 상징적으로 달성된 것처럼 착각하여 그 목표를 달성하기 위한 실제 노력을 덜 기울이게 된다고 설명한다. 이 주장을 진전시키면, 우리가 목표에 도달했다고 상상하는 것만으로도 실제로 목표 달성을 위해 노력하는 일을 덜 하게 할 수 있다는 것이다. 이상의 연구를 종합해 보면, 특정한 구체적인 행동이나 실행 계획을 스스로 공적으로 표출하는 것은 수행을 촉진하지만 상대적으로 추상적인 목표나 계획의 경우, 특히 그 계획을 이루려는 의도가 강한 사람에게는 오히려 남들이 자신의 계획을 아는 상황이 목표 달성이나 계획 수행을 억제할 수 있다. 따라서 구체적인 행동이나 실행 계획은 다른 사람에게 표출하고, 추상적인 목표는 비밀에 부쳐 두는 것이 더 좋은 실행 결과를 가져올 수 있다.

동기와 용기가 충분하다면 먼저 실행을 위한 계획을 짜야 한다. 계획은 목표 달성을 위해 일련의 행동을 조직화하는 일이다. 계획도 없이 어떤 발상을 실행에 옮기려는 것은 실패를 계획한 것과 다를 바가 없다. 계획에서 첫 번째로 고려해야 할 내용 중의 하나는 시간이다. 실행 이전부터 문제해결을 위한 자원을 수시로 고려하는 것이 필요하다. 현 시점에서 당장 해야 할 일부터 시작할 수밖에 없지만, 경우에 따라서는 최종 상태로부터 거꾸로 어떤 일들이 이루어져야 할지를 생각해 보는 것도 유용하다. 끝을 생각해 보는 것은 우리가 하는 일의 가치나 의미를 더 깊게 생각해 볼 수 있게 하기 때문이다. 죽기 전에 이런저런 일을 하겠다고 생각하기는 쉽지만, 언제 어떻게 시작할지에 대한 계획이 없으면 단순한 바람일 뿐 실현되기 어렵다. 대한민국 사람의 평균 수명에서부터 시작하여 자신의 가족력, 생활습관, 건강 상태 등을 고려하여 수명을 계산해 보면 우리가 쓸 수 있는 시간이 생각보다 많지 않음을 발견할 수 있다. 혹자는 소위 유언을 써 봄으로써 자신의 삶에 대한 경종을 울리기도 한다. 어쨌든 어떤 일이 언제까지 이루어져야 할지가 명확할수록 실행의 진행 정도는 물론 성공 여부를 알기 쉬운데, 전체 실행을 몇 개의 중요한 통과 지점으로 나누고 각 지점에 도달하기까지 걸리는 예상시간이 포함된 로드맵을 만드는 것이 필요하다. 한 지점에서 다음 지점으로 가는 방법이 많아질수록 도달 가능성이 높아질 것을 예상해 볼 수 있다. 하지만 방법이 많아지는 대가도 있다. 한 가지 방법밖에 없어 마치 배수진을 치고 싸우듯 접근할 때보다 그 절박함이 줄어든다는 것이다. 문제해결을 위한 발상이 어느 정도 구체적인지에 따라 여러 가지 다른 방식으로 계획을 수립할 수 있다. 그중 하나는 시나리오 계획법으로, 수많은 관련 정보를 몇 가지 가능한 상태로 단순화하는 방법이다. 여기서 고려하는 정보는 크게 두 가지로 하나는 이미 알고 있다고 생각하는 정보이고, 다른 하나는 우리가 모르는 불확실한 상태다. 이제 이 불확실한 정보들을 가장 낙관적 혹은 가장 비관적으로 가정한 미래를 상정한 다음 각각에 맞는 대응책을 준비하는 것이다. 이 방법은 여러 사건이 동시에 발생한다는 전제를 기반으로 실행을 구체화하기 때문에 실제로는 가능성이 매우 낮은데도 그런 일이 발생할 가능성을 높게 평가하는 오류를 범할 가능성이 높다. 그 대신 다양한 가능한 미래를 생생하게 상상해 볼 수 있다는 장점이 있다.

보다 세부적인 계획 수립은 골비처에 의해 제안된 구현 의도 (implementation intention)에서처럼 "만일 ~경우 ~하겠다(If ~ then ~)." 라는 형식으로 나타내는 것이다. 구현 의도는 특정 결과를 달성하겠 다는 목표 의도와 달리, 목표에 도달하기 위해 언제, 어디서, 어떤 상 황에서, 어떻게 행동할지를 미리 정해 놓는 것이다. 구현 의도는 자 기통제와 관련되어 주로 연구되어 왔는데, 이렇게 하면 막상 그 상황 이 되었을 때 어떻게 할지를 고민하는 대신 즉각적으로 어떤 행동을 취할 수 있게 된다. 골비처와 브랜드슈태터(Gollwitzer & Brandstätter, 1997)의 연구는 구현 의도가 실제 어떤 과제를 수행하는 데 영향을 준 다는 사실을 발견하였다. 이들은 실험 참여자들에게 크리스마스 휴 가 동안 보고서를 쓰는 과제를 수행하도록 하였다. 휴가가 시작되기 전에 구현 의도가 있는지를 알아보기 위해, 모든 참여자를 대상으로 'y라는 상황이 되면 z라는 행동을 할 것이다.'와 같은 생각을 했는지를 '예/아니요'로 답하게 한 다음, 그 구체적인 내용을 특별한 형식 없이 쓰도록 하였다. 그 결과 '예'라고 답한 구현 의도가 있던 사람들이 과 제를 끝낸 비율은 '아니요'라고 반응한 실험 참여자에 비해 3배나 높 음을 발견하였다. 무릎이나 고관절을 인공 관절로 바꾸는 수술을 실 행한 노인을 대상으로 한 연구에서도 같은 결과가 관찰되었다. 다리 가 부러져 본 사람은 경험을 했겠지만, 수술 후 재활 과정은 무척 어 렵다. 예전에는 소위 깁스를 해서 고정시키는 시술을 했지만 요즘에 는 관절의 유연성을 유지하기 위해 그렇게 하지 않을 뿐만 아니라 수 술 직후부터 재활운동을 하게 한다. 이는 당연히 고통스러운 과정인

데 의지력이 없어 훈련을 게을리하면 뼈가 붙어도 이전처럼 걷지 못하게 된다. 오벨과 시런(Orbell & Sheeran)은 인공 관절 교체 수술을 받은 노인들에게 재활 과정을 설명해 주는 책자 뒷부분에 빈 노트를 첨부하여 자신의 재활 계획표로 활용하게 하는 연구를 수행하였다.[2] 빈 노트에는 "이번 주 목표는 _____이다. 빈칸에 무엇을 할 예정인지 정확히 쓰시오."라는 문구가 적혀 있다. 그리고 이 책자를 배포한 다음 3개월 후 환자의 상태를 점검하였다. 오벨과 시런은 이 노트에 착실히 기록한 환자가 그렇지 않은 환자에 비해 2배나 빨리 걷게 되었고, 3배나 빨리 혼자서 휠체어를 타고 내릴 수 있었으며, 그 밖에 다른 일상생활도 훨씬 잘 영위하고 있다는 것을 발견하였다. 이 결과는 구현 의도가 과제 완수에 얼마나 중요한지를 보여 준다. 우리가 수행하고자 하는 과제를 어떤 상황에서 어떻게 수행할지에 대한 계획이 상세하면 할수록 우리가 이루려는 목표에 도달할 가능성이 높아질 것을 예상해 볼 수 있다. 물론 모든 세부적인 과정을 명세하는 것은 불가능할 뿐만 아니라 그 자체로 지나친 노력이 소모될 수 있다. 하지만 자세할수록 실행이 완성될 가능성은 높다. 과제를 언제, 어디서, 시작할지 이상으로 이미 시작된 실행을 촉진할 수 있는 구현 의도에 어떤 것들이 있는지에 대해서는 앞으로의 연구가 필요하다. 어쨌든 골비처의 연구는 뜻 있는 곳에 길이 있다는 속담에 더하여 세부적인 계획이 있는 곳에 성공이 있음을 시사한다.

이 실행 의도는 "만일 ~경우 ~하겠다."라는 형식 외에도 시각적 이미지를 활용하여 이루어지기도 한다. 시각적 이미지를 이용한 심적 시뮬레이션은 운동선수의 훈련에서 자주 언급된다. 골프 선수가 자신이 친 공이 원하는 궤적을 그리며 계획한 지점에 떨어지는 상황을 마음속으로 그려 본 다음 실제 스윙을 하도록 하는 것이 그 예다. 심적 시뮬레이션은 넓게 보면 사고 실험의 하나라 할 수 있다.

실행을 촉진하는 또 다른 방법은 과감하게 다른 사람을 실행 속으로 끌어들이는 것이다. 좋은 발상을 해낸 사람이 꼭 실행을 잘하는 사람이 아닐 수 있기 때문이다. 사이버 나이프의 예에서, 아들러는 내과 의사이므로 신체의 어느 부위에 있는 종양이라도 여러 각도에서의 X선을 한곳으로 수렴하도록 하는 프로그램을 제작하는 일은 그에게 쉽지 않다. 이 일은 그 분야의 전문가들에게 맡기는 것이 좋다. 그럴 만한 예산이 없다면 그 분야의 전문가를 공동 연구원으로 참여시키는 방법이 있다. 더 많은 전문가를 참여시킬 수 있다면 그 자체로 성공에 가까워질 가능성이 높다. 그런데 새로운 발상을 해낸 사람들은 많은 경우 자신의 발상을 누군가가 빼앗아 갈 것을 염려하여 비밀스럽게 일을 진행한다. 하지만 많은 전문가가 그런 일은 거의 일어나지 않는다고 주장한다. 오히려 새로운 발상이 얼마나 좋은지를 알리는 것이 더 어렵다고 한다. 따라서 필요할 경우 안전장치로 특허 등을 출원한 다음 곧바로 더 많은 사람에게 알리고 그 가치를 인정해 주는 사람들을 모으는 것이 더 낫다고 할 수 있다. 외주보다 더 좋은 방법은 신뢰할 수 있는 동료나 팀원과 함께 일을 하는 것이다. 성공한 기업인들의 사례에서는 성공을 혼자 일구어 낸 사람도 있지만 파트너와 함께 성공을 거둔 사례가 적지 않다. 백지장도 맞들면 나은 법이다. 불확실성을 헤쳐 나갈 때 마음이 맞는 사람과 함께하면 일의 동기 부여도 더 되고 어려울 때 서로 의지할 수도 있다. 실제로 지속적으로 성공적인 결과를 만들어 내는 예술가와 기업인을 대상으로 한 심층면 담을 통해 벨스키(Belsky, 2010)는 그들의 성공 요인을 다음과 같은 세 가지로 압축하였다. 그것은 조직, 지역사회 그리고 리더십이다. 지인 이나 동료뿐만 아니라 지역사회 전체를 문제해결을 위한 파트너로 삼 을 수 있다면 그 자체로 엄청난 성공이다. 세상을 어렵게 살아가는 사 람에게서 발견되는 특징 중의 하나는 아군을 적군처럼 대한다는 것이 다. 가족끼리는 물론 직장이나 다른 조직 내에서 힘을 합쳐 공동의 목 표를 달성해야 함에도, 오히려 그 안에서의 갈등으로 서로 반목하고 다툰다. 목표를 공유하여 가족과 조직 그리고 지역사회를 묶을 수 있 다면 해결되지 않을 문제가 지금보다 훨씬 적어질 것은 분명하다.

　문제해결이 도전거리를 정복하여 새로운 세계를 맛보는 것인 만큼 이 일의 특징 중의 하나는, 많은 경우 문제해결을 시도하는 사람이 그 문제에 관해서는 선두에 설 수밖에 없다는 것이다. 마라톤에서의 선 두 주자는 사실상 이미 정해진 길을, 그것도 자동차가 어디로 가야 할 지를 알려 주는 상황에서 달리는 것이다. 하지만 문제해결에서의 선 두 주자는 더 이상 길이 나 있지 않은 산길에서 새로운 길을 만들면 서 나아가야 한다. 이처럼 명확한 길이 없는 상황에서 방향을 잡고 앞 장서는 사람은 다름 아닌 리더다. 따라서 리더는 수많은 사람으로 구 성된 조직에서 필요한 역할 분담을 위해 만들어진 자리 중 높은 위치 에 있는 사람이 아니라 길을 만드는 사람이라고 할 수 있다. 혹은 장

벽을 뚫는 사람이기도 하다. 그 한 예는 로저 베니스터 효과에서 볼
수 있다. 영국의 의사이자 아마추어 달리기 선수였던 로저 베니스터
(Roger Bannister)는 대략 1.6킬로미터에 해당하는 1마일 달리기에서
새로운 기록을 세웠다. 베니스터 이전까지 사람들은 1마일을 4분 내
에 달리는 것이 불가능하다고 생각했다. 그런데 베니스터가 처음으로
그 벽을 깨고 3.59초를 기록하였다. 놀라운 사실은 이런 일이 일어나
자 갑자기 4분의 벽을 깬 선수가 여러 명 생겼다는 점이다. 그전까지
실행이 불가능하다고 여기던 어떤 일에 대해 누군가가 그 일이 더 이
상 불가능하지 않다는 것을 행동으로 보이면, 이후의 사람들은 전보
다 쉽게 그 장벽을 넘을 수 있다는 것을 알 수 있다. 문제해결을 시도
하는 사람이 리더가 될 수밖에 없는 이유는, 그가 그 문제에 대해 가
장 많이 생각하고 이것저것을 시도해 본 사람이기 때문이다. 과제 리
더의 경우 타고난 능력 때문이 아니라 문제해결이라는 목표에 충실한
사람이기 때문에 그 역할을 맡게 된다. 잘 모르면서 리더가 되기는 어
렵고, 되어서도 안 될 것이다.

　문제해결에서 실패는 성공보다 훨씬 자주 접하게 되는 결과다. 따
라서 이에 익숙해질 필요가 있다. 반복되는 실패 끝에 성공을 경험하
면 그리고 그 실패가 많아지면 많아질수록, 그만큼 실패에 대처하는
회복력이 강해진다. 실패는 이처럼 우리를 강하게 할 뿐만 아니라, 마
치 여행에서 길을 잘못 들었다가 계획보다 좋은 곳을 발견할 때가 있
는 것처럼, 새로운 가능성을 제공하기도 한다. 이 때문에 슈메이커
(Schoemaker, 2011)는 자신의 생각이 틀렸는지를 확인해 보기 위한 방

법으로, 일부러 실패할 것 같은 방향으로 일을 진행해 볼 필요가 있다고까지 주장한다. 심리학 실험으로 치면 실험의 결과가 차이가 나타나지 않도록 실험을 설계하고 이를 검증해 보아야 한다는 것이다. 이것은 지나친 주장처럼 보이는데 우리가 배울 점은 실패로 인한 두려움으로 움츠러들어서는 안 된다는 점이다. 실패로부터 누가 더 빨리 배우고 새로운 통찰을 얻는지가 실제장면에서 문제해결 성공의 열쇠라 하겠다.

끝으로, 최선을 다해도 실패할 수 있다는 것과 실패를 하더라도 최선을 다했다는 것에 만족하는 법을 배우는 것도 중요하다. 아무리 자신의 최선을 다했다 하더라도 문제해결에 실패할 수 있다. 실패는 문제해결에서 흔히 일어난다. 그렇지만 흔하게 일어나기 때문에 그냥 받아들이는 것은 곤란하다. 최선을 다했는지, 더 시도해 볼 부분은 없는지 따져 보고, 자신의 전부를 쏟아부은 다음의 실패라면 기꺼이 받아들여야 한다. 그리고 실패를 아쉬워하기보다 해결을 위해 몰두한 순간이 있었다는 것에 대해 오히려 감사할 수 있어야 한다. 최선을 다한다는 것은 다른 사람에 의해 성공이나 실패라는 인정을 받는 것을 초월하는 일일 수 있다. 그리고 최선을 다했는지를 스스로 판단할 수 있을 때 비로소 우리는 진정한 자유인이 되는 것이다. 일단 스스로 최선을 다했다는 판단을 내릴 수 있으면 그 자체로 이미 성공이다. 나머지는 덤이다.

06 _

문제해결의 실제

이 장에서는 세 가지의 연구를 소개한다. 이 연구들은 모두 저자가 참여한 연구로, 문제해결이라는 맥락에서 배경을 잘 설명할 수 있기 때문에 선정하였다. 첫 번째 연구에서는 주의 집중의 역할에 대한 기존 이론을 반박하는 동시에 새로운 이론을 제시하였는데, 이해와 관련하여 관련 개념들과의 논리적 연관성을 따져 보는 작업의 중요성을 부각시키고자 하였다. 두 번째 연구는 선다형 시험 방식의 문제점을 컴퓨터를 이용하여 어떻게 해결할 수 있는지를 보여 준다. 새로운 매체를 사용한 발상이 이전에는 불가능한 일을 가능하게 해 줄 수 있다는 것을 예시하고자 하였다. 마지막 연구는 법정 판결에서 베이즈 망을 이용하여 평가 과정을 명료히 할 수 있음을 예시하고자 소개한다.

지금까지는 문제해결의 하위 과정인 이해, 발상, 실행 그리고 평가를 중심으로 한 관련 연구를 살펴보았다. 그렇지만 1장에서 언급한 것처럼 문제해결이 이런 식으로 순차적으로 일어나는 것이 아니며, 각 하위 과정은 서로 다른 과정과 끊임없이 복잡하게 상호작용한다. 실행이 실패하면 다시금 새로운 발상을 시도할 수도 있고 무엇이 잘 못 되었는지 이해는 물론 평가 과정을 재검토해 볼 수 있다. 이 장에서는 실제 문제상황에서 문제해결이 어떻게 일어나는지를 몇몇 사례를 중심으로 살펴보고자 한다. 이 사례들은 저자가 그 해결 과정을 잘 알고 있다는 이유로 선정하였다. 해결 과정을 잘 알게 된 이유는 그 문제를 해결하기 위한 연구를 직접 수행했기 때문이다. 이들을 소개하는 목적은 그 내용보다는 문제해결 과정의 복잡성과 역동성을 예시하기 위해서다. 따라서 자세한 내용을 완전히 이해하면 좋겠지만, 대략적인 흐름을 파악하는 것으로도 충분하다.

1. 논리적 분석을 통한 문제점 확인과 대안적 이론 제시 사례

이해를 어렵게 하는 요인에서 별도로 다루지 않았지만, 개념들 간의 논리적 분석은 중요한 이해 도구다. 논리적 분석은 여러 개념 간의 관련성을 밝히는 데 유용하다. 그 한 예는 시각적 주의 연구 영역에서의 한 현상인 부적 점화 효과와 관련된 논쟁에서 볼 수 있다. 시각적

주의는 실험 심리학에서 오랫동안 연구되어 온 주제다. 주의의 중요 기능 중의 하나로 언급되어 온 것은 대상을 선택하는 일이다. 즉, 주의가 시야에 제시된 수많은 자극 중 우리가 원하는 한 대상인 표적을 골라내도록 한다는 것이다. 여러 대상 중 하나를 선택하는 일은, 표적에 대한 표상을 활성화시키거나 표적 이외의 대상들을 억제하거나 아니면 이 두 가지를 동시에 진행하여 이루어질 수 있다. 이 세 가지 가능성 중 표적에 대한 표상을 활성화시킨다는 증거는 실험적으로 확인되었다. 즉, 표적과 관련된 정보는 그렇지 않은 정보보다 더 빠르고 정확히 처리된다. 그런데 표적을 활성화시키는 것과 더불어 표적 이외의 자극들이 억제된다는 주장이 제기되었다. 이를 지지하는 한 증거는 물고기 연구자들[1])에 의해 제시되었다. 이들은 큰 수조에 처음에는 4마리, 그다음에는 24마리의 큰가시고기를 넣고 곤들매기를 같은 수조에 넣은 다음, 곤들매기가 처음으로 큰가시고기를 잡아먹는 데 걸리는 시간을 측정하였다. 놀랍게도 큰가시고기의 수가 많을 때 오히려 곤들매기가 첫 번째 사냥에 성공하는 데 걸리는 시간이 더 길었다. 이 결과는 표적이 많아지면 간섭이 일어나 이 중 하나에 제대로 반응하기 위해서 다른 가능한 표적들이 억제되어야 했기 때문인 것으로 설명되었다. 이 아이디어를 실제 사람 대상의 한 실험으로 구현한 것이 부적 점화 패러다임이다. 이 패러다임에서는 시간적으로 앞선 점화자극의 방해자극이 나중에 제시되는 탐사자극판의 표적 처리에 부정적인 영향, 즉 처리 속도나 정확성을 떨어뜨린다는 것을 확인하고자 하였다. 그 전형적인 절차 중 하나는 [그림 6-1]과 같다. 연속

으로 제시되는 점화자극판과 탐사자극판 각각에 위치 표식(-)이 있고
이 중 2개의 표식 위에 표적과 방해자극이 제시되었다.[2]

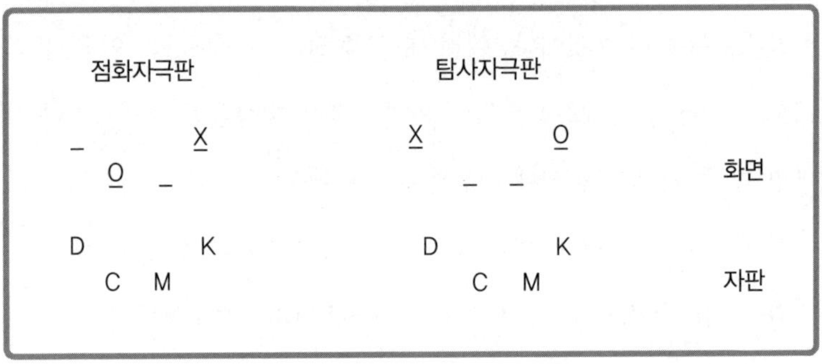

[그림 6-1] 티퍼, 브리호트와 드라이버(Tipper, Brehaut, & Driver)의 실험   실험 1A에
서 사용된 자극판의 예. 각 손의 검지와 중지를 화면의 네 위치에 상응하도록 컴퓨
터 자판의 D, C, M과 K 단추에 놓게 하였다. 과제는 'X'는 무시하고 'O'가 나타나는
위치의 단추를 누르는 것이었다. 이 예에서는 점화자극의 경우 C 단추를, 탐사자극
의 경우 K 단추를 누르는 것이 정반응이다.

4개의 표식에 해당하는 4개의 반응단추가 지정되었고 과제는 표적
이 나타나는 위치의 반응단추를 누르는 것이었다. [그림 6-1]의 경우
정반응은 점화자극판에서는 C 단추를 누르고 탐사자극판에서는 K 단
추를 누르는 것이다. 이 실험에서 얻어진 평균 반응시간은, 탐사자극
판의 표적이 점화자극판의 방해자극 위치에 나타났을 때가 점화자극
판에서 아무것도 나타나지 않은 위치에 나온 경우보다 유의미하게 느
렸다. 이 결과는 앞서 소개한 것처럼 점화자극판의 표적을 선택하는
과정에서 방해자극이 억제되었는데 그 억제 때문에 느려진 것으로 설
명되었다.

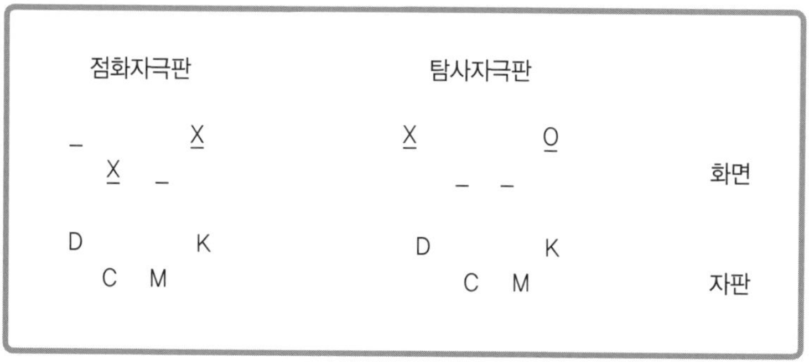

[그림 6-2] 박과 캔위셔의 실험 1   점화자극판에 표적이 없으므로 반응을 할 필요가 없다.

박과 캔위셔(Park & Kanwisher, 1994)는 방해자극 억제설에 등장하는 여러 개념 간의 논리적 관계를 명료히 하기 위한 일련의 실험을 진행하였다. 그들은 먼저 선택이 필요조건인지를 알아보기 위해 점화자극판에 표적이 없는 조건을 추가하였다([그림 6-2] 참조). 이 경우 점화자극판에는 2개의 방해자극만이 제시되었다. 따라서 실험 참여자들은 표적이 없으므로 반응을 할 필요가 없었고 탐사자극판에 대해서만 반응을 하였다. 그 결과, 표적 선택이 일어나지 않아도 방해자극이 제시된 위치에 표적이 제시되면 그렇지 않았을 때보다 반응시간이 느려짐을 발견하였다. 이 결과는 표적 선택이 억제의 필요조건이 아님을 시사한다.

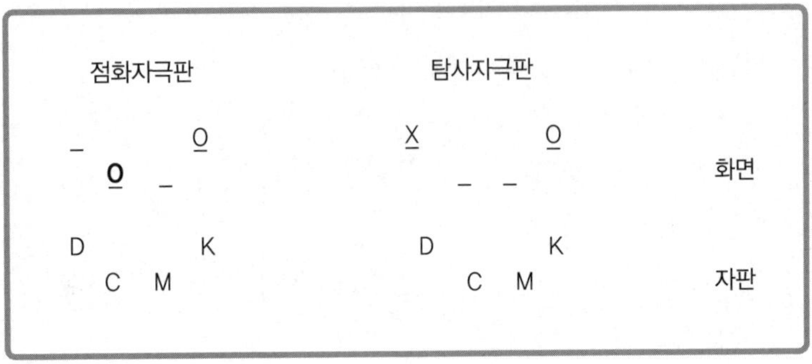

[그림 6-3] 박과 캔위셔의 실험 2 점화자극판에 2개의 표적이 있는데, 실험 참여자는 이 중 하나를 선택하였다. 이 경우는 진하게 표시된 표적을 선택하였다.

　　두 번째 실험에서는 선택이 충분조건인지 알아보았다. 이를 위해 표적과 방해자극이 있는 점화자극판과 함께 표적만 2개 제시된 점화자극판을 사용하였다([그림 6-3] 참조). 2개의 표적이 있을 경우 실험 참여자는 이 중 하나에 반응하도록 하였고, 이 반응에 근거하여 탐사자극판의 표적 위치가 결정되었다. 실험 결과, 선택되지 않은 표적 위치에 탐사 표적이 제시되었을 때가 그렇지 않았을 때보다 반응시간이 빠름을 발견하였다. 만일 선택이 억제를 수반한다면 선택되지 않은 표적 위치에 탐사 표적이 제시되었을 때에 반응시간이 느려져야 했는데 오히려 빨라진 것이다. 이상의 결과는 티퍼 등(1990)의 방해자극 억제설과는 달리 선택이 억제의 필요조건도 충분조건도 아님을 시사한다. 박과 캔위셔는 이 두 실험 결과에 근거하여 방해자극 억제설 대신 같은 위치에 제시된 자극이 동일한지 다른지에 따라 처리 속도가 달라진다는 자극 불일치설을 제안하였다. 그리고 실험 3에서 방해자극 억제설과 자극 불일치설을 비교하는 실험을 수행하였다([그림 6-4]

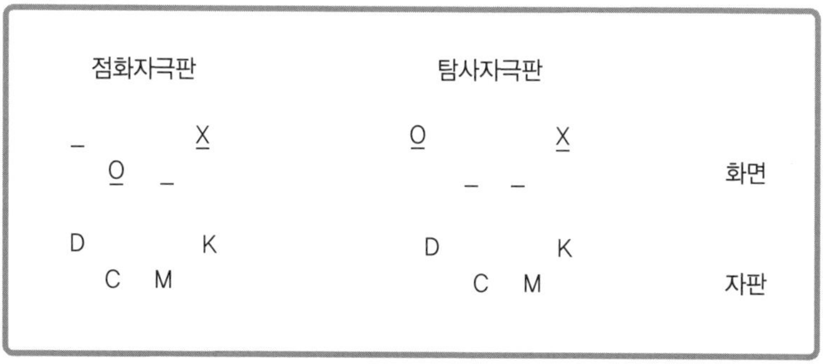

[그림 6-4] **박과 캔위셔의 실험 3** 점화자극판의 표적은 'O'이고 탐사자극판의 표적은 'X'다. 방해자극 억제설에 따르면 탐사자극에 대한 반응은 통제조건보다 느려져야 한다.

참조). 이 실험에서는 점화자극의 표적과 탐사자극의 표적을 다르게 하여, 두 가설이 정반대의 예언을 하도록 하였다. 즉, 점화자극판의 표적은 X, 탐사자극판의 표적은 O일 때, 점화자극판의 방해자극 O의 위치에 탐사자극이 제시되면 방해자극 억제설에서는 억제를 예언하지만 자극 불일치설에서는 그 반대로 촉진을 예언한다. 실험 결과는 표적 불일치설과 일치하게 촉진이 얻어졌다.

　이 사례의 요점은 관련 개념 간의 논리적 분석은 관련 개념에 대한 이해를 촉진할 뿐만 아니라, 경우에 따라서는 새로운 이해로의 길을 열어 주는 열쇠가 될 수 있음을 보여 준다. 이 사례에서는 관련된 핵심 개념의 논리적 관계를 확인하기 위한 발상을 실험으로 구현하였다. 그 결과, 애당초 예상된 결과가 관찰되지 않았다. 이처럼 예언의 실패는 새로운 이해와 대안적 설명을 촉발시키는 데 중요하다. 새롭게 얻어진 결과를 설명하기 위해 새로운 설명을 제안한 다음, 두 개의 다른 설명을 평가할 수 있는 발상을 구현한 새로운 실험이 제안되었다. 이 새로운 실험을 통해 가능한 두 설명 중 어느 한 쪽을 지지할 수 있었다. 후속 연구를 통해 부적 점화에 대한 설명은 방해자극 억제설, 자극 불일치설 그리고 일화적 인출 모형이 각각 잘 설명하는 영역이 있음이 인정되고 있다.[3] 구글 스칼러(google scholar)에 따르면 이 연구는 2015년 10월까지 200회 이상 인용되었다.

이 사례가 주는 시사점은 복잡한 개념들이 등장할 경우 이들을 최대한 단순화한 상태에서 그들 간의 논리적 관계를 따져 보는 훈련을 할 필요가 있다는 것이다. 많은 학술적 주장은 기본적으로 관련된 여러 개념 간의 논리적 관계를 여러 가지 다른 방식으로 분석하는 과정에서 제기된다. 따라서 주요 개념을 파악하고 이들의 논리적 관련성을 검토하는 훈련을 하는 동시에 이를 실제 연구장면에서 끊임없이 적용하기 위해 의도적으로 노력해야 한다. 과학적 담론은 결국에는 증거에 기반을 둔 논리적 논증 과정일 수밖에 없기 때문이다. 어떤 현상이 왜 일어나는지에 대한 의문과 함께, 기존의 어떤 주장에 대해 과연 정말 그러한지를 확인해 보는 습관은 시간이 오래 걸리는 듯하지만 좀 더 확실한 지식을 얻게 하는 근간이다.

2. 새로운 발상을 통한 기존 방법의 개선

문제해결의 두 번째 사례는 시험 혹은 검사 방식으로, 평가장면에서 많이 사용하는 선다형 시험 방식을 개선하려는 시도에서 이루어

졌다. 선다형 시험 방식은 넓은 범위에 걸쳐 출제할 수 있고 채점이
용이하다는 장점 때문에 학업 성취도 평가를 위해 가장 널리 사용되
는 시험 방식이다. 이런 장점에도, 이 방식은 문제와 함께 답지가 주
어지기 때문에 답지를 이용하여 정답에 대한 정보를 얻어 낼 수 있다
는 결정적인 약점이 있다. 이 약점을 해결하기 위한 하나의 방법은 답
지를 제시하지 않는 단답식 문항으로 바꾸는 것이다. 하지만 이렇게
하면 채점의 부담이 커진다는 또 다른 문제가 생긴다. 그렇다면 답지
를 이용하지 못하게 하면서 채점의 경제성을 유지할 수 있는 방안은
없을까? 이를 위해 3장에서 논의한 "what if not 방식(만일 ～이 아니라
면?)"을 사용해 보자.

먼저 선다형 시험 방식의 특징을 서술해 보면 다음과 같다.

① 답지는 통상 2～5개다.
② 발문과 답지가 함께 제시된다.
③ 종이를 이용하여 제시된다.
⋮

이제 각각에 대해 "만일 ～이 아니라면?"이라는 질문을 던지고 그
에 맞는 사례를 찾아 서술하면, 다음과 같다.

($\sim 1_1$) 답지가 없다.
($\sim 1_2$) 답지가 수없이 많다.
⋮

(~2_1) 발문과 답지를 각각 묶어서 따로 제시한다.
(~2_2) 발문만 먼저 제시하고 답지는 나중에 제시한다.
(~2_3) 답지만 먼저 제시하고 발문은 나중에 제시한다.
(~2_4) 발문만 먼저 제시하고 답지를 수험자가 원할 때 제시한다.
　　⋮
(~3_1) 발문을 종이로 제시하지만 답지는 소리로 읽어 준다.
(~3_2) 답지만 종이로 제시하고 발문은 소리로 읽어 준다.
(~3_3) 발문과 답지를 컴퓨터를 이용하여 제시한다.
　　⋮

　이런 속성의 어느 한 측면을 반영하여 만들어진 몇몇 검사 방식을 찾아볼 수 있다. 그중의 하나는, '(~1_1)답지가 없다'를 구현한 그리드 문항에서 볼 수 있다. 이 방식은 사실상 단답식과 같은 반응을 하도록 하는 것인데, 특수한 형태의 광학판독카드(OMR)를 사용하여 결과적으로 숫자를 기입하도록 하는 것이다. 예를 들어, 어떤 문제에 대한 답이 '3 · 1 · / · 2'일 경우 4칸으로 된 OMR 카드의 첫 칸에는 3, 둘째 칸에는 1, 세 번째 칸에는 /, 마지막 칸에는 2를 채워 넣으면 된다. 그렇지만 숫자에 국한될 수밖에 없는 한계가 있다. 또 다른 방식은, '(~1_2)답지가 수없이 많다'와 '(~2_1)발문과 답지를 각각 묶어서 따로 제시한다'를 동시에 만족시키도록 구현한 확장된 대응 문항(extended matching items)에서 볼 수 있다(Veloski et al., 1999). 이 방법은 미국의 의과대학에서 답지를 이용하여 정답을 추측하는 문제를 막기 위해 개발하였다. 이 문항은 문제와 함께 수험자에게 소책자로 정리된 용어집을 별도로 제공한다. 소책자에는 수천 개의 항목이 알파벳 순서로

2. 새로운 발상을 통한 기존 방법의 개선   219

정리되어 있는데 항목마다 고유 번호가 붙어 있다. 예를 들어, 심장
은 #3537이다. 수험자가 제시된 문제에 답을 할 때 정답이 심장이라
고 생각되면, 답지에 3537을 기입하면 된다. 이 밖에 2와 3에서 제시
된 형식을 결합하여 발문이나 답지를 제시하고 다른 하나는 녹음기
를 이용하여 소리로 들려주고 반응을 하도록 할 수도 있다. 이 방식은
TOEFL의 청취 검사에서 실제로 활용되고 있다.

또 다른 방법은 (~2₄)와 (~3₃)를 결합하여 만들어졌다. 이 방식은
종이에 문제와 답지를 동시에 제시하는 대신, 사람들의 반응에 따라
그다음 처리가 이루어지도록 할 수 있는 컴퓨터의 상호작용성을 활용
한다. 이 방식의 특징은 답지 없이 발문만 먼저 제시하여 마치 단답식
문항에서처럼 학생들로 하여금 답을 스스로 생각하게 한 다음, 최종
반응은 선택지를 이용하여 하도록 한다(Park, 2005). 이 방식은 컴퓨
터를 이용한 변형선다형 검사(Computerized Modified Multiple-Choice
Test: CMMT)로 명명되었는데, 그 실행 절차를 몇 개의 단계로 나누어
설명하면 다음과 같다([그림 6-5] 참조). 먼저, 피험자가 화면 하단의
문항 번호에 마우스를 갖다 대면, 문제 제시 화면에 답지 없이 문제만
을 제시하되, 정해진 시간 동안에는 문제를 얼마든지 볼 수 있다. 둘
째, 특정한 문항(예 3번 문항)에 대해 수험자가 답을 스스로 찾았다고
생각하면(단답형으로 정답 추정), 마우스를 클릭하여 선택지를 제시하
도록 요구한다. 선택지는 미리 정해진 짧은 시간만큼(선택지의 길이나
이해도에 따라 달라짐, 3번 문항의 경우 5초) 제시되며, 수험자는 그 시간
내에서만 반응할 수 있다(선다형으로 정답 선택). 셋째, 정해진 시간이

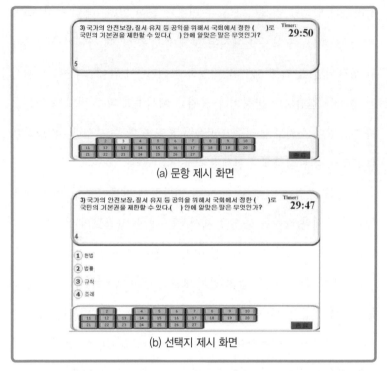

(a) 문항 제시 화면

(b) 선택지 제시 화면

[그림 6-5] 변형 선다형 문항 예시   (a) 수험자가 1번 문항을 이미 풀었기 때문에 화면 하단의 1번 박스는 삭제되었음. 마우스를 하단 3번 박스에 올리면 3번 문항이 선택지 없이 제시됨. 화면 좌측 중상단의 숫자(5)는 선택지가 제시될 시간(5초)을 나타냄. (b) 수험자가 마우스를 하단 3번 박스를 클릭하면 선택지가 제시되며, 시간 경과(4)가 화면에 표시됨. 주어진 5초 동안 수험자는 선택지에서 정답을 선택/변경할 수 있음. 5초가 지나면 화면에서 문제와 답지가 사라지며 더 이상 반응할 수 없음.

지나거나 수험자가 정답을 결정하면 선택지와 함께 문항 자체가 화면에서 사라져 더 이상 반응을 할 수 없게 된다. 이러한 변형선다형 방식의 핵심은 수험자가 기본적으로 단답식처럼 문제를 풀고, 마지막 순간에 선택지를 이용하여 자신이 생각한 정답을 골라 반응하게 하는 것이다.

이렇게 답지를 짧게 제시하고 사라지게 하면, 답지가 원래 선다형에서 의도한 역할을 하도록 할 수 있다. 즉, 수험자로 하여금 먼저 답을 생각해 내도록 한 다음 자신이 생각한 답을 답지로 대신하게 하는 것이다. 기존의 지필식 선다형에서는 처음부터 답지가 발문과 함께 주어지기 때문에, 애당초의 용도에 추가하여 수험자가 답지를 이용하여 거꾸로 정답을 추측할 수 있는 기회도 제공한다.

변형선다형 검사 방식을 통해 기대되는 효과는 우선 단답형에서처럼 인출의 난이도를 증가시킬 수 있다는 것이다. 인출의 부담이 커지면 나중에 그 내용을 더 잘 기억하게 된다는 것은 잘 알려져 있다.[4] 실제로 박(Park, 2005)은 이 방식으로 중간시험을 보았을 때 전통적 선다형보다 최종 시험에서 더 높은 점수를 얻음을 발견하였다. 심지어 컴퓨터로 보는 시험을 집에서 보게 했을 때에도 변형선다형 방식으로 볼 때가 전통적 선다형 방식일 때보다 최종 시험에서 더 높은 점수를 받는 결과를 얻었다.[5] 이상의 결과는 변형선다형 방식이 전통적 선다형보다 인출의 난이도를 어렵게 하여 나중에 다시 기억해 낼 때 기억을 더 향상시켰음을 의미한다.

기억 향상과 더불어 반응 자체는 선다형처럼 선택지를 고르는 것이기에 채점이 쉽고 객관성을 유지할 수 있다는 점 그리고 선택지를 만드는 일이 상대적으로 쉬워져 출제가 용이해진다는 점도 장점이라 할 수 있다. 모든 선다형 문항에 이 방식을 이용할 수는 없겠지만 대부분의 문제를 이 방식에 따라 변형할 수는 있다.

변형선다형 방식은 선다형의 문제점을 개선하기 위한 고민을 통해 만들어졌다. 선다형의 문제는 답지가 처음부터 주어지기 때문에 이를 활용하여 정답을 찾아낼 수 있다는 데 문제가 있다고 이해한 것이 해결의 실마리였다. 이를 차단하기 위한 시도가 이전에도 있었지만, 각각의 방법에도 한계가 있었다. 이 한계를 극복하는 방법은 컴퓨터의 상호작용성을 이용하는 것이었다. 상호작용성을 적용하는 방법을 찾아내는 데 "만일 ~이 아니라면?" 질문이 큰 역할을 하였다. 이렇게 찾아낸 해결책을 프로그램으로 구현한 다음 실제장면에 적용하여 그 타당성을 실험적으로 평가하였다.

다른 예에서도 마찬가지지만 이 문제는 이해는 물론 발상, 실제 개발 그리고 평가 과정이 여기서 서술된 것처럼 물 흐르듯 일사천리로 진행되지 않았다. 처음 아이디어가 떠올랐을 때, 나름대로 좋은 생각이라는 확신이 있었지만 다른 사람을 설득하는 일이 정말 쉽지 않았다. 이 아이디어를 사람들에게 이야기하자 "그 정도는 누군가가 만들었겠지." "그래서?" 혹은 "그게 왜 중요하지?"와 같은 이야기를 자주 들었다. 이런 핀잔과 어이없어하는 표정이 오히려 연구의 자극제가 되기도 하였지만, 실제 교육장면에서의 활용을 위해서는 아직도 실행할 일이 많다.

이 사례가 문제해결에 주는 시사점 중 하나는 발상이 새로운 이해를 촉진할 수 있다는 것이다. 상호작용성을 적용하는 방법이 떠올랐을 때 비로소 미리 답지를 제시하는 것의 부작용을 명확히 이해할 수 있었고, 아울러 그런 부작용을 최소화할 방법을 찾을 수 있었다. 이전에도 사람들은 이런 문제점을 파악했지만, 컴퓨터라는 도구가 없었기 때문에 이 문제를 해결하는 일이 쉽지 않았을 것이다. 컴퓨터가 존슨이 언급한 인접 가능성을 열어 주었고, 이로 인해 변형선다형 방식이 개발될 수 있었다. 요컨대, 새로운 생각은 새로운 도구를 적절히 활용할 때 가능할 수 있다. 물론 좋은 아이디어와 이를 구현하는 것으로 끝이 아니다. 세상을 변화시키기 위해서는 발상 이외에 실행과 평가 그리고 운과 같은 다른 요소가 맞아떨어져야 한다.

3. 베이즈 망을 이용한 법적 판단: 암묵적 사고 과정을 명료히 하기 위한 시도

문제해결이 개입되는 또 다른 상황은 판단과 의사결정 장면이다. 판단과 의사결정은 그 자체로 심리학은 물론 경영학이나 공학 등에서 활발히 연구되는 광범위한 주제다. 이 주제에 대한 포괄적인 개관은 다음 기회로 미루기로 하겠다. 그 대신 판단과 의사결정 연구자들의 관심은 결과보다는 더 좋은 판단이나 선택을 위한 과정을 중시하고 그 과정을 찾아내는 데 있다는 것 정도만 알아 두자.

불확실한 상황에서 판단을 내려야 할 때는 어쩔 수 없이 위험을 감수해야 한다. 이 위험을 최소화할 수 있도록 하는 방법 중의 하나는 판단을 내리는 과정을 명료히 하는 것이다. 이렇게 하면 고려해야 하는 부분들이 망라되었는지를 알 수 있다. 법적 판단은 아마도 가장 어려운 판단과 의사결정 영역일 것이다. 거짓말을 하는 증인도 있고 사건과 관련된 사람들이 감정에 의해 영향을 받기도 하기 때문이다. 사회 심리학 연구 결과에 따르면 우리가 거짓말을 판단하는 능력은 거의 우연 수준에 가깝다고 한다.[6) 거짓말과 참말을 비슷하게 섞은 다음 판단하게 하면, 우연히 정확하게 반응할 확률이 0.5라 할 때 실제 사람들의 정확반응률은 0.54로 통계적으로 유의미한 차이가 없다. 이런 상황에서 우리가 할 수 있는 일은 관련된 정보를 최대한 수집하여 그 정보들로부터 가장 가능성이 높은 시나리오를 찾아내는 것이다. 베이즈 망을 사용하는 것은 이 과정을 명료하게 하는 데 도움을 줄 수 있다.

베이즈 망은 변인들 간의 확률적 의존 관계를 그래프로 나타내는 형식 언어의 하나다. 그래프로 표현하면 수식으로 표현할 때보다 지식 표상과 추론이 쉬워진다. 베이즈 망에서는 조건부 의존성이 없는 변인들 간의 연결은 생략하고, 관련된 변인들은 그 내용을 표현하는 마디(node)와, 마디와 마디를 연결하는 화살표나 선분을 이용하여 그래프의 형태로 나타낸다. 여기서 화살표가 뻗어 나가는 마디를 '부모 마디(parent node)'라고 하며, 화살표가 향하는 마디를 '자식 마디(child node)'라고 부른다.

이 그래프에서는 화살표로 연결된 마디들이 순환하는 고리를 이루어서는 안 되고(acyclic graph), 부모 마디의 상태에 따라 자식 마디의 상태가 어떻게 영향을 받는지를 규정하는 마디확률표(node probability table)가 명세되어야 한다. 이런 조건을 충족시키는 망이 만들어지면, 망 내의 각 마디의 상태에 따라 다른 마디의 확률이 어떻게 갱신되어야 하는지를 확률법칙에 따라 계산해 낼 수 있다.

이런 망을 만드는 일을 쉽게 할 수 있는 프로그램 중 하나가 아제나리스크(AgenaRisk) 프로그램이다. 이 프로그램을 이용하여 간단한 사례를 분석해 보면 다음과 같다. 우선, ① 유방암과 방사선 검사 간의 인과관계를 망으로 나타낸 다음, ② 유방암의 발병률을 입력한다. ③ 그다음에 실제로 암일 경우 방사선 검사에서 양성으로 나올 확률과 실제로 암이 아닌데도 양성으로 나올 확률값을 입력한다. ④ 이렇게 만들어진 망을 이용하여, 만일 어떤 환자의 방사선 검사에서 양성 반응이 나왔을 경우 이 환자가 실제로 암에 걸렸을 확률을 계산하면 ④에서처럼 약 7.8%에 불과하다는 것을 알 수 있다. 물론 이 사례는 임의적인 것이고 유방암에 대한 방사선 검사의 정확도가 증가함에 따라 방사선 검사에서의 양성 반응이 실제 암에 걸렸을 확률의 예측 수준을 높일 수 있다.

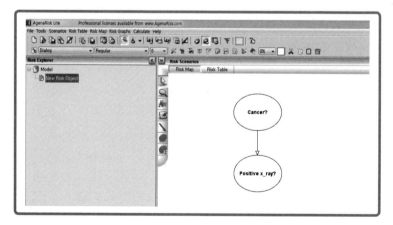

① 유방암과 방사선 검사 간의 인과적 관계를 망으로 나타낸다.

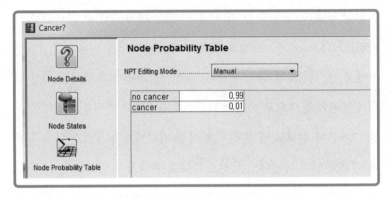

② 유방암의 발병률을 입력한다.

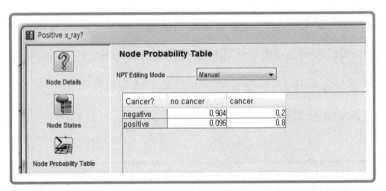

③ 암일 때 방사선 검사에서 양성 반응이 나올 확률과 암이 아닐 때의 확률을 입력
한다.

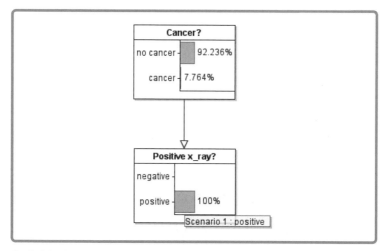

④ 앞에서 만들어진 베이즈 망을 이용하여 방사선 검사에서 양성 반응이 나왔다고 가정하면, 실제로 암에 걸렸거나 걸리지 않았을 확률을 계산해 낼 수 있다.

이제 이런 망을 판결에 적용해 보자. 여기서 적용해 볼 예는 클라우스 폰 빌로우(Claus von Bülow) 사건에 대한 판결에서 볼 수 있다.[7] 이 사건은 클라우스가 아내인 서니(Sunny)에 대한 살인미수 혐의로 피소된 사건이었다. 서니가 병원에 후송된 직후, 그녀의 혈액에서 높은 인슐린 수치가 발견되었다. 검사 측은 서니가 인슐린으로 혼수상태에 빠진 것은 클라우스가 서니에게 인슐린을 투약했기 때문이라고 주장하였다. 가장 중요한 증인은 서니의 가정부인 마리아와, 이전 결혼으로 출생한 자녀 알렉스였다. 마리아는 서니가 혼수상태에 빠지기 한 달 전에 인슐린이 들어 있는 클라우스의 가방을 발견했다고 증언하였다. 그리고 알렉스는 서니가 혼수상태에 빠진 후에 클라우스의 옷장에서 그 가방을 발견했고, 그때 당시 사용된 주삿바늘도 같이 있었다고 증언하였다. 그런데 서니에게 주기적으로 운동을 지도한 트레이

너 조이가 서니에게 인슐린 주사는 살이 찌는 것을 막는 좋은 방법이라고 말한 적이 있다고 증언하였다. 하지만 기록상으로는 서니가 조이로부터 운동 지도를 받은 것은 짧은 기간이었고, 게다가 조이가 서니에게 인슐린에 대해서 말한 기간에는 조이의 지도를 받지 않았다는 것이 밝혀졌다. 한편, 서니의 계좌를 관리하는 은행원은 만약 서니가 사망할 경우 서니의 많은 유산이 클라우스에게 남겨지지만, 이혼할 경우는 클라우스가 적은 유산을 받을 것이라고 증언하였다. 이 밖에 클라우스의 정부인 알렉산드라가 클라우스에게 서니와 이혼할 것을 종용하였다는 사실이 확인되었다.

이 사건의 쟁점은 부인을 살해한 혐의로 기소된 피고인은 범행을 부인하는데, 가정부와 의붓아들의 증언은 이와 상반된다는 것이다. 검사 측 증인의 진술과 변호인 측 증인의 진술 및 다른 간접 증거들이 과연 합리적 의심을 배제시킬 정도의 증명력을 가지고 있는지에 대해 1심과 2심의 배심원 견해가 나누어진 사건으로, 실제로 1심에서는 유죄, 2심에서는 무죄 판결이 내려졌다.

아제나리스크라는 프로그램을 이용하여 사건의 증언들과 증거들을 토대로 클라우스의 유죄 확률을 시각화하면 [그림 6-6]과 같이 나타낼 수 있다. 1심 재판에서 검사 측은 클라우스가 서니를 살해할 충분한 동기를 가지고 있는 증거(클라우스의 정부 알렉산드라의 이혼 종용, 서니의 담당 은행원의 증언, 가정부와 의붓아들의 증언)를 제시하였다. 반면, 변호인 측은 검사 측의 증거들에 대한 이의를 제기하지 못했다. 이것을 아제나리스크로 나타내면 클라우스가 서니를 살해했을 가능

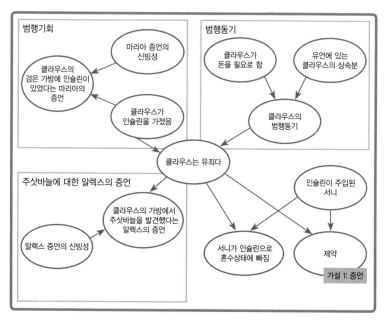

[그림 6-6] 아제나리스크를 이용한 외국 사례 '클라우스 폰 뷜로우 사건' 분석: 클라우스가 '유죄'일 것이라는 가설에 대해 법적관용구('범행기회' '범행동기' '주삿바늘에 대한 알렉스의 증언')로 구분하여 분석함.

성은 83%로 높았다([그림 6-7] 참조). 그러나 2심 판결에서 변호인 측은 전문가 증언을 통해 서니의 죽음이 인슐린에 의한 것이 아닌 평소 그녀의 생활습관상의 문제(⑩ 다량의 아스피린, 아이스크림을 먹는 것 등)가 서니가 혼수상태에 이르게 된 원인이라고 주장하였다. 더불어 가정부 마리아와 알렉스의 증언의 신빙성에 문제를 제기하였는데, 이를 반영하면 클라우스가 유죄일 가능성이 46.3%가 된다([그림 6-8] 참조).

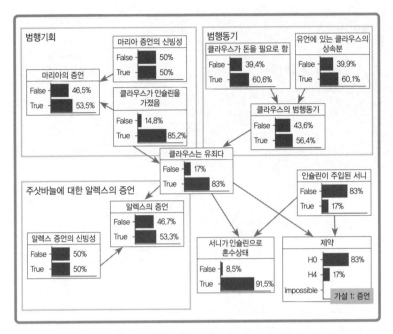

[그림 6-7] 아제나리스크를 이용한 클라우스 폰 뷜로우 사건 분석:
유죄 가능성 83%

물론 베이즈 망과 같은 도구가 없이도 지금까지 판사들은 직관과 경험을 가지고 완벽하지는 않더라도 최선의 판단을 내리기 위해 애써 왔음이 틀림없다. 그럼에도 이런 분석 방법을 판결의 보조도구로 사용하면, 판사들이 판결하는 사건을 어떻게 이해하고 있고, 판결을 내릴 때 어떤 점을 중요시했는지를 객관화할 수 있다. 베이즈 망을 이용하여 가능한 위험을 확률적으로 예측할 수 있는 다양한 기법은 펜턴과 닐(Fenton & Neil, 2012)에 소개되어 있다. 이 기법을 국내 형사 사건에 적용하여 분석한 예는 고민조와 박주용(2014)에서 볼 수 있다.

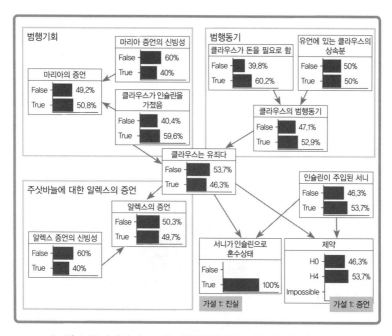

[그림 6-8] 아제나리스크를 이용한 클라우스 폰 뷜로우 사건 분석:
유죄 가능성 46.3%

INTRODUCTION
TO
PSYCHOLOGY

07 _

요약과 마무리

할리우드식 공포영화의 특징 중 하나는, 영화가 끝나면서 공포 또한 끝나는 것이 아니라 새로운 공포가 시작된다는 것이다. 문제해결에 대한 이 책이 마무리되는 시점에서 저자가 기대하는 것은 독자들이 문제해결을 위한 모험을 시작하는 것이다. 그 모험을 설렘으로 시작하고, 우여곡절을 겪는 과정 속에서 비슷한 관심을 가진 새로운 사람들을 만나기도 하고 또 문제해결의 기쁨을 맛볼 수 있기를 바란다.

1. 문제해결의 하위 과정을 중심으로 한 요약

지금까지의 논의를 정리해 보자. 우리는 문제해결이 우리 삶에 중요하다는 데서 시작하였다. 문제해결은 삶에서 수시로 부딪치는 불편함을 해소하는 데서부터 우리나라의 경쟁력을 높이는 데까지 핵심적인 역할을 한다. 교육의 중요한 목표 중의 하나로 문제해결력을 높이는 것이 반복적으로 언급되어 온 것은 이 때문이다. 이 문제해결의 과정을 분석적으로 살펴보기 위해 편의상 이해, 발상, 평가 그리고 실행으로 세분하였다. 이해는 해결을 위해 주어진 전제나 조건은 물론 숨겨진 전제를 찾아내고, 관련 지식을 활용하여 가능한 한 일관된 지식을 구성하여, 문제해결을 위해 불가결한 부분이 어디인지를 파악하는 활동이다. 발상은 이해를 통해 밝혀졌지만 아직 모르는 부분을 채우기 위한 활동이다. 이 활동에서는 이전 지식의 조합이나 구조적 유사성에 기반을 둔 유추가 중요한 역할을 하는데, 경우에 따라서는 이해 방식을 새롭게 바꾸는 재구성이나 존재론적 범주의 변경을 매개로 새로운 발상이 일어난다. 이해는 물론 발상 그리고 실행은 모두 평가되고 그 결과에 따라 후속 행동이 결정된다. 평가는 많은 경우 소위 직관에 의존하는데, 직관은 정서나 유창성에 의해 매개된다. 다른 대안이 없을 때에는 직관에 의한 평가에 의존할 수밖에 없다. 하지만 논리나 통계적 추리와 같은 규범적 접근에 따르거나 과학적 분석이나 여러 사람에 의한 비판에 근거하는 것이 더 합리적이고 더 좋은 평가

를 내릴 가능성을 높여 준다. 실행은 문제해결 활동의 대미를 장식한
다. 하지만 한편으로는 비용 때문에, 다른 한편으로는 실패에 대한 두
려움 때문에 선뜻 넘어서지 못하는 문턱이다.

　문제해결의 하위 단계의 이런 특징을 염두에 두고 실제 문제에 부
딪쳤을 때는 어떻게 접근해야 할까? 우선 해결해야 할 문제가 하나라
면 상관없지만 여러 개라면 이들을 해결의 중요성, 해결의 시급성 그
리고 성공 가능성을 고려하여 순위를 매기는 데서 시작할 수 있다. 간
단히 해결할 수 있는 문제는 바로 해결하여 문제의 수를 줄이는 것이
한 방법이다. 그리고 나서도 여러 문제가 남아 있을 수 있고, 이 문제
들에 대해 순위를 정하는 일이 그 자체로 또 하나의 문제가 될 수 있
다. 그렇다 하더라도 이 단계를 생략할 수 없다. 여러 문제가 있을 때
순서를 정하지 않고 바로 특정한 문제에 전념하는 것은, 사실상 문제
를 충분히 이해하지 않고 해결하려는 시도와 크게 다를 바가 없기 때
문이다. 따라서 해결의 시급성과 중요성을 고려한 대략적인 순서를
정해 놓되, 경우에 따라서는 결과를 빨리 만들어 낼 수 있는 문제에
집중하는 것도 필요하다. 생물학 실험 연구실에서 실제로 어떻게 연
구를 수행해 가는지를 분석한 연구에 따르면,[1] 생산적인 연구실에서
는 빨리 결과를 낼 수 있는 연구와 함께 그 연구실에서 중요시하는 주
제를 동시에 진행하는 전략을 많이 사용한다고 한다.

　한 번에 하나씩이든 동시에 두어 개를 고려하든 상관없이 각 문제
에 대한 이해, 발상, 평가 그리고 실행의 바퀴가 각각 별도로 굴려져
야 한다. 이해를 제대로 하고 있는지를 알아보는 방법은 말과 글로 표

현해 보는 것이다. 글로 쓴 것을 소리 내어 읽어 보는 것도 유용하다. 이런 활동을 통해 어느 정도 이해하는 바가 분명해지면, 이를 다른 사람에게 이야기해 본다. 이야기하기 쉬운 대상에서 시작하여, 관련 영역에 대한 지식이 많은 사람들이나 기꺼이 비판해 줄 수 있는 사람들의 의견을 들어볼 필요가 있다. 이렇게 이야기하다 보면 적절한 유추나 모델을 찾아낼 가능성이 높아지고 혼자서는 보기 어려운 다양한 관점에서 문제를 바라볼 수 있게 된다. 발상을 얻기 위해서는 발상을 시도해야 한다. 관련된 가용 지식을 활용하여 이리저리 조합해 보고, 인접 영역에서 유추해 낼 수 있는 것을 찾아보아야 한다. 관련 영역에서 최근의 지식이나 연구 방법론 등에 친숙해지는 것도 큰 도움이 된다. 새로운 지식이나 기술은 새로운 가능성을 열어 주기 때문이다. 이렇게 집중적으로 발상을 시도해 보다가도 해결책이 떠오르지 않으면, 너무 자주 그리고 너무 긴 시간이 아니라면 그 문제로부터 떠나 있는 것도 좋다. 다른 문제를 풀거나, 여행을 떠나거나, 또 다른 방식으로 휴식을 취하는 것이다. 어떤 때는 너무 집중하는 것이 오히려 다양한 생각을 방해할 때도 있기 때문이다. 이해나 평가 그리고 실행에 대한 정확한 평가는 문제해결의 시작과 끝은 물론 어느 방향으로 해결을 시도해야 할지를 결정한다. 많은 경우 직관에 의존하는데 직관이 뛰어난 사람은 그리 많지 않다. 어쩔 수 없는 상황에서는 직관에 근거하여 평가를 내려야 하지만, 직관도 훈련할 수 있고, 더 좋은 형식적 평가 방법이 있다는 것을 기억할 필요가 있다. 다양한 시간 프레임에서 평가를 내려 보는 훈련, 미래의 실패를 가정하고 실패의 원인을 찾아보는 훈련 등은 근거 없는 낙관주의에 빠지지 않기 위해 필요하다. 우리는 떠오른 여러 생각을 좁고 피상적으로 평가하기 때문이다. 논리와 수리통계적 방법에 익숙해지는 것은 그 방법을 적용할 수 있는 영역에서 큰 도움이 되고, 다른 사람과의 논쟁은 우리의 생각이 맞는지를 확인해 볼 수 있는 오래된 도구다. 실행을 위해서는 용기와 함께 계획이 필요하다. 계획은 최종 목표에 다가가고 있음을 알게 해 주는 주요 지점을 확인시켜 준다. 그리고 이 지점을 지날 때 작은 성공을 맛보게 해 주어 다음 목표 지점이나 최종 목표를 향해 질주하도록 도울 수 있다. 자신이 해결하는 문제가 자신뿐만 아니라 사회를 바꾸는 일이 될 때는 용기에 더해 소명감을 갖게 되기도 한다. 이 모든 일의 시작은 실행의 첫발을 내딛는 것이다.

2. 마무리: 해결을 위해 가파른 언덕 위로 바퀴를 굴려 가기

문제가 없는 삶은 불가능하다. 설사 가능하다 하더라도 그 삶은 무의미하고 권태로울 가능성이 높다. 수동적인 의미에서 삶을 영위하기 위해서는 물론, 능동적인 의미에서 삶을 영위하기 위해서도 문제 해결을 추구할 수밖에 없고 또한 추구해야 한다. 어차피 피할 수 없다면, 밀려오는 문제들을 해결해 보려고 이리 뛰고 저리 뛰어 지치기보다, 차라리 내가 풀고 싶은 문제를 찾아서 그것과 씨름해 보는 것은 어떨까? 운동 경기에서 최선의 수비는 공격이라는 말이 있듯이, 최선의 삶은 적극적인 문제해결에 있는 것이 아닐까? 우리에게 주어진 시간의 상당 부분은 다른 사람과 크게 다르지 않은 일을 하는 데 사용된다. 하루 중 1/3인 8시간은 잠을 잔다. 이 시간을 줄여서 어떤 일을 더 많이 할 수 있겠지만 그렇게 한 일의 질은 그리 높지 않다고 한다. 잠을 푹 잘 자고 나머지 시간을 잘 쓰는 것이 중요하다. 또 다른 8시간은 학교나 직장에서 보내고, 나머지 8시간은 씻고 먹고 놀고 쉰다. 학교나 직장에서 보내는 시간과 놀고 쉬는 시간을 어떻게 잘 활용할지가 중요하다. 이 시간을 쓸 때에도 우리가 어쩔 수 없이 해야 하는 일을 하는 동시에, 내가 살았다는 흔적을 남길 수 있는 의미 있는 문제를 찾고 그 해결을 시도해 보는 것을 어떨까? 3M이나 구글처럼 혁신을 강조하는 일부 회사에서는 이런 일을 회사 차원에서 허락한다. 이런 회사에서는 근무 시간의 10~15%에 자신이 하고 싶은 일을 찾아서 하도록 권장한다. 왜 그렇게 많은 사람이 이런 회사에 들어가려는지 알 만하지 않은가? 그런 회사에서 일하는 사람은 분명히 운이 좋은 사람일 것이다. 그렇다면 회사에서 그런 지원을 하지 않는 사람들은 어떻게 해야 할까? 회사에서 지원을 해 주지 않으니 할 일만 할 것인가? 지원을 하지 않으니 놀고 쉬는 시간을 활용할 수밖에 없는 것은 분명하다. 하지만 그로 인한 장점도 있는데, 도전해 볼 문제의 범위가 훨씬 넓어진다는 점이다. 어떤 상황에 처해 있든 중요한 것은 제대로 문제를 찾아내고 이 문제해결에 집중해 보는 것이다. 그 문제가 정말 재미있고 의미 있는 일이라면, 몇 번 실패하더라도 포기하는 대신 에

디슨이 그랬던 것처럼 "나는 실패하지 않았다. 나는 단지 효과가 없는 1만 가지 방법을 발견했을 뿐이다."라고 말하게 될 것이다. 그리고 한 번 더 그리스 신화에 나오는 시지프스처럼 이해, 발상, 평가, 실행의 바퀴를 굴리기 위해 일어서게 될 것이다. 요컨대, 문제해결에 몰입하는 것은 결과에 상관없이 삶을 열심히 사는 한 방법임이 틀림없다. 그 과정에서 남기게 되는 성공은 물론 실패의 흔적은 뭘 해야 할지 몰라 방황하는 누군가에게 감동을 주어 그 사람도 그런 삶에 빠져들게 할 수 있다. 나 자신을 위해 그리고 누군가를 위해 바퀴를 굴려 보자.

INTRODUCTION
TO
PSYCHOLOGY

후 주 <<<

1장

1) 허숙 (2003).
2) Trivers (1974).
3) Coren (1996).
4) Damon (2009).
5, 6) Newell & Simon (1972).
7) Gigerenzer (2008); Jonasson (2011).
8) Perkins & Salomon (1989); Smith (1991); Roberts (2007); Greiff et al. (2014).
9) Griffin, McGaw, & Care (2013).
10) Greiff et al. (2014).
11) Kirsh (2009).
12) Roberts (2007).
13) www.innocentive.com

2장

1) Lucangeli, Tressoldi, & Cendron (1998).
2) Brown (2008).
3) Shotter (1975) 재인용.
4) http://web.randi.org/the-million-dollar-challenge.html
5) Gale & Marsden (1982).
6) Ambady & Rosenthal (1993).

7) Frederick (2005).
8) Lesgold (1988).
9) Lombrozo (2012).
10) Chi, Bassok, Lewis, Reimann, & Glaser (1989).
11) Chi (2000); Johnson-Laird, Girotto, & Legrenzi (2004).
12) Kuhn & Katz (2009); Williams, Lombrozo, & Rehder (2013).
13, 14) Clement (1988).
15) Markman et al. (2009).
16) Nemeth, Rogers, & Brown (2001).
17) Dunbar (1997).
18) Kelley & Kelley (2013).

3장

1) Perkins (1981); Johnson-Laird (1988).
2) Galotti, Kossman, & Sabini (1990).
3) Mehle (1982).
4) Gettys, Pliske, Manning, & Casey (1987).
5) Nijstad & Stroebe (2006); Stroebe, Nijstad, & Rietzschel (2010).
6) Klein (2013).
7) Burkus (2013).
8) Harrington (1975); Chua & Iyengar (2008).
9) http://www.ecologylab.net/infocomposer/launch/index.html; 프로그램 사용법에 대한 동영상은 http://www.youtube.com/watch?v=P7ND1sOkD5A 참조.

4장

1) Markus & Zajonc (1985).
2) Lichtenstein & Slovic (2006).
3) Hsee (1996).
4) Shafir, Simonson, & Tversky (1993).
5) Klein (1998).
6) Klein (2013).

7) Zajonc (1968).

8) Bagchi & Cheema (2013).

9) Metcalfe & Wiebe (1987).

10) Oppenheimer (2008).

11) Baird, Smallwood, Mrazek, Kam, Franklin, & Schooler (2012).

12) Gigernzer & Gaissmaier (2011).

13) Newell & Fermandez (2006); Newell, Rakow, Weston, & Shanks (2004).

14) Dougherty, Franco-Watkins, & Thomas (2008).

15) McCloskey (1983).

16) Larrick (2004).

17) Marcus & Davis (2013).

18) Dawes (1971).

19, 20) Goldberg (1970).

21) Asterbro & Koehler (2007).

22) Dawes (1989); Meehl (1958).

23) Roberts (2007).

24) Williams & Colomb (2006).

25) Walton (2005).

26) Driver, Newton, & Osborne (2000).

27) Eemeren et al. (2002).

28) Pennington & Hastie (1993).

29) Benjamin, Cavell, & Shallenberger (1984).

30) Wilson et al. (1993).

31) Mathieu & Bertelsen (2013).

32) www.treeage.com; www.palisade.com 참조.

33) Nisbett et al. (1987).

34) Mellers et al. (2015).

35) Hogarth & Karelaia (2007).

36) Eddy (1982).

37) Kuhn (1991).

38) Koslowski (1996); Brem & Rips (2000); Rips (2002).

39) Larson et al. (2009).

40) Weisberg et al. (2008).

41) Hepler et al. (2007).

5장

1) Gollwitzer et al. (2009).
2) Orbell & Sheeran (2000).

6장

1) Neill & Curran (1974).
2) Tipper, Brehaut, & Driver (1990).
3) Mayr & Buchner (2006).
4) Bjork (1994); Karpicke & Roediger (2008).
5) Park & Choi (2008).
6) Bond & DePaulo (2006).
7) 이 사건에 대한 세부적인 정보는 Thagard (2004) 참조.

7장

1) Dunbar (1997).

참고문헌 ⁽⁽⁽

고민조, 박주용(2014). 베이지안 망을 이용한 법적 논증 분석. 서울대학교 법학, 55(1), 573-615.

이종승, 허숙(2003). 시험 왜 보나? 서울: 교육과학사.

Ambady, N., & Rosenthal, R. (1993). Half a minute: Predicting teacher evaluations from thin slices of nonverbal behavior and physical attractiveness. *Journal of Personality and Social Psychology, 64*(3), 431.

Asterbro, T., & Koehler, D. J. (2007). Calibration accuracy of a judgmental process that predicts the commercial success of new product ideas. *Journal of Behavioral Decision Making, 20*, 381-403.

Bagchi, R., & Cheema, A. (2013). The effect of red background color on willingness-to-pay: The moderating role of selling mechanism. *Journal of Consumer Behavior, 39*(5).

Baird, B., Smallwood, J., Mrazek, M. D., Kam, J., Franklin, M. S., & Schooler, J. W. (2012). Inspired by distraction: Mind-wandering facilitates creative incubation. *Psychological Science, 23*(10), 1117-1122.

Belsky, S. (2010). *Making Ideas Happen: Overcoming the Obstacles Between Vision and Reality.* New York, NY: Penguin.

Benjamin, L. T., Cavell, T. A., & Shallenberger, W. R. (1984). Staying with initial answers on objective tests: Is it a myth? *Teaching of Psychology, 11*(3), 133-141.

Bjork, R. A. (1994). Memory and metamemory considerations in the training of human beings. In J. Metcalfe & A. P. Shimamura (Eds.), *Metacognition: Knowing about Knowing* (pp. 185-205). Cambridge, MA: MIT Press.

Blair, J. A., & Johnson, R. H. (1987). *Argumentation as dialectical.* *Argumentation, 1*(1), 41–56.

Bond, C. F., & DePaulo, B. M. (2006). Accuracy of deception judgments. *Personality and Social Psychology Review, 10*(3), 214–234.

Brem, S. K., & Rips, L. J. (2000). Explanation and evidence in informal argument. *Cognitive Science, 24*(4), 573–604.

Brown, S., & Walter, M. (2005). *The Art of Problem Posing.* Mahwah, NJ: Lawrence Erlbaum Associates. 문제 제기의 기술. 조정수, 김진환 공역 (2012). 서울: 경문사.

Brown, T. (2008). Design thinking. *Harvard Business Review, June*, 85–92.

Burkus, D. (2013). *Myths of Creativity: The Truth About How Innovate People and Companies Generate Great Ideas.* San Francisco, CA: Jossey-Bass.

Chater, N., & Oaksford, M. (2012). Normative systems: Logic, probability, and rational choice. In K. J. Holyoak & R. G. Morrison (Eds.), *Oxford Handbook of Thinking and Reasoning.* New York: Oxford University Press.

Chi, M. T. H. (2000). Self–explaining expository texts: The dual processes of generating inferences and repairing mental models. In R. Glaser (Ed.), *Advances in Instructional Psychology* (pp. 161–238). Hillsdale, NJ: Lawrence Erlbaum Associates.

Chi, M. T. H. (2008). Three types of conceptual change: Belief revision, mental model transformation, and categorical shift. In S. Vosniadou (Ed.), *Handbook of Research on conceptual Change* (pp. 61–82). Hillsdale, NJ: Erlbaum.

Chi, M. T. H., Bassok, M., Lewis, M., Reimann, P., & Glaser, R. (1989). Self–explanations: How students study and use examples in learning to solve problems. *Cognitive Science, 13*, 145–182.

Chi, M. T. H., Feltovich, P., & Glaser, R. (1981). Categorization and representation of physics problems by experts and novices. *Cognitive Science, 5*, 121–152.

Chi, M. T. H., & Ohlsson, S. (2005). Complex declarative learning. In K. Holyoak (Ed.), *Cambridge Handbook of Thinking and Reasoning.*

Cambridge, MA: Cambridge University Press.

Chua, R. Y. J., & Iyengar, S. S. (2008). Creativity as a matter of choice: Prior experience and task instruction as boundary conditions for the positive effect of choice on creativity. *The Journal of Creative Behavior, 42*(3), 164–180.

Clement, J. (1988). Observed methods for generating analogies in scientific problem solving. *Cognitive Science, 12*(4), 563–586.

Coren, S. (1996). *Sleep Thieves: An Eye-Opening Exploration Into the Science and Mysteries of Sleep.* New York, NY: Simon & Schuster.

Damon, W. (2009). The Path to Purpose: How Young People Find Their Calling in Life. 무엇을 위해 살 것인가: 스탠포드대 인생특강 · 목적으로 가는 길. 정창우, 한혜민 공역(2012). 서울: 한국경제신문사.

Dawes, R. M. (1971). A case study of graduate admissions: Application of three principles of human decision making. *American Psychologist, 26*(2), 180.

Dawes, R. M. (1989). Statistical criteria for establishing a truly false consensus effect. *Journal of Experimental Social Psychology, 25*(1), 1–17.

Dougherty, M., Franco-Watkins, A. M., & Thomas, R. (2008). Psychological plausibility of the theory of probabilistic mental models and the fast and frugal heuristics. *Psychological Review, 115*(1), 199–213.

Douglas, H., & Sander, E. (2013). *Surfaces and Essences: Analogy as the Fuel and Fire of Thinking.* New York, NY: Basic Books.

Driver, R., Newton, P., & Osborne, J. (2000). Establishing the norms of scientific argumentation in classrooms. *Science Education, 84*(3), 287–312.

Dunbar, K. (1995). How scientists think: On-line creativity and conceptual change in science. In R. J. Sternberg & J. Davidson (Eds.), *The Nature of Insight.* Cambridge, MA: MIT Press.

Dunbar, K. (1997). How scientists think: On-line creativity and conceptual change in science. In T. Ward, S. Smith, & S. Vaid (Eds.), *Creative Thought: An Investigation of Conceptual Structures and Processes: Emergence, Discovery, and Change.* Washington, DC: APA Press.

Duncker, K. (1945). On problem-solving. *Psychological Monographs, 58*(5),

Whole No. 270.

Eddy, D. M. (1982). Probabilistic reasoning in clinical medicine: Problems and opportunities. In D. Kahneman, P. Slovic, & A. Tversky (Eds.), *Judgment Under Uncertainty: Heurisitcs and Biases*. Cambridge, MA: Cambridge University Press.

Edwards, W., & Newman, R. J. (1982). *Multiattribute Evaluation*. Thousands Oaks, CA: Sage Publications.

Eemeren, F. V., Grootendorst, R., & Henkemans, F. S. (2002). *Argumentation: Analysis, Evaluation, Presentation*. Mahwah, NJ: Lawrence Erlbaumn Associates.

Engel, A. K., Maye, A., Kurthen, M., & König, P. (2013). Where's the action? The pragmatic turn in cognitive science. *Trends in Cognitive Sciences, 17*(5), 202–209.

Eysenck, H. J. (1993). Creativity and personality: Suggestions for a theory. *Psychological Inquiry, 4*(3), 147–178.

Fenton, N., & Neil, M. (2012). *Risk Assessment and Decision Analysis with Bayesian Networks*. Boca Raton, FL: CRC Press.

Finke, R. A. (1990). *Creative Imagery*. Hillsdale, NJ : Lawrence Erlbaumn Associates.

Finke, R., Ward, T., & Smith, S. M. (1992). *Creative Cognition*. Cambridge, MA: MIT Press.

Frederick, S. (2005). Cognitive reflection and decision making. *Journal of Economic Perspectives*, 25–42.

Gale, J., & Marsden, P. (1982). Clinical problem solving: the beginning of the process. *Medical Education, 16*(1), 22–26.

Galotti, K. M., Kossman, D. A., & Sabini, J. P. (1990). Generating explanations of social and nonsocial events. *Bulletin of the Psychonomic Society, 28*(5), 455–458.

Gettys, C. F., Pliske, R. M., Manning, C., & Casey, J. T. (1987). An evaluation of human act generation performance. *Organizational Behavior and Human Decision Processes, 39*(1), 23–51.

Gick, M. L., & Holyoak, K. J. (1983). Schema induction and analogical transfer. *Cognitive Psychology, 15*(1), 1–38.

Gigerenzer, G. (2008). Why heuristics work. *Perspectives on Psychological Science, 3*(1), 20–29.

Gigerenzer, G., & Gaissmaier, W. (2011). Heuristic Decision Making. *Annual Review of Psychology, 62*, 451–482

Gigerenzer, G., & Hoffrage, U. (1995). How to improve Bayesian reasoning without instruction: frequency formats. *Psychological Review, 102*(4), 684.

Goldberg, L. R. (1970). Man versus model of man: A rationale plus some evidence for a method of improving clinical inference. *Psychological Bulletin, 73*(6), 422–432.

Gollwitzer, P. M., & Brandstätter, V. (1997). Implementation intentions and effective goal pursuit. *Journal of Personality and Social Psychology, 73*(1), 186.

Gollwitzer, P. M., Sheeran, P., Michalski, V., & Seifert, A. E. (2009). When Intentions Go Public Does Social Reality Widen the Intention–Behavior Gap? *Psychological Science, 20*(5), 612–618.

Greiff, S., Wüstenberg, S., Csapó, B., Demetriou, A., Hautamäki, J., Graesser, A., & Martin, R. (2014). Domain–general problem solving skills and education in the 21st century. *Educational Research Review, 13*, 74–83.

Griffin, P., McGaw, B., & Care, E. (2013). *Assessment and Teaching of 21st Century Skills*. Dordrecht, Germany: Springer Science+Business Media B. V.

Harrell, M. (2011). Argument diagramming and critical thinking in introductory philosophy. *Higher Education Research & Development, 30*(3), 371–385.

Harrington, D. M. (1975). Effects of explicit instructions to "be creative" on the psychological meaning of divergent thinking test scores. *Journal of Personality, 43*(3), 434–454.

Hawking, S., & Mlodinow, L. (2010). The (exclusive) theory of everything. *Scientific American, 298*(10), 69–71.

Hepler, A. B., Dawid, A. P., & Leucari, V. (2007). Object–oriented graphical representations of complex patterns of evidence. *Law, Probability & Risk, 6*, 275–293.

Hogarth, R. M., & Karelaia, N. (2007). Heuristic and linear models of judgment: Matching rules and environments. *Psychological Review, 114*(3), 733.

Hope, J. (1996). A better mousetrap. *American Heritage*, 90–97.

Hsee, C. K. (1996). The evaluability hypothesis: An explanation for preference reversals between joint and separate evaluations of alternatives. *Organizational Behavior and Human Decision Processes, 67*(3).

Johnson, S. (2010). *Where Good Ideas Come From*. New York, NY: Riverhead Books.

Johnson-Laird, P. N. (1988). A Taxonomy of Thinking. In R. Sternberg & E. E. Smith (Eds.), *The Psychology of Human Thought*. New York, NY: Cambridge University Press.

Johnson-Laird, P. N. (2006). *How We Reason*. New York: Oxford University Press.

Johnson-Laird, P. N., Girotto, V., & Legrenzi, P. (2004). Reasoning from inconsistency to consistency. *Psychological Review, 111*(3), 640–661.

Jonassen, D. H. (2004). Learning to solve problems: An instructional design guide. 문제해결학습. 조규락, 박은식 공역(2009). 서울: 학지사.

Jonassen, D. H. (2011). *Learning to Solve Problems: A Handbook for Designing Problem-Solving Learning Environments*. New York, NJ: Routledge.

Josephson J. R., & Josephson S. G. (Eds.) (1994). *Abductive Inference: Computation, Philosophy, Technology*. New York, NY: Cambridge University Press.

Kahan, D. (2012). Why we are poles apart on climate change. *Nature, 488*, 255.

Karmiloff-Smith, A. (1995). *Beyond Modularity: A Developmental Perspective on Cognitive Science*. Cambridge, MA: MIT Press.

Karpicke, J. D., & Roediger, H. L. (2008). The critical importance of retrieval for learning. *Science, 319*, 966–968.

Kelley, T., & Kelley, D. (2013). *Creative Confidence*. New York, NY: Corwin.

Kerne, A., Koh, E., Smith, S. M., Webb, A., & Dworaczyk, B. (2008).

combinFormation: Mixed-initiative composition of image and text surrogates promotes information discovery. *ACM Transactions on Information Systems (TOIS), 27*(1), 1–45.

Kirsh, D. (2009). Problem Solving and Situated Cognition. In P. Robbins & M. Aydede (Eds.), *The Cambridge Handbook of Situated Cognition*. New York, NY: Cambridge University Press.

Kirsh, D., & Maglio, P. (1994). On distinguishing epistemic from pragmatic actions. *Cognitive Science, 18*, 513–549.

Klein, G. (1998). *Sources of Power: How People Make Decisions*. Cambridge, MA: MIT Press.

Klein, G. (2009). *Streetlights and Shadows: Searching for the Keys to Adaptive Decision Making*. Cambridge, MA: MIT Press.

Klein, G. (2013). *Seeing What Others Don't: The Remarkable Ways We Gain Insights*. New York, NY: Public Affairs.

Koslowski, B. (1996). *Theory and Evidence: The Development of Scientific Reasoning*. Cambridge, MA: MIT Press.

Kuhn, D. (1991). *The Skills of Argument*. New York, NY: Cambridge University Press.

Kuhn, D. (2005). *Education for Thinking*. Harvard University Press.

Kuhn, D., & Katz, J. (2009). Are self-explanations always beneficial? *Journal of Experimental Child Psychology, 103*, 386–394.

Larrick, R. (2004). Debiasing. In D. J. Koehler & N. Harvey (Eds.), *Blackwell Handbook of Judgment and Decision Making*. Malden, MA: Blackwell.

Larson, A., Britt, A. M., & Kurby, C. A. (2009). Improving Students' Evaluation of Informal Arguments. *The Journal of Experimental Education, 77*(4), 339–365.

Lehman, D. R., Lempert, R. O., & Nisbett, R. E. (1988). The effects of graduate training on reasoning: Formal discipline and thinking about everyday-life events. *American Psychologist, 43*(6), 431.

Lesgold, A. M. (1988). Problem solving. In R. J. Sternberg & E. E. Smith (Eds.), *The Psychology of Human Thought*. New York, NY: Cambridge University Press.

Lichtenstein, S., & Slovic, P. (2006). *The Construction of Preference*.

Cambridge, MA: Cambridge University press.

Lombrozo, T. (2012). Explanation and abductive inference. In K. Holyoak & R. G. Morrison (Eds.), *Oxford Handbook of thinking and reasoning*. New York, NY: Oxford University Press.

Lucangeli, D., Tressoldi, P. E., & Cendron, M. (1998). Cognitive and metacognitive abilities involved in the solution of mathematical word problems: Validation of a comprehensive model. *Contemporary Educational Psychology, 23*(3), 257–275.

Magnani, L. (2001). *Abduction, Reason and Science*. Springer Science & Business Media.

Marcus, G. F., & Davis, E. (2013). How robust are probabilistic models of higher-level cognition? *Psychological Science, 24*(12), 2351–2360.

Markman, A. B., & Gentner, D. (1993). Structural alignment during similarity comparisons. *Cognitive Psychology, 25*(4), 431–467.

Markman, A. B., Taylor, E., & Gentner, D. (2007). Auditory presentation leads to better analogical retrieval than written presentation. *Psychonomic Bulletin and Review, 14*(6), 1101–1106.

Markman, A. B., Wood, K. L., Linsey, J. S., Murphy, J. T., & Laux, J. (2009). Supporting innovation by promoting analogical reasoning. In A. B. Markman & K. L. Wood (Eds.), *Tools for Innovation*. New York, NY: Oxford University Press.

Markus, H., & Zajonc, R. B. (1985). The cognitive perspective in social psychology. *Handbook of Social Psychology, 1*, 137–230.

Mathieu, C., & Bertelsen, M. (2013). Evaluation in film festival prize juries. In Exploring creativity. In B. Moeran & B. Christensen (Eds.), *Exploring Creativity: Evaluative Practices in Innovation, Design, and the Arts*. New York, NY: Cambridge University Press.

Mayr, S., & Buchner, A. (2006). Evidence for episodic retrieval of inadequate prime responses in auditory negative priming. *Journal of Experimental Psychology: Human Perception and Performance, 32*(4), 932.

McCloskey, M. (1983). Naive theories of motion. In D. Gentner & A. L. Stevens (Eds.), *Mental models* (pp. 299–324). Hillsdale, NJ: Erlbaum.

Meehl, P. (1958). *Clinical Versus Statistical Prediction*. Minneapolis, MN:

University of Minnesota Press.

Mehle, T. (1982). Hypothesis generation in an automobile malfunction inference task. *Acta Psychologica, 52*(1), 87–106.

Mellers, B., Stone, E., Atanasov, P., Rohrbaugh, N., Metz, S. E., Ungar, L., Bishop, M. M., Horowitz, M., Merkle, E., & Tetlock, P. (2015). The psychology of intelligence analysis: Drivers of prediction accuracy in world politics. *Journal of Experimental Psychology: Applied, 21*(1), 1.

Metcalfe, J., & Wiebe, D. (1987). Intuition in insight and noninsight problem solving. *Memory and Cognition, 15*(3), 238–246.

Miyake, N., & Norman, D. A. (1979). To ask a question, one must know enough to know what is not known. *Journal of Verbal Learning and Verbal Behavior, 18*, 357–364.

Moeran, B., & Christensen, B. (2013). *Exploring Creativity.* Cambridge University Press.

Neill, S., & Curren, J. M. (1974). Experiemnts on whether schooling by their prey affects the hunting behavior of ceraphod and fish predators. *Journal of Experimental Zoology, London, 172*, 549–569.

Nemeth, C., Rogers, J., & Brown, K. (2001). Devil's advocate vs. authentic dissent: Stimulating quantity and quality. *European Journal of Social Psychology, 31*, 707–720.

Nemeth, C. J., & Ormiston, M. (2007) Creative idea generation: Harmony versus stimulation. *European Journal of Experimental Social Psychology, 37*, 524–535.

Newell, A., & Simon, H. A. (1972). *Human Problem Solving.* Englewood Cliffs, NJ: Prentice–Hall.

Newell B. R., & Fernandez, D. (2006). On the binary quality of recognition and the inconsequentially of further knowledge: Two critical tests of the recognition heuristic. *Journal of Behavioral Decision Making, 19*(4), 333–346.

Newell, B. R., Rakow. T., Weston, N. J., & Shanks, D. R. (2004). Search strategies in decision making: The success of "success". *Journal of Behavioral Decision Making, 17*, 117–137.

Nijstad, B. A., & Stroebe, W. (2006). How the group affects the mind: A cognitive model of idea generation in groups. *Personality and Social Psychology Review, 10*(3), 186–213.

Nisbett, R. E., Fong, G. T., Lehman, D. R., & Cheng, P. W. (1987). *Teaching reasoning. Science, 238,* 625–631.

Noveck, I. A., Mercier, H., & Van der Henst, J. (2007). To what extent do social contracts affect performance on Wason's selection task? In M. J. Roberts (Ed.), *Integrating the Mind.* Psychology Press.

Nussbaum, M. E. (2011). Argumentation, dialogue theory, and probability modeling: alternative frameworks for argumentation research in education. *Educational Psychologist, 46*(2), 84–106.

Olds, J., & Milner, P. (1954). Positive reinforcement produced by electrical stimulation of septal area and other regions of rat brain. *Journal of Comparative and Physiological Psychology, 47*(6), 419.

Oppenheimer, D. M. (2008). The secret life of fluency. *Trends in Cognitive Science, 12*(6), 237–241.

Orbell, S., & Sheeran, P. (2000). Motivational and volitional processes in action initiation: A field study of the role of implementation intentions 1. *Journal of Applied Social Psychology, 30*(4), 780–797.

Osborn, A. (1957). *Applied Imagination: Principles and Procedures of Creative Problem Solving.* New York, NY: Charles Scribner's Sons.

Park, J. (2005). Learning in a new computerized testing system. *Journal of Educational Psychology, 97*(3), 436–443.

Park, J., & Choi, B. C. (2008). Higher retention after a new take–home computerised test. *British Journal of Educational Technology, 39*(3), 538–547.

Park, J., & Kanwisher, N. (1994). Negative priming for spatial locations: Identity mismatching, not distractor inhibition. *Journal of Experimental Psychology: Human Perception and Performance, 20*(3), 613–623.

Pennington, N., & Hastie, R. (1993). Reasoning in explanation–based decision making. *Cognition, 49,* 123–163.

Perkins, D. N. (1981). *The Mind's Best Work.* Cambridge, MA: Harvard University Press.

Perkins, D. N., Faraday, M., & Bushey, B. (1991). Everyday reasoning and the roots of intelligence. In Voss, J. F., Perkins, David, N. & Segal, J. W., (Eds.), *Informal Reasoning and Education*. Hillsdale, NJ: Lawrence Erlbaum Associate.

Perkins, D. N., & Salomon, G. (1989). Are cognitive skills context-bound? *Educational Researcher, 18*(1), 16–25.

Popper, K. (1959). *The Logic of Scientific Discovery*. London: Hutchinson.

Raajimakers, J. G., & Shiffrin, R. M. (1981). Search of associative memory. *Psychological Review, 88*(2), 93.

Raajimakers, J. G., & Shiffrin, R. M. (1992). Models for recall and recognition. *Annual Review of Psychology, 43*(1), 205–234.

Rips, L. J. (2002). Circular reasoning. *Cognitive Science, 26*(6), 767–795.

Rittel, H. W. J., & Webber, M. M. (1973). Dilemmas in a general theory of planning. *Policy Sciences, 4*, 155–169.

Rittle-Johnson, B., & Star, J. R. (2007). Does comparing solution methods facilitate conceptual and procedural knowledge? An experimental study on learning to solve equations. *Journal of Educational Psychology, 99*(3), 561–572.

Roberts, M. J. (2007). Contextual facilitation methodology as a means of investigating domain-specific cognition. In M. J. Roberts (Ed.), *Integrating the Mind* (pp. 13–37). Brighton Hove: Psychology Press.

Rozenblitz, L., & Keil, F. (2002). The misunderstood limits of folk science: An illusion of explanatory depth. *Cognitive Science, 26*(5), 521–562.

Schoemaker, P. (2011). *Brilliant Mistakes*. Philadelpia, PA: Wharton Digital Press.

Schoenfeld, A. H. (1985). *Mathematical Problem Solving*. Orlando, FL: Academic press.

Shafir, E., Simonson, I., & Tversky, A. (1993). Reason-based choice. *Cognition, 49*(1), 11–36.

Shotter, J. (1975). *Images of Man in Psychological Research*. London: Routledge.

Silver, N. (2012). *The Signal and the Noise: Why So Many Predictions Fail-But Some Don't*. Penguin.

Smith, S. M. (1995). Fixation, incubation, and insight in memory, problem solving, and creativity. In S. M. Smith, T. B. Ward, & R. A. Finke (Eds.), *The Creative Cognition Approach*. Cambridge: MIT Press.

Stroebe, W., Nijstad, B. A., & Rietzschel, E. F. (2010). Chapter four–beyond productivity loss in brainstorming groups: The evolution of a question. *Advances in Experimental Social Psychology, 43*, 157–203.

Surowiecki, J. (2005). *The Wisdom of Crowds*. Anchor.

Thagard, P. (2004). Causal inference in legal decision making: Explanatory coherence vs. Bayesian networks. *Applied Artificial Intelligence, 18*(3–4), 231–249.

Tipper, S. P., Brehaut, J. C., & Driver, J. (1990). Selection of moving and static objects for the control of spatially directed action. *Journal of Experimental Psychology: Human Perception and Performance, 16*(3), 492.

Trivers, R. L. (1974). Parent–Offspring conflict. *American Zoologist, 14*, 249–264.

Tversky, A., & Kahneman, D. (1981). The Framing of decisions and the psychology of choice. *Science, 211* (No. 4481), 453–458.

Veloski, J. J., Rabinowitz, H. K., Robeson, M. R., & Young, P. R. (1999). Patients don't present with five choices: An alternative to multiple–choice tests in assessing physician's competence. *Academic Medicine, 74*, 539–546.

Wallas, G. (1926). *The Art of Thought*. New York, NY: Harcourt, Brace and Company.

Walton, D. (2005). *Fundamentals of Critical Argumentation*. Cambridge University Press.

Walton, D., Reed, C., & Macagno, F. (2008). *Argumentation Schemes*. Cambridge University Press.

Ward, T. B. (1994). Structured imagination: The role of category structure in exemplar generation. *Cognitive Psychology, 27*(1), 1–40.

Wason, P. C. (1966). Reasoning. In B. M. Foss (Ed.), *New Horizons in Psychology I* (pp. 106–137). Harmandsworth: Penguin.

Weisberg, D. S., Keil, F. C., Goodstein, J., Rawson, E., & Gray, J. R. (2008). The seductive allure of neuroscience explanations. *Journal of Cognitive*

Neuroscience, 20(3), 470–477.

Welch, S. (2009). *10-10-10: A Life-Transforming Idea*. New York, NY: Scribner.

Whitehead, A. (1929). *The Aim of Education*. New York, NY: Free Press.

Williams, J., & Colomb, G. (2006). *The Craft of Argument* (3rd Ed.). Pearson Education Inc. 논증의 탄생. 윤영삼 역(2008). 서울: 홍문관.

Williams, J. J, Lombrozo, T., & Rehder, B. (2013). The hazards of explanation: Overgeneralization in the face of exceptions. *Journal of Experimental Psychology: General, 142*(4), 1006–1014.

Wilson, T. D., Lisle, D. J., Schooler, J. W., Hodges, S. D., Klaaren, K. J., & LaFleur, S. J. (1993). Introspecting about reasons can reduce post-choice satisfaction. *Personality and Social Psychology Bulletic, 19*(3), 331–339.

Zajonc, R. B. (1968). Attitudinal effects of mere exposure. *Journal of Personality and Social Psychology Monograph Supplement, 9*(2, Part 2), 1–27.

http://www.telegrahp.co.uk

INTRODUCTION
TO
PSYCHOLOGY

찾아보기 <<<

· 내용 ·

■■ >>> 저자 소개

박 주 용(Joo Yong Park)
서울대학교 심리학과 학사
서울대학교 심리학과 석사(지각 심리 전공)
미국 캘리포니아 대학교(UCLA) 심리학과 박사(인지 심리 전공)
현 서울대학교 심리학과 교수

〈주요 저·역서〉
심리학의 철학(공역, 성원사, 1990)
의식의 기원(공역, 한길사, 2005)
인지심리학(3판, 공저, 학지사, 2009)

심리학 입문 시리즈
인지 및 생물심리

문제를 골칫거리에서 도전거리로 변화시키기

문제해결
Problem Solving

2016년 4월 20일 1판 1쇄 발행
2017년 9월 25일 1판 2쇄 발행

지은이 • 박주용
펴낸이 • 김진환
펴낸곳 • (주) **학지사**
　　　　04031 서울특별시 마포구 양화로 15길 20 마인드월드빌딩
대표전화 • 02)330-5114　　　팩스 • 02)324-2345
등록번호 • 제313-2006-000265호

홈페이지 • http://www.hakjisa.co.kr
페이스북 • https://www.facebook.com/hakjisa

ISBN 978-89-997-0922-7 93180

정가 13,000원

이 도서의 국립중앙도서관 출판시도서목록(CIP)은 서지정보유통지
원시스템 홈페이지(http://seoji.nl.go.kr)와 국가자료공동목록시스템
(http://www.nl.go.kr/kolisnet)에서 이용하실 수 있습니다.
(CIP 제어번호: CIP2016005768)

교육문화출판미디어그룹 **학지사**

심리검사연구소 **인싸이트** www.inpsyt.co.kr
원격교육연수원 **카운피아** www.counpia.com
학술논문서비스 **뉴논문** www.newnonmun.com